J.-J. ROUSSEAU

LES CONFESSIONS

Compositions
de
MAURICE LELOIR

TOME TROISIÈME

ÉDITIONS JULES TALLANDIER
75, Rue Dareau, 75
PARIS

LES CONFESSIONS

J.-J. ROUSSEAU

LES CONFESSIONS

ILLUSTRATIONS
DE
MAURICE LELOIR

TOME TROISIÈME

PARIS

ÉDITIONS JULES TALLANDIER

75, RUE DAREAU, 75

LIVRE IX
(Suite)

LIVRE NEUVIÈME (*suite*)

1756

Madame la comtesse d'Houdetot approchait de la trentaine, et n'était point belle ; son visage était marqué de petite vérole ; son teint manquait de finesse ; elle avait la vue basse et les yeux un peu ronds : mais elle avait l'air jeune avec tout cela ; et sa physionomie, à la fois vive et douce, était caressante ; elle avait une forêt de grands cheveux noirs, naturellement bouclés, qui lui tombaient au jarret ; sa taille était mignonne, et elle mettait dans tous ses mouvements de la gaucherie et de la grâce tout à la fois. Elle avait l'esprit très naturel et très agréable ; la gaieté, l'étourderie et la naïveté s'y mariaient heureusement : elle abondait en saillies charmantes qu'elle ne recherchait point, et qui partaient quelque-

III. — 1

fois malgré elle. Elle avait plusieurs talents agréables, jouait du clavecin, dansait bien, faisait d'assez jolis vers. Pour son caractère, il était angélique : la douceur d'âme en faisait le fond ; mais hors la prudence et la force, il rassemblait toutes les vertus. Elle était surtout d'une telle sûreté dans le commerce, d'une telle fidélité dans la société, que ses ennemis mêmes n'avaient pas besoin de se cacher d'elle. J'entends par ses ennemis ceux ou plutôt celles qui la haïssaient ; car pour elle, elle n'avait pas un cœur qui pût haïr, et je crois que cette conformité contribua beaucoup à me passionner pour elle. Dans les confidences de la plus intime amitié, je ne lui ai jamais ouï mal parler des absents, pas même de sa belle-sœur. Elle ne pouvait ni déguiser ce qu'elle pensait à personne, ni même contraindre aucun de ses sentiments ; et je suis persuadé qu'elle parlait de son amant à son mari même, comme elle en parlait à ses amis, à ses connaissances et à tout le monde indifféremment. Enfin, ce qui prouve sans réplique la pureté et la sincérité de son excellent naturel, c'est qu'étant sujette aux plus énormes distractions et aux plus risibles étourderies, il lui en échappait souvent de très imprudentes pour elle-même, mais jamais d'offensantes pour qui que ce fût.

On l'avait mariée très jeune et malgré elle au comte d'Houdetot, homme de condition, bon militaire, mais joueur, chicaneur, très peu aimable, et qu'elle n'a jamais aimé. Elle trouva dans M. de Saint-Lambert tous les mérites de son mari, avec des qualités plus agréables, de l'esprit, des vertus, des talents. S'il faut pardonner quelque chose aux mœurs du siècle, c'est sans doute un attachement que sa durée épure, que ses effets honorent, et qui ne s'est cimenté que par une estime réciproque.

C'était un peu par goût à ce que j'ai pu croire, mais beaucoup pour complaire à Saint-Lambert, qu'elle venait me voir. Il l'y avait exhortée, et il avait raison de croire que l'amitié qui commençait à s'établir entre nous rendrait cette société agréable à tous les trois. Elle savait que j'étais instruit de leurs liaisons ; et pouvant me parler de lui sans gêne, il était naturel qu'elle se plût avec moi. Elle vint ; je la vis ; j'étais ivre d'amour sans objet : cette ivresse fascina mes yeux, cet objet se fixa sur elle ; je vis

ma Julie en madame d'Houdetot, et bientôt je ne vis plus que madame d'Houdetot, mais revêtue de toutes les perfections de l'idole de mon cœur. Pour m'achever elle me parla de Saint-Lambert en amante passionnée. Force contagieuse de l'amour! en l'écoutant, en me sentant auprès d'elle, j'étais saisi d'un frémissement délicieux, que je n'avais éprouvé jamais auprès de personne. Elle parlait, et je me sentais ému; je croyais ne faire que m'intéresser à ses sentiments, quand j'en prenais de semblables; j'avalais à longs traits la coupe empoisonnée, dont je ne sentais encore que la douceur. Enfin, sans que je m'en aperçusse et sans qu'elle s'en aperçût, elle m'inspira pour elle-même tout ce qu'elle exprimait pour son amant. Hélas! ce fut bien tard, ce fut bien cruellement brûler d'une passion non moins vive que malheureuse, pour une femme dont le cœur était plein d'un autre amour!

Malgré les mouvements extraordinaires que j'avais éprouvés auprès d'elle, je ne m'aperçus pas d'abord de ce qui m'était arrivé : ce ne fut qu'après son départ que, voulant penser à Julie, je fus frappé de ne pouvoir plus penser qu'à madame d'Houdetot. Alors mes yeux se dessillèrent; je sentis mon malheur, j'en gémis, mais je n'en prévis pas les suites.

J'hésitai longtemps sur la manière dont je me conduirais avec elle, comme si l'amour véritable laissait assez de raison pour suivre des délibérations. Je n'étais pas déterminé quand elle revint me prendre au dépourvu. Pour lors j'étais instruit. La honte, compagne du mal, me rendit muet, tremblant devant elle; je n'osais ouvrir la bouche ni lever les yeux; j'étais dans un trouble inexprimable, qu'il était impossible qu'elle ne vît pas. Je pris le parti de le lui avouer, et de lui en laisser deviner la cause : c'était la lui dire assez clairement.

Si j'eusse été jeune et aimable, et que dans la suite madame d'Houdetot eût été faible, je blâmerais ici sa conduite; mais tout cela n'était pas : je ne puis que l'applaudir et l'admirer. Le parti qu'elle prit était également celui de la générosité et de la prudence. Elle ne pouvait s'éloigner brusquement de moi sans en dire la cause à Saint-Lambert qui l'avait lui-même engagée à me

voir : c'était exposer deux amis à une rupture, et peut-être à un éclat qu'elle voulait éviter. Elle avait pour moi de l'estime et de la bienveillance. Elle eut pitié de ma folie; sans la flatter, elle la plaignit, et tâcha de m'en guérir. Elle était bien aise de conserver à son amant et à elle-même un ami dont elle faisait cas : elle ne me parlait de rien avec plus de plaisir que de l'intime et douce société que nous pourrions former entre nous trois, quand je serais devenu raisonnable. Elle ne se bornait pas toujours à ces exhortations amicales, et ne m'épargnait pas au besoin les reproches plus durs que j'avais bien mérités.

Je me les épargnais encore moins moi-même; sitôt que je fus seul, je revins à moi; j'étais plus calme après avoir parlé : l'amour connu de celle qui l'inspire en devient plus supportable. La force avec laquelle je me reprochais le mien m'en eût dû guérir, si la chose eût été possible. Quels puissants motifs n'appelai-je point à mon aide pour l'étouffer! Mes mœurs, mes sentiments, mes principes, la honte, l'infidélité, le crime, l'abus d'un dépôt confié par l'amitié, le ridicule enfin de brûler à mon âge de la passion la plus extravagante pour un objet dont le cœur préoccupé ne pouvait ni me rendre aucun retour, ni me laisser aucun espoir : passion de plus, qui, loin d'avoir rien à gagner par la constance, devenait moins souffrable de jour en jour.

Qui croirait que cette dernière considération, qui devait ajouter du poids à toutes les autres, fut celle qui les éluda? Quel scrupule, pensai-je, puis-je me faire d'une folie nuisible à moi seul? Suis-je donc un jeune cavalier fort à craindre pour madame d'Houdetot? Ne dirait-on pas, à mes présomptueux remords, que ma galanterie, mon air, ma parure, vont la séduire? Eh ! pauvre Jean-Jacques, aime à ton aise, en sûreté de conscience, et ne crains pas que tes soupirs nuisent à Saint-Lambert.

On a vu que jamais je ne fus avantageux, même dans ma jeunesse. Cette façon de penser était dans mon tour d'esprit, elle flattait ma passion; c'en fut assez pour m'y livrer sans réserve, et rire même de l'impertinent scrupule que je croyais m'être fait par vanité plus que par raison. Grande leçon pour les âmes honnêtes, que le vice n'attaque jamais à découvert, mais qu'il

trouve le moyen de surprendre, en se masquant toujours de quelque sophisme, et souvent de quelque vertu.

Coupable sans remords, je le fus bientôt sans mesure ; et, de grâce, qu'on voie comment ma passion suivit la trace de mon naturel, pour m'entraîner enfin dans l'abîme. D'abord elle prit un air humble pour me rassurer; et, pour me rendre entreprenant, elle poussa cette humilité jusqu'à la défiance. Madame d'Houdetot, sans cesser de me rappeler à mon devoir, à la raison, sans jamais flatter un moment ma folie, me traitait au reste avec la plus grande douceur, et prit avec moi le ton de l'amitié la plus tendre. Cette amitié m'eût suffi, je le proteste, si je l'avais crue sincère; mais la trouvant trop vive pour être vraie, n'allai-je pas me fourrer dans la tête que l'amour, désormais si peu convenable à mon âge, à mon maintien, m'avait avili aux yeux de madame d'Houdetot; que cette jeune folle ne voulait que se divertir de moi et de mes douceurs surannées ; qu'elle en avait fait confidence à Saint-Lambert, et que, l'indignation de mon infidélité ayant fait entrer son amant dans ses vues, ils s'entendaient tous les deux pour achever de me faire tourner la tête et me persifler! Cette bêtise, qui m'avait fait extravaguer, à vingt-six ans, auprès de madame de Larnage, que je ne connaissais pas, m'eût été pardonnable à quarante-cinq, auprès de madame d'Houdetot, si j'eusse ignoré qu'elle et son amant étaient trop honnêtes gens l'un et l'autre pour se faire un aussi barbare amusement.

Madame d'Houdetot continuait à me faire des visites que je ne tardai pas à lui rendre. Elle aimait à marcher, ainsi que moi : nous faisions de longues promenades dans un pays enchanté. Content d'aimer et de l'oser dire, j'aurais été dans la plus douce situation, si mon extravagance n'en eût détruit tout le charme. Elle ne comprit rien d'abord à la sotte humeur avec laquelle je recevais ses caresses : mais mon cœur, incapable de savoir jamais rien cacher de ce qui s'y passe, ne lui laissa pas longtemps ignorer mes soupçons; elle en voulut rire; cet expédient ne réussit pas; des transports de rage en auraient été l'effet : elle changea de ton. Sa compatissante douceur fut invincible; elle me fit des reproches

qui me pénétrèrent; elle me témoigna, sur mes injustes craintes, des inquiétudes dont j'abusai. J'exigeai des preuves qu'elle ne se moquait pas de moi. Elle vit qu'il n'y avait nul moyen de me rassurer. Je devins pressant; le pas était délicat. Il est étonnant, il est unique peut-être qu'une femme ayant pu venir jusqu'à marchander, s'en soit tirée à si bon compte. Elle ne me refusa rien de ce que la plus tendre amitié pouvait accorder. Elle ne m'accorda rien qui pût la rendre infidèle, et j'eus l'humiliation de voir que l'embrasement dont ses légères faveurs allumaient mes sens n'en porta jamais aux siens la moindre étincelle.

J'ai dit quelque part qu'il ne faut rien accorder aux sens quand on veut leur refuser quelque chose. Pour connaître combien cette maxime se trouva fausse avec madame d'Houdetot, et combien elle eut raison de compter sur elle-même, il faudrait entrer dans les détails de nos longs et fréquents tête-à-tête, et les suivre dans toute leur vivacité durant quatre mois que nous passâmes ensemble, dans une intimité presque sans exemple entre deux amis de différents sexes, qui se renferment dans les bornes dont nous ne sortîmes jamais. Ah! si j'avais tardé si longtemps à sentir le véritable amour, qu'alors mon cœur et mes sens lui payèrent bien l'arrérage! et quels sont donc les transports qu'on doit éprouver auprès d'un objet aimé qui nous aime, si même un amour non partagé peut en inspirer de pareils!

Mais j'ai tort de dire un amour non partagé; le mien l'était en quelque sorte; il était égal des deux côtés, quoiqu'il ne fût pas réciproque. Nous étions ivres d'amour l'un et l'autre; elle pour son amant, moi pour elle; nos soupirs, nos délicieuses larmes se confondaient. Tendres confidents l'un de l'autre, nos sentiments avaient tant de rapport qu'il était impossible qu'ils ne se mêlassent pas en quelque chose; et toutefois, au milieu de cette dangereuse ivresse, jamais elle ne s'est oubliée un moment; et moi je proteste, je jure que si, quelquefois égaré par mes sens, j'ai tenté de la rendre infidèle, jamais je ne l'ai véritablement désiré. La véhémence de ma passion la contenait par elle-même. Le devoir des privations avait exalté mon âme. L'éclat de toutes les vertus ornait à mes yeux l'idole de mon cœur; en souiller la divine

TÊTE À TÊTE AU CLAIR DE LUNE

image eût été l'anéantir. J'aurais pu commettre le crime; il a cent
fois été commis dans mon cœur : mais avilir ma Sophie ! ah ! cela
se pouvait-il jamais? Non, non, je le lui ai cent fois dit à elle-
même : eussé-je été le maître de me satisfaire, sa propre volonté
l'eût-elle mise à ma discrétion, hors quelques courts moments de
délire, j'aurais refusé d'être heureux à ce prix. Je l'aimais trop
pour vouloir la posséder.

Il y a près d'une lieue de l'Ermitage à Eaubonne; dans mes fré-
quents voyages, il m'est arrivé quelquefois d'y coucher; un soir,
après avoir soupé tête à tête, nous allâmes nous promener au
jardin, par un très beau clair de lune. Au fond de ce jardin était
un assez grand taillis, par où nous fûmes chercher un joli bosquet,
orné d'une cascade dont je lui avais donné l'idée, et qu'elle avait
fait exécuter. Souvenir immortel d'innocence et de jouissance ! Ce
fut dans ce bosquet qu'assis avec elle, sur un banc de gazon, sous
un acacia tout chargé de fleurs, je trouvai, pour rendre les mouve-
ments de mon cœur, un langage vraiment digne d'eux. Ce fut la
première et l'unique fois de ma vie; mais je fus sublime, si l'on
peut nommer ainsi tout ce que l'amour le plus tendre et le plus
ardent peut porter d'aimable et de séduisant dans un cœur
d'homme. Que d'enivrantes larmes je versai sur ses genoux! que
je lui en fis verser malgré elle ! Enfin, dans un transport involon-
taire, elle s'écria : Non, jamais homme ne fut si aimable; et
jamais amant n'aima comme vous! Mais votre ami Saint-Lambert
nous écoute, et mon cœur ne saurait aimer deux fois. Je me tus
en soupirant; je l'embrassai... Quel embrassement ! Mais ce fut
tout. Il y avait six mois qu'elle vivait seule, c'est-à-dire loin de
son amant et de son mari; il y en avait trois que je la voyais
presque tous les jours, et toujours l'amour en tiers entre elle et
moi. Nous avions soupé tête à tête, nous étions seuls, dans un
bosquet au clair de lune; et après deux heures de l'entretien le
plus vif et le plus tendre, elle sortit au milieu de la nuit de ce
bosquet et des bras de son ami, aussi intacte, aussi pure de corps
et de cœur qu'elle y était entrée. Lecteur, pesez toutes ces cir-
constances, je n'ajouterai rien de plus.

Et qu'on n'aille pas s'imaginer qu'ici mes sens me laissaient

tranquille, comme auprès de Thérèse et de maman. Je l'ai déjà dit, c'était de l'amour cette fois, et l'amour dans toute son énergie et dans toutes ses fureurs. Je ne décrirai ni les agitations, ni les frémissements, ni les palpitations, ni les mouvements convulsifs, ni les défaillances de cœur que j'éprouvais continuellement; on en pourra juger par l'effet que sa seule image faisait sur moi. J'ai dit qu'il y avait loin de l'Ermitage à Eaubonne: je passais par les coteaux d'Andilly, qui sont charmants. Je rêvais en marchant à celle que j'allais voir, à l'accueil caressant qu'elle me ferait, au baiser qui m'attendait à mon arrivée. Ce seul baiser, ce baiser funeste, avant même de le recevoir, m'embrasait le sang à tel point, que ma tête se troublait; un éblouissement m'aveuglait, mes genoux tremblants ne pouvaient me soutenir; j'étais forcé de m'arrêter, de m'asseoir; toute ma machine était dans un désordre inconcevable: j'étais prêt à m'évanouir. Instruit du danger, je tâchais, en partant, de me distraire et de penser à autre chose. Je n'avais pas fait vingt pas, que les mêmes souvenirs et tous les accidents qui en étaient la suite revenaient m'assaillir sans qu'il me fût possible de m'en délivrer; et, de quelque façon que je m'y sois pu prendre, je ne crois pas qu'il me soit arrivé de faire seul ce trajet impunément. J'arrivais à Eaubonne, faible, épuisé, rendu, me soutenant à peine. A l'instant que je la voyais, tout était réparé; je ne sentais plus auprès d'elle que l'importunité d'une vigueur inépuisable et toujours inutile. Il y avait sur ma route, à la vue d'Eaubonne, une terrasse agréable, appelée le mont Olympe, où nous nous rendions quelquefois, chacun de notre côté. J'arrivais le premier: j'étais fait pour l'attendre; mais que cette attente me coûtait cher! Pour me distraire, j'essayais d'écrire avec mon crayon des billets que j'aurais pu tracer du plus pur de mon sang; je n'en ai jamais pu achever un qui fût lisible. Quand elle en trouvait un dans la niche dont nous étions convenus, elle n'y pouvait voir autre chose que l'état vraiment déplorable où j'étais en l'écrivant. Cet état, et surtout sa durée pendant trois mois d'irritation continuelle et de privations, me jeta dans un épuisement dont je n'ai pu me tirer de plusieurs années, et finit par me donner une descente que j'emporterai ou qui m'em-

portera au tombeau. Telle a été la seule jouissance amoureuse de
l'homme du tempérament le plus combustible, mais le plus
timide en même temps, que peut-être la nature ait jamais produit.
Tels ont été les derniers beaux jours qui m'aient été comptés sur
la terre : ici commence le long tissu de malheurs de ma vie, où
l'on verra peu d'interruption.

On a vu dans tout le cours de ma vie que mon cœur, transpa-
rent comme le cristal, n'a jamais su cacher, durant une minute
entière, un sentiment un peu vif qui s'y fût réfugié. Qu'on juge
s'il me fut possible de cacher longtemps mon amour pour ma-
dame d'Houdetot. Notre intimité frappait tous les yeux, nous n'y
mettions ni secret ni mystère. Elle n'était pas de nature à en
avoir besoin : et comme madame d'Houdetot avait pour moi
l'amitié la plus tendre, qu'elle ne se reprochait point ; que j'avais
pour elle une estime dont personne ne connaissait mieux que moi
toute la justice ; elle, franche, distraite, étourdie ; moi, vrai, mala-
droit, fier, impatient, emporté, nous donnions encore sur nous,
dans notre trompeuse sécurité, beaucoup plus de prise que nous
n'aurions fait, si nous eussions été coupables. Nous allions l'un
et l'autre à la Chevrette, nous nous y trouvions souvent ensemble,
quelquefois même par rendez-vous. Nous y vivions à notre ordi-
naire, nous promenant tous les jours tête à tête, en parlant de nos
devoirs, de notre ami, de nos innocents projets, dans le parc, vis-
à-vis l'appartement de madame d'Épinay, sous ses fenêtres, d'où,
ne cessant de nous examiner, et se croyant bravée, elle assouvis-
sait son cœur par ses yeux, de rage et d'indignation.

Les femmes ont toutes l'art de cacher leur fureur, surtout quand
elle est vive : madame d'Épinay, violente, mais réfléchie, possède
surtout cet art éminemment. Elle feignit de ne rien voir, de ne
rien soupçonner ; et dans le même temps qu'elle redoublait avec
moi d'attentions, de soins, et presque d'agaceries, elle affectait
d'accabler sa belle-sœur de procédés malhonnêtes et de marques
d'un dédain qu'elle semblait vouloir me communiquer. On juge
bien qu'elle ne réussissait pas ; mais j'étais au supplice. Déchiré
de sentiments contraires, en même temps que j'étais touché de
ses caresses, j'avais peine à contenir ma colère, quand je la voyais

manquer à madame d'Houdetot. La douceur angélique de celle-ci lui faisait tout endurer sans se plaindre, et même sans lui en savoir plus mauvais gré. Elle était d'ailleurs souvent si distraite, et toujours si peu sensible à ces choses-là, que la moitié du temps elle ne s'en apercevait pas.

J'étais si préoccupé de ma passion que, ne voyant rien que Sophie (c'était un des noms de madame d'Houdetot), je ne remarquais pas même que j'étais devenu la fable de toute la maison et des survenants. Le baron d'Holbach, qui n'était jamais venu, que je sache, à la Chevrette, fut au nombre de ces derniers. Si j'eusse été aussi défiant que je le suis devenu dans la suite, j'aurais fort soupçonné madame d'Épinay d'avoir arrangé ce voyage, pour lui donner l'amusant cadeau de voir le citoyen amoureux. Mais j'étais alors si bête, que je ne voyais pas même ce qui crevait les yeux à tout le monde. Toute ma stupidité ne m'empêcha pourtant pas de trouver au baron l'air plus content, plus jovial qu'à son ordinaire. Au lieu de me regarder en noir selon sa coutume, il me lâchait cent propos goguenards, auxquels je ne comprenais rien. J'ouvrais de grands yeux sans rien répondre : madame d'Épinay se tenait les côtés de rire ; je ne savais sur quelle herbe ils avaient marché. Comme rien ne passait encore les bornes de la plaisanterie, tout ce que j'aurais eu de mieux à faire, si je m'en étais aperçu, eût été de m'y prêter. Mais il est vrai qu'à travers la railleuse gaieté du baron l'on voyait briller dans ses yeux une maligne joie, qui m'aurait peut-être inquiété, si je l'eusse aussi bien remarquée alors que je me la rappelai dans la suite.

Un jour que j'allai voir madame d'Houdetot à Eaubonne, au retour d'un de ses voyages à Paris, je la trouvai triste, et je vis qu'elle avait pleuré. Je fus obligé de me contraindre, parce que madame de Blainville, sœur de son mari, était là ; mais sitôt que je pus trouver un moment, je lui marquai mon inquiétude. Ah ! me dit-elle en soupirant, je crains bien que vos folies ne me coûtent le repos de mes jours. Saint-Lambert est instruit, et mal instruit. Il me rend justice ; mais il a de l'humeur, dont, qui pis est, il me cache une partie. Heureusement je ne lui ai rien tu de

nos liaisons, qui se sont faites sous ses auspices. Mes lettres étaient pleines de vous, ainsi que mon cœur: je ne lui ai caché que votre amour insensé, dont j'espérais vous guérir, et dont, sans m'en parler, je vois qu'il me fait un crime. On nous a desservis, on m'a fait tort, mais n'importe. Ou rompons tout à fait, ou soyez tel que vous devez être. Je ne veux plus rien avoir à cacher à mon amant.

Ce fut là le premier moment où je fus sensible à la honte de me voir humilié, par le sentiment de ma faute, devant une jeune femme dont j'éprouvais les justes reproches, et dont j'aurais dû être le mentor. L'indignation que j'en ressentis contre moi-même eût suffi peut-être pour surmonter ma faiblesse, si la tendre compassion que m'inspirait la victime n'eût encore amolli mon cœur. Hélas! était-ce le moment de pouvoir l'endurcir, lorsqu'il était inondé par des larmes qui le pénétraient de toutes parts? Cet attendrissement se changea bientôt en colère contre les vils délateurs qui n'avaient vu que le mal d'un sentiment criminel, mais involontaire, sans croire, sans imaginer même la sincère honnêteté de cœur qui le rachetait. Nous ne restâmes pas longtemps en doute sur la main d'où partait le coup.

Nous savions l'un et l'autre que madame d'Épinay était en commerce de lettres avec Saint-Lambert. Ce n'était pas le premier orage qu'elle avait suscité à madame d'Houdetot, dont elle avait fait mille efforts pour le détacher, et que les succès de quelques-uns de ces efforts faisaient trembler pour la suite. D'ailleurs, Grimm, qui, ce me semble, avait suivi M. de Castries à l'armée, était en Westphalie, aussi bien que Saint-Lambert; ils se voyaient quelquefois. Grimm avait fait, auprès de madame d'Houdetot, quelques tentatives qui n'avaient pas réussi; Grimm, très piqué, cessa tout à fait de la voir. Qu'on juge du sang-froid avec lequel, modeste comme on sait qu'il l'est, il lui supposait des préférences pour un homme plus âgé que lui, et dont lui, Grimm, depuis qu'il fréquentait les grands, ne parlait plus que comme de son protégé.

Mes soupçons sur madame d'Épinay se changèrent en certitude, quand j'appris ce qui s'était passé chez moi. Quand j'étais à la Che-

vrette, Thérèse y venait souvent, soit pour m'apporter mes lettres, soit pour me rendre des soins nécessaires à ma mauvaise santé. Madame d'Épinay lui avait demandé si nous ne nous écrivions pas, madame d'Houdetot et moi. Sur son aveu, madame d'Épinay la pressa de lui remettre les lettres de madame d'Houdetot, l'assurant qu'elle les recachetterait si bien qu'il n'y paraîtrait pas. Thérèse, sans montrer combien cette proposition la scandalisait, et même sans m'avertir, se contenta de mieux cacher les lettres qu'elle m'apportait : précaution très heureuse; car madame d'Épinay la faisait guetter à son arrivée; et, l'attendant au passage, poussa plusieurs fois l'audace jusqu'à chercher dans sa bavette. Elle fit plus : s'étant un jour invitée à venir, avec M. de Margency, dîner à l'Ermitage pour la première fois depuis que j'y demeurais, elle prit le temps que je me promenais avec Margency, pour entrer dans mon cabinet avec la mère et la fille, et les presser de lui montrer les lettres de madame d'Houdetot. Si la mère eût su où elles étaient, les lettres étaient livrées; mais heureusement la fille seule le savait, et nia que j'en eusse conservé aucune. Mensonge assurément plein d'honnêteté, de fidélité, de générosité, tandis que la vérité n'eût été qu'une perfidie. Madame d'Épinay, voyant qu'elle ne pouvait la séduire, s'efforça de l'irriter par la jalousie, en lui reprochant sa facilité et son aveuglement. Comment pouvez-vous, lui dit-elle, ne pas voir qu'ils ont entre eux un commerce criminel? Si, malgré tout ce qui frappe vos yeux, vous avez besoin d'autres preuves, prêtez-vous donc à ce qu'il faut faire pour les avoir : vous dites qu'il déchire les lettres de madame d'Houdetot aussitôt qu'il les a lues : eh bien ! recueillez avec soin les pièces, et donnez-les-moi; je me charge de les rassembler. Telles étaient les leçons que mon amie donnait à ma compagne.

Thérèse eut la discrétion de me taire assez longtemps toutes ces tentatives; mais voyant mes perplexités, elle se crut obligée à me tout dire, afin que, sachant à qui j'avais affaire, je prisse mes mesures pour me garantir des trahisons qu'on me préparait. Mon indignation, ma fureur ne peut se décrire. Au lieu de dissimuler avec madame d'Épinay, à son exemple, et de me servir de contreruses, je me livrai sans mesure à l'impétuosité de mon naturel, et,

avec mon étourderie ordinaire, j'éclatai tout ouvertement. On
peut juger de mon imprudence par les lettres suivantes, qui
montrent suffisamment la manière de procéder de l'un et de
l'autre en cette occasion.

Billet de madame d'Épinay, liasse A, n° 44.

« Pourquoi donc ne vous vois-je pas, mon cher ami? Je suis
« inquiète de vous. Vous m'aviez tant promis de ne faire qu'aller
« et venir de l'Ermitage ici. Sur cela, je vous ai laissé libre ; et,
« point du tout, vous laissez passer huit jours. Si l'on ne m'avait
« pas dit que vous étiez en bonne santé, je vous croirais malade.
« Je vous attendais avant-hier ou hier, et je ne vous vois point
« arriver. Mon Dieu! qu'avez-vous donc? Vous n'avez point
« d'affaires; vous n'avez pas non plus de chagrins ; car je me flatte
« que vous seriez venu sur-le-champ me les confier. Vous êtes
« donc malade! tirez-moi d'inquiétude bien vite, je vous en prie.
« Adieu, mon cher ami ; que cet adieu me donne un bonjour de
« vous. »

RÉPONSE.

« Ce mercredi matin.

« Je ne puis rien vous dire encore. J'attends d'être mieux ins-
« truit, et je le serai tôt ou tard. En attendant, soyez sûre que l'in-
« nocence accusée trouvera un défenseur assez ardent pour
« donner quelque repentir aux calomniateurs, quels qu'ils
« soient. »

Second billet de la même, liasse A, n° 45.

« Savez-vous que votre lettre m'effraye? qu'est-ce qu'elle veut
« donc dire? Je l'ai relue plus de vingt-cinq fois. En vérité, je n'y
« comprends rien. J'y vois seulement que vous êtes inquiet et
« tourmenté, et que vous attendez que vous ne le soyez plus

« pour m'en parler. Mon cher ami, est-ce là ce dont nous étions
« convenus? Qu'est donc devenue cette amitié, cette confiance?
« et comment l'ai-je perdue? Est-ce contre moi ou pour moi que
« vous êtes fâché? Quoi qu'il en soit, venez dès ce soir, je vous
« en conjure; souvenez-vous que vous m'avez promis, il n'y a pas
« huit jours, de ne rien garder sur le cœur, et de me parler sur-le-
« champ. Mon cher ami, je vis dans cette confiance... Tenez, je
« viens encore de lire votre lettre: je n'y conçois pas davantage;
« mais elle me fait trembler. Il me semble que vous êtes cruelle-
« ment agité. Je voudrais vous calmer; mais comme j'ignore le
« sujet de vos inquiétudes, je ne sais que vous dire, sinon que me
« voilà tout aussi malheureuse que vous, jusqu'à ce que je vous
« aie vu. Si vous n'êtes pas ici ce soir à six heures, je pars demain
« pour l'Ermitage, quelque temps qu'il fasse et dans quelque
« état que je sois; car je ne saurais tenir à cette inquiétude. Bon-
« jour, mon cher ami. A tout hasard, je risque de vous dire, sans
« savoir si vous en avez besoin ou non, de tâcher de prendre
« garde, et d'arrêter les progrès que fait l'inquiétude dans la soli-
« tude. Une mouche devient un monstre, je l'ai souvent
« éprouvé. »

RÉPONSE.

« Ce mercredi soir.

« Je ne puis vous aller voir, ni recevoir votre visite, tant que
« durera l'inquiétude où je suis. La confiance dont vous parlez
« n'est plus, et il ne vous sera pas aisé de la recouvrer. Je ne vois
« à présent, dans votre empressement, que le désir de tirer des
« aveux d'autrui quelque avantage qui convienne à vos vues; et
« mon cœur, si prompt à s'épancher dans un cœur qui s'ouvre
« pour le recevoir, se ferme à la ruse et à la finesse. Je reconnais
« votre adresse ordinaire dans la difficulté que vous trouvez à
« comprendre mon billet. Me croyez-vous assez dupe pour pen-
« ser que vous ne l'ayez pas compris? Non; mais je saurai vaincre
« vos subtilités à force de franchise. Je vais m'expliquer plus clai-
« rement, afin que vous m'entendiez encore moins.

« Deux amants bien unis et dignes de s'aimer me sont chers : je
« m'attends bien que vous ne saurez pas qui je veux dire, à moins
« que je ne vous les nomme. Je présume qu'on a tenté de les dé-
« sunir, et que c'est de moi qu'on s'est servi pour donner de la
« jalousie à l'un des deux. Le choix n'est pas fort adroit, mais il
« a paru commode à la méchanceté : et cette méchanceté, c'est
« vous que j'en soupçonne. J'espère que ceci devient plus
« clair.

« Ainsi donc la femme que j'estime le plus aurait, de mon su,
« l'infamie de partager son cœur et sa personne entre deux
« amants, et moi celle d'être un de ces deux lâches ! Si je savais
« qu'un seul moment de la vie vous eussiez pu penser ainsi d'elle
« et de moi, je vous haïrais jusqu'à la mort. Mais c'est de l'avoir
« dit, et non de l'avoir cru, que je vous taxe. Je ne comprends pas,
« en pareil cas, auquel c'est des trois que vous avez voulu nuire ;
« mais si vous aimez le repos, craignez d'avoir eu le malheur de
« réussir. Je n'ai caché ni à vous, ni à elle, le mal que je pense
« de certaines liaisons ; mais je veux qu'elles finissent par un
« moyen aussi honnête que sa cause, et qu'un amour illégitime se
« change en une éternelle amitié. Moi, qui ne fis jamais de mal à
« personne, servirais-je innocemment à en faire à mes amis ? Non ;
« je ne vous le pardonnerais jamais, je deviendrais votre irrécon-
« ciliable ennemi. Vos secrets seuls seraient respectés ; car je ne
« serai jamais un homme sans foi.

« Je n'imagine pas que les perplexités où je suis puissent
« durer bien longtemps. Je ne tarderai pas à savoir si je me suis
« trompé. Alors j'aurai peut-être de grands torts à réparer, et je
« n'aurai rien fait en ma vie de si bon cœur. Mais savez-vous
« comment je rachèterai mes fautes durant le peu de temps qui
« me reste à passer près de vous ! En faisant ce que nul autre ne
« fera que moi ; en vous disant franchement ce qu'on pense de
« vous dans le monde, et les brèches que vous avez à réparer à
« votre réputation. Malgré tous les prétendus amis qui vous
« entourent, quand vous m'aurez vu partir, vous pourrez dire
« adieu à la vérité ; vous ne trouverez plus personne qui vous la
« dise. »

Troisième billet de la même, liasse A, n° 46.

« Je n'entendais pas votre lettre de ce matin : je vous l'ai dit,
« parce que cela était. J'entends celle de ce soir ; n'ayez pas peur
« que j'y réponde jamais : je suis trop pressée de l'oublier ; et
« quoique vous me fassiez pitié, je n'ai pu me défendre de l'amer-
« tume dont elle me remplit l'âme. Moi, user de ruses, de finesses
« avec vous ! moi ! accusée de la plus noire des infamies ! Adieu ;
« je regrette que vous ayez la... Adieu : je ne sais ce que je dis...
« Adieu : je serai bien pressée de vous pardonner. Vous viendrez
« quand vous voudrez ; vous serez mieux reçu que ne l'exigeraient
« vos soupçons. Dispensez-vous seulement de vous mettre en
« peine de ma réputation. Peu m'importe celle qu'on me donne.
« Ma conduite est bonne, et cela me suffit. Au surplus, j'igno-
« rais absolument ce qui est arrivé aux deux personnes qui me
« sont aussi chères qu'à vous. »

Cette dernière lettre me tira d'un terrible embarras, et me
replongea dans un autre qui n'était guère moindre. Quoique
toutes ces lettres et réponses fussent allées et venues dans l'espace
d'un jour avec une extrême rapidité, cet intervalle avait suffi pour
en mettre entre mes transports de fureur, et pour me laisser
réfléchir sur l'énormité de mon imprudence. Madame d'Houdetot
ne m'avait rien tant recommandé que de rester tranquille, de lui
laisser le soin de se tirer seule de cette affaire, et d'éviter, surtout
dans le moment même, toute rupture et tout éclat : et moi, par les
insultes les plus ouvertes et les plus atroces, j'allais achever de
porter la rage dans le cœur d'une femme qui n'y était déjà que
trop disposée. Je ne devais naturellement attendre, de sa part,
qu'une réponse si fière, si dédaigneuse, si méprisante, que je
n'aurais pu, sans la plus indigne lâcheté, m'abstenir de quitter sa
maison sur-le-champ. Heureusement, plus adroite encore que je
n'étais emporté, elle évita, par le tour de sa réponse, de me
réduire à cette extrémité. Mais il fallait ou sortir, ou l'aller voir sur-
le-champ ; l'alternative était inévitable. Je pris le dernier parti,
fort embarrassé de ma contenance, dans l'explication que je pré-

voyais. Car comment m'en tirer, sans compromettre ni madame d'Houdetot, ni Thérèse? Et malheur à celle que j'aurais nommée! Il n'y avait rien que la vengeance d'une femme implacable et intrigante ne me fît craindre pour celle qui en serait l'objet. C'était pour prévenir ce malheur que je n'avais parlé que de soupçons dans mes lettres, afin d'être dispensé d'énoncer mes preuves. Il est vrai que cela rendait mes emportements plus inexcusables, nuls simples soupçons ne pouvant m'autoriser à traiter une femme, et surtout une amie, comme je venais de traiter madame d'Épinay. Mais ici commence la grande et noble tâche que j'ai dignement remplie, d'expier mes fautes et mes faiblesses cachées, en me chargeant de fautes plus graves, dont j'étais incapable, et que je ne commis jamais.

Je n'eus pas à soutenir la prise que j'avais redoutée, et j'en fus quitte pour la peur. A mon abord, madame d'Épinay me sauta au cou, en fondant en larmes. Cet accueil inattendu, et de la part d'une ancienne amie, m'émut extrêmement: je pleurai beaucoup aussi. Je lui dis quelques mots qui n'avaient pas grand sens; elle m'en dit quelques-uns qui en avaient encore moins, et tout finit là. On avait servi; nous allâmes à table, où dans l'attente de l'explication, que je croyais remise après le souper, je fis mauvaise figure; car je suis tellement subjugué par la moindre inquiétude qui m'occupe, que je ne saurais la cacher aux moins clairvoyants. Mon air embarrassé devait lui donner du courage; cependant elle ne risqua point l'aventure : il n'y eut pas plus d'explication après le souper qu'avant. Il n'y en eut pas plus le lendemain; et nos silencieux tête-à-tête ne furent remplis que de choses indifférentes ou de quelques propos honnêtes de ma part, par lesquels, lui témoignant ne pouvoir encore rien prononcer sur le fondement de mes soupçons, je lui protestais avec bien de la vérité que s'ils se trouvaient mal fondés, ma vie entière serait employée à réparer leur injustice. Elle ne marqua pas la moindre curiosité de savoir précisément quels étaient ces soupçons, ni comment ils m'étaient venus; et tout notre raccommodement, tant de sa part que de la mienne, consista dans l'embrassement du premier abord. Puisqu'elle était seule offensée, au moins dans la forme, il me

parut que ce n'était pas à moi de chercher un éclaircissement qu'elle ne cherchait pas elle-même, et je m'en retournai comme j'étais venu. Continuant au reste à vivre avec elle comme auparavant, j'oubliai bientôt presque entièrement cette querelle, et je crus bêtement qu'elle l'oubliait elle-même, parce qu'elle paraissait ne s'en plus souvenir.

Ce ne fut pas là, comme on verra bientôt, le seul chagrin que m'attira ma faiblesse; mais j'en avais d'autres non moins sensibles, que je ne m'étais point attirés, et qui n'avaient pour cause que le désir de m'arracher de ma solitude, à force de m'y tourmenter. Ceux-ci me venaient de la part de Diderot et des holbachiens. Depuis mon établissement à l'Ermitage, Diderot n'avait cessé de m'y harceler, soit par lui-même, soit par Deleyre; et je vis bientôt, aux plaisanteries de celui-ci sur mes courses boscaresques, avec quel plaisir ils avaient travesti l'ermite en galant berger. Mais il n'était pas question de cela dans mes prises avec Diderot; elles avaient des causes plus graves. Après la publication du *Fils naturel*, il m'en avait envoyé un exemplaire, que j'avais lu avec l'intérêt et l'attention qu'on donne aux ouvrages d'un ami. En lisant l'espèce de poétique en dialogue qu'il y a jointe, je fus surpris, et même un peu contristé, d'y trouver, parmi plusieurs choses désobligeantes mais tolérables, contre les solitaires, cette âpre et dure sentence, sans aucun adoucissement : *Il n'y a que le méchant qui soit seul*. Cette sentence est équivoque, et présente deux sens, ce me semble : l'un très vrai, l'autre très faux puisqu'il est même impossible qu'un homme qui est et veut être seul puisse et veuille nuire à personne, et par conséquent qu'il soit un méchant. La sentence en elle-même exigeait donc une interprétation ; elle l'exigeait bien plus encore de la part d'un auteur qui, lorsqu'il imprimait cette sentence, avait un ami retiré dans une solitude. Il me paraissait choquant et malhonnête, ou d'avoir oublié en la publiant cet ami solitaire, ou, s'il s'en était souvenu, de n'avoir pas fait, du moins en maxime générale, l'honorable et juste exception qu'il devait non seulement à cet ami, mais à tant de sages respectés, qui dans tous les temps ont cherché le calme et la paix dans la retraite, et dont, pour la première fois depuis

que le monde existe, un écrivain s'avise, avec un seul trait de plume, de faire indistinctement autant de scélérats.

J'aimais tendrement Diderot, je l'estimais sincèrement, et je comptais avec une entière confiance sur les mêmes sentiments de sa part. Mais, excédé de son infatigable obstination à me contrarier éternellement sur mes goûts, mes penchants, ma manière de vivre, sur tout ce qui n'intéressait que moi seul; révolté de voir un homme plus jeune que moi vouloir à toute force me gouverner comme un enfant; rebuté de sa facilité à promettre, et de sa négligence à tenir; ennuyé de tant de rendez-vous donnés et manqués de sa part, et de sa fantaisie d'en donner toujours de nouveaux, pour y manquer derechef; gêné de l'attendre inutilement trois ou quatre fois par mois, les jours marqués par lui-même, et de dîner seul le soir, après être allé au-devant de lui jusqu'à Saint-Denis, et l'avoir attendu toute la journée : j'avais déjà le cœur plein de ses torts multipliés. Ce dernier me parut plus grave, et me navra davantage. Je lui écrivis pour m'en plaindre, mais avec une douceur et un attendrissement qui me fit inonder mon papier de mes larmes; et ma lettre était assez touchante pour avoir dû lui en tirer. On ne devinerait jamais quelle fut sa réponse sur cet article : la voici mot pour mot (liasse A, n° 33) : « Je suis bien aise que « mon ouvrage vous ait plu, qu'il vous ait touché. Vous n'êtes « pas de mon avis sur les ermites; dites-en tant de bien qu'il « vous plaira, vous serez le seul au monde dont j'en penserai : « encore y aurait-il bien à dire là-dessus, si l'on pouvait vous « parler sans vous fâcher. Une femme de quatre-vingts ans! etc. « On m'a dit une phrase d'une lettre du fils de madame d'Épinay, « qui a dû vous peiner beaucoup, ou je connais mal le fond de « votre âme. »

Il faut expliquer les deux dernières phrases de cette lettre.

Au commencement de mon séjour à l'Ermitage, madame Le Vasseur parut s'y déplaire, et trouver l'habitation trop seule. Ses propos là-dessus m'étant revenus, je lui offris de la renvoyer à Paris, si elle s'y plaisait davantage; d'y payer son loyer, et d'y prendre le même soin d'elle que si elle était encore avec moi. Elle rejeta mon offre, me protesta qu'elle se plaisait fort à l'Ermi-

tage, que l'air de la campagne lui faisait du bien; et l'on voyait que cela était vrai; car elle y rajeunissait pour ainsi dire, et s'y portait beaucoup mieux qu'à Paris. Sa fille m'assura même qu'elle eût été dans le fond très fâchée que nous quittassions l'Ermitage, qui réellement était un séjour charmant, aimant fort le petit tripotage du jardin et des fruits, dont elle avait le maniement; mais qu'elle avait dit ce qu'on lui avait fait dire, pour tâcher de m'engager à retourner à Paris.

Cette tentative n'ayant pas réussi, ils tâchèrent d'obtenir, par le scrupule, l'effet que la complaisance n'avait pas produit, et me firent un crime de garder là cette vieille femme, loin des secours dont elle pouvait avoir besoin à son âge; sans songer qu'elle et beaucoup d'autres vieilles gens, dont l'excellent air du pays prolonge la vie, pouvaient tirer ces secours de Montmorency, que j'avais à ma porte; et comme s'il n'y avait des vieillards qu'à Paris, et que partout ailleurs ils fussent hors d'état de vivre. Madame Le Vasseur, qui mangeait beaucoup et avec une extrême voracité, était sujette à des débordements de bile et à de fortes diarrhées, qui lui duraient quelques jours, et lui servaient de remède. A Paris, elle n'y faisait jamais rien, et laissait agir la nature. Elle en usait de même à l'Ermitage, sachant bien qu'il n'y avait rien de mieux à faire. N'importe : parce qu'il n'y avait pas des médecins et des apothicaires à la campagne, c'était vouloir sa mort que de l'y laisser, quoiqu'elle s'y portât très bien. Diderot aurait dû déterminer à quel âge il n'est plus permis, sous peine d'homicide, de laisser vivre les vieilles gens hors de Paris.

C'était là une des deux accusations atroces sur lesquelles il ne m'exceptait pas de sa sentence, qu'il n'y avait que le méchant qui fût seul; et c'était ce que signifiait son exclamation pathétique et l'*et cætera* qu'il y avait bénignement ajouté : *Une femme de quatre-vingts ans! etc.*

Je crus ne pouvoir mieux répondre à ce reproche qu'en m'en rapportant à madame Le Vasseur elle-même. Je la priai d'écrire naturellement son sentiment à madame d'Épinay. Pour la mettre plus à son aise, je ne voulus point voir sa lettre, et je lui montrai celle que je vais transcrire, et que j'écrivais à madame d'Épinay,

au sujet d'une réponse que j'avais voulu faire à une autre lettre de
Diderot encore plus dure, et qu'elle m'avait empêché d'envoyer.

« Le jeudi.

« Madame Le Vasseur doit vous écrire, ma bonne amie ; je l'ai
« priée de vous dire sincèrement ce qu'elle pense. Pour la mettre
« bien à son aise, je lui ai dit que je ne voulais point voir sa lettre,
« et je vous prie de ne me rien dire de ce qu'elle contient.

« Je n'enverrai pas ma lettre, puisque vous vous y opposez ;
« mais me sentant très grièvement offensé, il y aurait, à convenir
« que j'ai tort, une bassesse et une fausseté que je ne saurais me
« permettre. L'Évangile ordonne bien à celui qui reçoit un soufflet
« d'offrir l'autre joue, mais non pas de demander pardon. Vous
« souvenez-vous de cet homme de la comédie, qui crie, en donnant
« des coups de bâton : Voilà le rôle du philosophe ?

« Ne vous flattez pas de l'empêcher de venir par le mauvais
« temps qu'il fait. Sa colère lui donnera le temps et les forces que
« l'amitié lui refuse, et ce sera la première fois de sa vie qu'il sera
« venu le jour qu'il avait promis. Il s'excédera pour venir me
« répéter de bouche les injures qu'il me dit dans ses lettres ; je ne
« les endurerai rien moins que patiemment. Il s'en retournera être
« malade à Paris ; et moi je serai, selon l'usage, un homme fort
« odieux. Que faire ? Il faut souffrir.

« Mais n'admirez-vous pas la sagesse de cet homme qui voulait
« me venir prendre à Saint-Denis en fiacre, y dîner, me ramener
« en fiacre ; et à qui, huit jours après (liasse A, n° 34), sa fortune ne
« permet plus d'aller à l'Ermitage autrement qu'à pied ? Il n'est pas
« absolument impossible, pour parler son langage, que ce soit
« là le ton de la bonne foi ; mais, en ce cas, il faut qu'en huit
« jours il soit arrivé d'étranges changements dans sa fortune.

« Je prends part au chagrin que vous donne la maladie de
« madame votre mère ; mais vous voyez que votre peine n'appro-
« che pas de la mienne. On souffre moins encore à voir malades
« les personnes qu'on aime, qu'injustes et cruelles.

« Adieu, ma bonne amie : voici la dernière fois que je vous
« parlerai de cette malheureuse affaire. Vous me parlez d'aller à

« Paris, avec un sang-froid qui me réjouirait dans un autre
« temps. »

J'écrivis à Diderot ce que j'avais fait au sujet de madame Le
Vasseur, sur la proposition de madame d'Épinay elle-même ; et
madame Le Vasseur ayant choisi, comme on peut bien croire, de
rester à l'Ermitage, où elle se portait très bien, où elle avait
toujours compagnie, et où elle vivait très agréablement, Diderot,
ne sachant plus de quoi me faire un crime, m'en fit un de cette
précaution de ma part, et ne laissa pas de m'en faire un autre de
la continuation du séjour de madame Le Vasseur à l'Ermitage,
quoique cette continuation fût de son choix, et qu'il n'eût tenu et
ne tînt toujours qu'à elle de retourner vivre à Paris, avec les
mêmes secours de ma part qu'elle avait auprès de moi.

Voilà l'explication du premier reproche de la lettre de Diderot,
n° 33. Celle du second est dans sa lettre n° 34. « Le Lettré (c'était
« un nom de plaisanterie donné par Grimm au fils de madame
« d'Épinay), le Lettré a dû vous écrire qu'il y avait sur le rempart
« vingt pauvres qui mouraient de faim et de froid, et qui atten-
« daient le liard que vous leur donniez. C'est un échantillon de
« notre petit babil... et si vous entendiez le reste, il vous amu-
« serait comme cela. »

Voici ma réponse à ce terrible argument, dont Diderot paraissait
si fier.

« Je crois avoir répondu au *Lettré*, c'est-à-dire au fils d'un fermier
« général, que je ne plaignais pas les pauvres qu'il avait aperçus
« sur le rempart attendant mon liard ; qu'apparemment il les en
« avait amplement dédommagés ; que je l'établissais mon substitut ;
« que les pauvres de Paris n'auraient pas à se plaindre de cet
« échange ; que je n'en trouverais pas aisément un aussi bon pour
« ceux de Montmorency, qui en avaient beaucoup plus de besoin.
« Il y a ici un bon vieillard respectable, qui, après avoir passé sa
« vie à travailler, ne le pouvant plus, meurt de faim sur ses vieux
« jours. Ma conscience est plus contente des deux sous que je
« lui donne tous les lundis, que des cent liards que j'aurais dis-
« tribués à tous les gueux du rempart. Vous êtes plaisants, vous

« autres philosophes, quand vous regardez tous les habitants des
« villes comme les seuls hommes auxquels vos devoirs vous lient.
« C'est à la campagne qu'on apprend à aimer et à servir l'huma-
« nité : on n'apprend qu'à la mépriser dans les villes. »

Tels étaient les singuliers scrupules sur lesquels un homme
d'esprit avait l'imbécillité de me faire sérieusement un crime de
mon éloignement de Paris, et prétendait me prouver, par mon
propre exemple, qu'on ne pouvait vivre hors de la capitale sans
être un méchant homme. Je ne comprends pas aujourd'hui
comment j'eus la bêtise de lui répondre et de me fâcher, au lieu
de lui rire au nez pour toute réponse. Cependant les décisions de
madame d'Épinay et les clameurs de la coterie holbachique avaient
tellement fasciné les esprits en sa faveur, que je passais générale-
ment pour avoir tort dans cette affaire, et que madame d'Hou-
detot elle-même, grande enthousiaste de Diderot, voulut que
j'allasse le voir à Paris, et que je fisse toutes les avances d'un
raccommodement qui, tout sincère et entier qu'il fût de ma part,
se trouva pourtant peu durable. L'argument, victorieux sur mon
cœur, dont elle se servit, fut qu'en ce moment Diderot était mal-
heureux. Outre l'orage excité contre l'*Encyclopédie*, il en essuyait
alors un très violent au sujet de sa pièce, que, malgré la petite
histoire qu'il avait mise à la tête, on l'accusait d'avoir prise en entier
de Goldoni. Diderot, plus sensible encore aux critiques que Vol-
taire, en était alors accablé. Madame de Graffigny avait même eu
la méchanceté de faire courir le bruit que j'avais rompu avec lui à
cette occasion. Je trouvai qu'il y avait de la justice et de la géné-
rosité de prouver publiquement le contraire ; et j'allai passer deux
jours, non seulement avec lui, mais chez lui. Ce fut, depuis mon
établissement à l'Ermitage, mon second voyage à Paris. J'avais
fait le premier pour courir au pauvre Gauffecourt, qui eut une
attaque d'apoplexie dont il n'a jamais été bien remis, et durant
laquelle je ne quittai pas son chevet qu'il ne fût hors d'affaire.

Diderot me reçut bien. Que l'embrassement d'un ami peut
effacer de torts ! Quel ressentiment peut, après cela, rester dans le
cœur ? Nous eûmes peu d'explications. Il n'en est pas besoin pour
des invectives réciproques. Il n'y a qu'une chose à faire, savoir,

de les oublier. Il n'y avait point eu de procédés souterrains, du moins qui fussent à ma connaissance : ce n'était pas comme avec madame d'Épinay. Il me montra le plan du *Père de famille*. Voilà, lui dis-je, la meilleure défense du *Fils naturel*. Gardez le silence, travaillez cette pièce avec soin, et puis jetez-la tout d'un coup au nez de vos ennemis pour toute réponse. Il le fit, et s'en trouva bien. Il y avait près de six mois que je lui avais envoyé les deux premières parties de la *Julie*, pour m'en dire son avis. Il ne les avait pas encore lues. Nous en lûmes un cahier ensemble. Il trouva tout cela *feuillet*, ce fut son terme ; c'est-à-dire chargé de paroles et redondant. Je l'avais déjà bien senti moi-même : mais c'était le bavardage de la fièvre ; je ne l'ai jamais pu corriger. Les dernières parties ne sont pas comme cela. La quatrième surtout, et la sixième, sont des chefs-d'œuvre de diction.

Le second jour de mon arrivée, il voulut absolument me mener souper chez M. d'Holbach. Nous étions loin de compte ; car je voulais même rompre l'accord du manuscrit de chimie, dont je m'indignais d'avoir l'obligation à cet homme-là. Diderot l'emporta sur tout. Il me jura que M. d'Holbach m'aimait de tout son cœur ; qu'il fallait lui pardonner un ton qu'il prenait avec tout le monde, et dont ses amis avaient plus à souffrir que personne. Il me représenta que refuser le produit de ce manuscrit, après l'avoir accepté deux ans auparavant, était un affront au donateur, qu'il n'avait pas mérité ; et que ce refus pourrait même être mésinterprété, comme un secret reproche d'avoir attendu si longtemps d'en conclure le marché. Je vois d'Holbach tous les jours, ajouta-t-il ; je connais mieux que vous l'état de son âme. Si vous n'aviez pas lieu d'en être content, croyez-vous votre ami capable de vous conseiller une bassesse? Bref, avec ma faiblesse ordinaire, je me laissai subjuguer, et nous allâmes souper chez le baron, qui me reçut à son ordinaire. Mais sa femme me reçut froidement, et presque malhonnêtement. Je ne reconnus plus cette aimable Caroline qui marquait avoir pour moi tant de bienveillance étant fille. J'avais cru sentir, dès longtemps auparavant, que, depuis que Grimm fréquentait la maison d'Aine, on ne m'y voyait plus d'aussi bon œil.

Tandis que j'étais à Paris, Saint-Lambert y arriva de l'armée. Comme je n'en savais rien, je ne le vis qu'après mon retour en campagne, d'abord à la Chevrette, et ensuite à l'Ermitage, où il vint avec madame d'Houdetot me demander à dîner. On peut juger si je les reçus avec plaisir ! mais j'en pris bien plus encore à voir leur bonne intelligence. Content de n'avoir pas troublé leur bonheur, j'en étais heureux moi-même ; et je puis jurer que durant toute ma folle passion, mais surtout en ce moment, quand j'aurais pu lui ôter madame d'Houdetot, je ne l'aurais pas voulu faire, et je n'en aurais pas même été tenté. Je la trouvais si aimable, aimant Saint-Lambert, que je m'imaginais à peine qu'elle eût pu l'être autant en m'aimant moi-même ; et, sans vouloir troubler leur union, tout ce que j'ai le plus véritablement désiré d'elle dans mon délire, était qu'elle se laissât aimer. Enfin, de quelque violente passion que j'aie brûlé pour elle, je trouvais aussi doux d'être le confident que l'objet de ses amours, et je n'ai jamais un moment regardé son amant comme mon rival, mais toujours comme mon ami. On dira que ce n'était pas encore là de l'amour : soit ; mais c'était donc plus.

Pour Saint-Lambert, il se conduisit en honnête homme et judicieux : comme j'étais le seul coupable, je fus aussi le seul puni, et même avec indulgence. Il me traita durement, mais amicalement : et je vis que j'avais perdu quelque chose dans son estime, mais rien dans son amitié. Je m'en consolai, sachant que l'une me serait bien plus facile à recouvrer que l'autre, et qu'il était trop sensé pour confondre une faiblesse involontaire et passagère, avec un vice de caractère. S'il y avait de ma faute dans tout ce qui s'était passé, il y en avait bien peu. Était-ce moi qui avais recherché sa maîtresse ? N'était-ce pas lui qui me l'avait envoyée ? N'était-ce pas elle qui m'avait cherché ? Pouvais-je éviter de la recevoir ? Que pouvais-je faire ? Eux seuls avaient fait le mal, et c'était moi qui l'avais souffert. A ma place, il en eût fait autant que moi, peut-être pis : car enfin, quelque fidèle, quelque estimable que fût madame d'Houdetot, elle était femme ; il était absent, les occasions étaient fréquentes, les tentations étaient vives, et il lui eût été bien difficile de se défendre toujours avec

le même succès contre un homme plus entreprenant. C'était assurément beaucoup pour elle et pour moi, dans une pareille situation,
d'avoir pu poser des limites que nous ne nous soyons jamais
permis de passer.

Quoique je me rendisse, au fond de mon cœur, un témoignage
assez honorable, tant d'apparences étaient contre moi, que l'invincible honte qui me domina toujours me donnait devant lui tout
l'air d'un coupable, et il en abusait souvent pour m'humilier. Un
seul trait peindra cette position réciproque. Je lui lisais, après le
dîner, la lettre que j'avais écrite l'année précédente à Voltaire, et
dont lui, Saint-Lambert, avait entendu parler. Il s'endormit
durant la lecture ; et moi, jadis si fier, aujourd'hui si sot, je n'osai
jamais interrompre ma lecture, et continuai de lire tandis qu'il
continuait de ronfler. Telles étaient mes indignités, et telles
étaient ses vengeances ; mais sa générosité ne lui permit jamais de
les exercer qu'entre nous trois.

Quand il fut reparti, je trouvai madame d'Houdetot fort changée
à mon égard. J'en fus surpris comme si je n'avais pas dû m'y
attendre ; j'en fus touché plus que je n'aurais dû l'être, et cela me
fit beaucoup de mal. Il semblait que tout ce dont j'attendais ma
guérison ne fît qu'enfoncer dans mon cœur davantage le trait
qu'enfin j'ai plutôt brisé qu'arraché.

J'étais déterminé tout à fait à me vaincre, et à ne rien épargner
pour changer ma folle passion en une amitié pure et durable.
J'avais fait pour cela les plus beaux projets du monde, pour l'exécution desquels j'avais besoin du concours de madame d'Houdetot. Quand je voulus lui parler, je la trouvai distraite, embarrassée ; je sentis qu'elle avait cessé de se plaire avec moi, et je vis
clairement qu'il s'était passé quelque chose qu'elle ne voulait pas
me dire, et que je n'ai jamais su. Ce changement, dont il me fut
impossible d'obtenir l'explication, me navra. Elle me redemanda
ses lettres ; je les lui rendis toutes avec une fidélité dont elle me
fit l'injure de douter un moment. Ce doute fut encore un déchirement inattendu pour mon cœur, qu'elle devait si bien connaître.
Elle me rendit justice, mais ce ne fut pas sur-le-champ ; je compris
que l'examen du paquet que je lui avais rendu lui avait fait sentir

son tort : je vis même qu'elle se le reprochait, et cela me fit regagner quelque chose. Elle ne pouvait retirer ses lettres sans me rendre les miennes. Elle me dit qu'elle les avait brûlées ; j'en osai douter à mon tour, et j'avoue que j'en doute encore. Non, l'on ne met point au feu de pareilles lettres. On a trouvé brûlantes celles de la *Julie* : eh Dieu ! qu'aurait-on donc dit de celles-là ? Non, non, jamais celle qui peut inspirer une pareille passion n'aura le courage d'en brûler les preuves. Mais je ne crains pas non plus qu'elle en ait abusé : je ne l'en crois pas capable ; et de plus, j'y avais mis bon ordre. La sotte, mais vive crainte d'être persiflé m'avait fait commencer cette correspondance sur un ton qui mît mes lettres à l'abri des communications. Je portai jusqu'à la tutoyer la familiarité que j'y pris dans mon ivresse : mais quel tutoiement ! elle n'en devait sûrement pas être offensée. Cependant elle s'en plaignit plusieurs fois, mais sans succès : ses plaintes ne faisaient que réveiller mes craintes, et d'ailleurs je ne pouvais me résoudre à rétrograder. Si ces lettres sont encore en être, et qu'un jour elles soient vues, on connaîtra comment j'ai aimé.

La douleur que me causa le refroidissement de madame d'Houdetot, et la certitude de ne l'avoir pas mérité, me firent prendre le singulier parti de m'en plaindre à Saint-Lambert même. En attendant l'effet de la lettre que je lui écrivis à ce sujet, je me jetai dans les distractions que j'aurais dû chercher plus tôt. Il y eut des fêtes à la Chevrette, pour lesquelles je fis de la musique. Le plaisir de me faire honneur auprès de madame d'Houdetot d'un talent qu'elle aimait excita ma verve ; et un autre objet contribuait encore à l'animer, savoir, le désir de montrer que l'auteur du *Devin du village* savait la musique ; car je m'apercevais depuis longtemps que quelqu'un travaillait en secret à rendre cela douteux, du moins quant à la composition. Mon début à Paris, les épreuves où j'y avais été mis à diverses fois, tant chez M. Dupin que chez M. de la Poplinière ; quantité de musique que j'y avais composée pendant quatorze ans au milieu des plus célèbres artistes, et sous leurs yeux ; enfin l'opéra des *Muses galantes*, celui même du *Devin*, un motet que j'avais fait pour mademoiselle Fel, et qu'elle avait chanté au Concert spirituel ; tant de conférences

que j'avais eues sur ce bel art avec les plus grands maîtres, tout
semblait devoir prévenir ou dissiper un pareil doute. Il existait
cependant, même à la Chevrette, et je voyais que M. d'Épinay
n'en était pas exempt. Sans paraître m'apercevoir de cela, je me
chargeai de lui composer un motet pour la dédicace de la chapelle
de la Chevrette, et je le priai de me fournir des paroles de son
choix. Il chargea de Linant, le gouverneur de son fils, de les faire.
De Linant arrangea des paroles convenables au sujet ; et huit jours
après qu'elles m'eurent été données, le motet fut achevé. Pour
cette fois, le dépit fut mon Apollon, et jamais musique plus étoffée
ne sortit de mes mains. Les paroles commencent par ces mots :
Ecce sedes hic Tonantis. La pompe du début répond aux paroles, et
toute la suite du motet est d'une beauté de chant qui frappa tout
le monde. J'avais travaillé en grand orchestre. D'Épinay ras-
sembla les meilleurs symphonistes. Madame Bruna, chanteuse
italienne, chanta le motet, et fut bien accompagnée. Le motet eut
un si grand succès, qu'on l'a donné dans la suite au Concert spi-
rituel, où, malgré les sourdes cabales et l'indigne exécution, il y a
eu deux fois les mêmes applaudissements. Je donnai, pour la fête
de M. d'Épinay, l'idée d'une espèce de pièce, moitié drame,
moitié pantomime, que madame d'Épinay composa, et dont je
fis encore la musique. Grimm, en arrivant, entendit parler de mes
succès harmoniques. Une heure après on n'en parla plus : mais
du moins on ne mit plus en question, que je sache, si je savais la
composition.

A peine Grimm fut-il à la Chevrette, où déjà je ne me plaisais
pas trop, qu'il acheva de m'en rendre le séjour insupportable, par
des airs que je ne vis jamais à personne, et dont je n'avais pas
même l'idée. La veille de son arrivée, on me délogea de la
chambre de faveur que j'occupais, contiguë à celle de madame
d'Épinay ; on la prépara pour M. Grimm, et on m'en donna une
autre plus éloignée. Voilà, dis-je en riant à madame d'Épinay,
comment les nouveaux venus déplacent les anciens. Elle parut
embarrassée. J'en compris mieux la raison dès le même soir, en
apprenant qu'il y avait entre sa chambre et celle que je quittais
une porte masquée de communication, qu'elle avait jugé inutile

Maurice Leloir inv

Teyssonnieres sc

GRIMM ET ROUSSEAU CHEZ M^{ME} D'ÉPINAY

de me montrer. Son commerce avec Grimm n'était ignoré de personne, ni chez elle, ni dans le public, pas même de son mari : cependant, loin d'en convenir avec moi, confident de secrets qui lui importaient beaucoup davantage, et dont elle était bien sûre, elle s'en défendit toujours très fortement. Je compris que cette réserve venait de Grimm, qui, dépositaire de tous mes secrets, ne voulait pas que je le fusse d'aucun des siens.

Quelques préventions que mes anciens sentiments, qui n'étaient pas éteints, et le mérite réel de cet homme-là, me donnassent en sa faveur, elle ne put tenir contre les soins qu'il prit pour la détruire. Son abord fut celui du comte de Tufffière ; à peine daigna-t-il me rendre le salut ; il ne m'adressa pas une seule fois la parole, et me corrigea bientôt de la lui adresser, en ne me répondant point du tout. Il passait partout le premier, prenait partout la première place, sans jamais faire aucune attention à moi. Passe pour cela, s'il n'y eût pas mis une affectation choquante : mais on en jugera par un seul trait pris entre mille. Un soir madame d'Épinay, se trouvant un peu incommodée, dit qu'on lui portât un morceau dans sa chambre, et monta pour souper au coin de son feu. Elle me proposa de monter avec elle ; je le fis. Grimm vint ensuite. La petite table était déjà mise ; il n'y avait que deux couverts. On sert : madame d'Épinay prend sa place à l'un des coins du feu. M. Grimm prend un fauteuil, s'établit à l'autre coin, tire la petite table entre eux deux, déplie sa serviette, et se met en devoir de manger, sans me dire un seul mot. Madame d'Épinay rougit, et, pour l'engager à réparer sa grossièreté, m'offre sa propre place. Il ne dit rien, ne me regarda pas. Ne pouvant approcher du feu, je pris le parti de me promener par la chambre, en attendant qu'on m'apportât un couvert. Il me laissa souper au bout de la table, loin du feu, sans me faire la moindre honnêteté, à moi incommodé, son aîné, son ancien dans la maison, qui l'y avais introduit, et à qui même, comme favori de la dame, il eût dû faire les honneurs. Toutes ses manières avec moi répondaient fort bien à cet échantillon. Il ne me traitait pas précisément comme son inférieur ; il me regardait comme nul. J'avais peine à reconnaître là l'ancien cuistre qui, chez le prince de Saxe-Gotha, se

tenait honoré de mes regards. J'en avais encore plus à concilier ce profond silence, et cette morgue insultante, avec la tendre amitié qu'il se vantait d'avoir pour moi, près de tous ceux qu'il savait en avoir eux-mêmes. Il est vrai qu'il ne la témoignait guère que pour me plaindre de ma fortune, dont je ne me plaignais point, pour compatir à mon triste sort, dont j'étais content, et pour se lamenter de me voir me refuser durement aux soins bienfaisants qu'il disait vouloir me rendre. C'était avec cet art qu'il faisait admirer sa tendre générosité, blâmer mon ingrate misanthropie, et qu'il accoutumait insensiblement tout le monde à n'imaginer entre un protecteur tel que lui et un malheureux tel que moi, que des liaisons de bienfaits d'une part, et d'obligations de l'autre, sans y supposer, même dans les possibles, une amitié d'égal à égal. Pour moi, j'ai cherché vainement en quoi je pouvais être obligé à ce nouveau patron. Je lui avais prêté de l'argent, il ne m'en prêta jamais ; je l'avais gardé dans sa maladie, à peine me venait-il voir dans les miennes ; je lui avais donné tous mes amis, il ne m'en donna jamais aucun des siens ; je l'avais prôné de tout mon pouvoir, et lui,... s'il m'a prôné, c'est moins publiquement, et c'est d'une autre manière. Jamais il ne m'a rendu ni même offert aucun service d'aucune espèce. Comment était-il donc mon Mécène? comment étais-je son protégé? Cela me passait et me passe encore.

Il est vrai que, du plus au moins, il était arrogant avec tout le monde, mais avec personne aussi brutalement qu'avec moi. Je me souviens qu'une fois Saint-Lambert faillit à lui jeter son assiette à la tête, sur une espèce de démenti qu'il lui donna en pleine table, en lui disant grossièrement : *Cela n'est pas vrai*. A son ton naturellement tranchant, il ajouta la suffisance d'un parvenu, et devint même ridicule, à force d'être impertinent. Le commerce des grands l'avait séduit au point de se donner à lui-même des airs qu'on ne voit qu'aux moins sensés d'entre eux. Il n'appelait jamais son laquais que par *eh* ! comme si, sur le nombre de ses gens, monseigneur n'eût pas su lequel était de garde. Quand il lui donnait des commissions, il lui jetait l'argent par terre, au lieu de le lui donner dans la main. Enfin, oubliant tout à fait qu'il était homme, il le traitait avec un mépris si choquant, avec un dédain

si dur en toute chose, que ce pauvre garçon, qui était un fort bon sujet, que madame d'Épinay lui avait donné, quitta son service, sans autre grief que l'impossibilité d'endurer de pareils traitements : c'était le Lafleur de ce nouveau Glorieux.

Aussi fat qu'il était vain, avec ses gros yeux troubles et sa figure dégingandée, il avait des prétentions près des femmes ; et depuis sa farce avec mademoiselle Fel, il passait auprès de plusieurs d'entre elles pour un homme à grands sentiments. Cela l'avait mis à la mode, et lui avait donné du goût pour la propreté de femme ; il se mit à faire le beau ; sa toilette devint une grande affaire ; tout le monde sut qu'il mettait du blanc, et moi, qui n'en croyais rien, je commençai de le croire, non seulement par l'embellissement de son teint, et pour avoir trouvé des tasses de blanc sur sa toilette, mais sur ce qu'entrant un matin dans sa chambre, je le trouvai brossant ses ongles avec une petite vergette faite exprès ; ouvrage qu'il continua fièrement devant moi. Je jugeai qu'un homme qui passe deux heures tous les matins à brosser ses ongles peut bien passer quelques instants à remplir de blanc les creux de sa peau. Le bonhomme Gauffecourt, qui n'était pas sac à diable, l'avait assez plaisamment surnommé *Tiran le Blanc*.

Tout cela n'était que des ridicules, mais bien antipathiques à mon caractère. Ils achevèrent de me rendre suspect le sien. J'eus peine à croire qu'un homme à qui la tête tournait de cette façon pût conserver un cœur bien placé. Il ne se piquait de rien tant que de sensibilité d'âme et d'énergie de sentiments. Comment cela s'accordait-il avec des défauts qui sont propres aux petites âmes ? Comment les vifs et continuels élans que fait hors de lui-même un cœur sensible peuvent-ils le laisser s'occuper sans cesse de tant de petits soins pour sa petite personne ? Eh ! mon Dieu, celui qui sent embraser son cœur de ce feu céleste cherche à l'exhaler, et veut montrer le dedans. Il voudrait mettre son cœur sur son visage ; il n'imaginera jamais d'autre fard.

Je me rappelai le sommaire de sa morale, que madame d'Épinay m'avait dit, et qu'elle avait adopté. Ce sommaire consistait en un seul article, savoir, que l'unique devoir de l'homme est de suivre en tout les penchants de son cœur. Cette morale, quand je l'appris,

me donna terriblement à penser, quoique je ne la prisse alors que pour un jeu d'esprit. Mais je vis bientôt que ce principe était réellement la règle de sa conduite, et je n'en eus que trop, dans la suite, la preuve à mes dépens. C'est la doctrine intérieure dont Diderot m'a tant parlé, mais qu'il ne m'a jamais expliquée.

Je me rappelai les fréquents avis qu'on m'avait donnés, il y avait plusieurs années, que cet homme était faux, qu'il jouait le sentiment, et surtout qu'il ne m'aimait pas. Je me souvins de plusieurs petites anecdotes que m'avaient là-dessus racontées M. de Francueil et madame de Chenonceaux, qui ne l'estimaient ni l'un ni l'autre, et qui devaient le connaître, puisque madame de Chenonceaux était fille de madame de Rochechouart, intime amie du feu comte de Friese, et que M. de Francueil, très lié alors avec le vicomte de Polignac, avait beaucoup vécu au Palais-Royal, précisément quand Grimm commençait de s'y introduire. Tout Paris fut instruit de son désespoir après la mort du comte de Friese. Il s'agissait de soutenir la réputation qu'il s'était donnée après les rigueurs de mademoiselle Fel, et dont j'aurais vu la forfanterie mieux que personne, si j'eusse alors été moins aveuglé. Il fallut l'entraîner à l'hôtel de Castries, où il joua dignement son rôle, livré à la plus mortelle affliction. Là, tous les matins il allait dans le jardin pleurer à son aise, tenant sur ses yeux son mouchoir baigné de larmes, tant qu'il était en vue de l'hôtel ; mais au détour d'une certaine allée, des gens auxquels il ne songeait pas le virent mettre à l'instant son mouchoir dans sa poche et tirer un livre. Cette observation, qu'on répéta, fut bientôt publique dans tout Paris, et presque aussitôt oubliée. Je l'avais oubliée moi-même : un fait qui me regardait servit à me la rappeler. J'étais à l'extrémité dans mon lit, rue de Grenelle : il était à la campagne ; il vint un matin me voir tout essoufflé, disant qu'il venait d'arriver à l'instant même ; je sus un moment après qu'il était arrivé de la veille, et qu'on l'avait vu au spectacle le même jour.

Il me revint mille faits de cette espèce ; mais une observation que je fus surpris de faire si tard, me frappa plus que tout cela. J'avais donné à Grimm tous mes amis sans exception ; ils étaient tous devenus les siens. Je pouvais si peu me séparer de lui, que

j'aurais à peine voulu me conserver l'entrée d'une maison où il ne l'aurait pas eue. Il n'y eut que madame de Créqui qui refusa de l'admettre, et qu'aussi je cessai presque de voir depuis ce temps-là. Grimm, de son côté, se fit d'autres amis, tant de son estoc que de celui du comte de Friese. De tous ces amis-là, jamais un seul n'est devenu le mien ; jamais il ne m'a dit un mot, pour m'engager de faire au moins leur connaissance ; et de tous ceux que j'ai quelquefois rencontrés chez lui, jamais un seul ne m'a marqué la moindre bienveillance, pas même le comte de Friese, chez lequel il demeurait, et avec lequel il m'eût par conséquent été très agréable de former quelque liaison ; ni le comte de Schomberg, son parent, avec lequel Grimm était encore plus familier.

Voici plus : mes propres amis, dont je fis les siens, et qui tous m'étaient tendrement attachés avant sa connaissance, changèrent sensiblement pour moi quand elle fut faite. Il ne m'a jamais donné aucun des siens, je lui ai donné tous les miens, et il a fini par me les tous ôter. Si ce sont là des effets de l'amitié, quels seront donc ceux de la haine ?

Diderot même, au commencement, m'avertit plusieurs fois que Grimm, à qui je donnais tant de confiance, n'était pas mon ami. Dans la suite il changea de langage, quand lui-même eut cessé d'être le mien.

La manière dont j'avais disposé de mes enfants n'avait besoin du concours de personne. J'en instruisis cependant mes amis, uniquement pour les en instruire, pour ne pas paraître à leurs yeux meilleur que je n'étais. Ces amis étaient au nombre de trois : Diderot, Grimm, madame d'Épinay ; Duclos, le plus digne de ma confidence, fut le seul à qui je ne la fis pas. Il la sut cependant ; par qui ? je l'ignore. Il n'est guère probable que cette infidélité soit venue de madame d'Épinay, qui savait qu'en l'imitant, si j'en eusse été capable, j'avais de quoi m'en venger cruellement. Reste Grimm et Diderot, alors si unis en tant de choses, surtout contre moi, qu'il est plus que probable que ce crime leur fut commun. Je parierais que Duclos, à qui je n'ai pas dit mon secret, et qui par conséquent en était le maître, est le seul qui me l'ait gardé.

Grimm et Diderot, dans leur projet de m'ôter les gouverneuses,

avaient fait effort pour le faire entrer dans leurs vues : il s'y refusa toujours avec dédain. Ce ne fut que dans la suite que j'appris de lui tout ce qui s'était passé entre eux à cet égard ; mais j'en appris dès lors assez par Thérèse, pour voir qu'il y avait à tout cela quelque dessein secret, et qu'on voulait disposer de moi, sinon contre mon gré, du moins à mon insu ; ou bien qu'on voulait faire servir ces deux personnes d'instrument à quelque dessein caché. Tout cela n'était assurément pas de la droiture. L'opposition de Duclos le prouve sans réplique. Croira qui voudra que c'était de l'amitié.

Cette prétendue amitié m'était aussi fatale au dedans qu'au dehors. Les longs et fréquents entretiens avec madame Le Vasseur depuis plusieurs années avaient changé sensiblement cette femme à mon égard, et ce changement ne m'était assurément pas favorable. De quoi traitaient-ils donc dans ces singuliers tête-à-tête ? Pourquoi ce profond mystère ? La conversation de cette vieille femme était-elle donc assez agréable pour la prendre ainsi en bonne fortune, et assez importante pour en faire un si grand secret ? Depuis trois ou quatre ans que ces colloques duraient, ils m'avaient paru risibles : en y repensant alors, je commençai de m'en étonner. Cet étonnement eût été jusqu'à l'inquiétude, si j'avais su dès lors ce que cette femme me préparait.

Malgré le prétendu zèle pour moi dont Grimm se targuait au dehors, et difficile à concilier avec le ton qu'il prenait vis-à-vis de moi-même, il ne me revenait rien de lui d'aucun côté qui fût à mon avantage, et la commisération qu'il feignait d'avoir pour moi tendait bien moins à me servir qu'à m'avilir. Il m'ôtait même, autant qu'il était en lui, la ressource du métier que je m'étais choisi, en me décriant comme un mauvais copiste : et je conviens qu'il disait en cela la vérité ; mais ce n'était pas à lui de la dire. Il prouvait que ce n'était pas plaisanterie, en se servant d'un autre copiste et en ne me laissant aucune des pratiques qu'il pouvait m'ôter. On eût dit que son projet était de me faire dépendre de lui et de son crédit pour ma subsistance, et d'en tarir la source jusqu'à ce que j'en fusse réduit là.

Tout cela résumé, ma raison fit taire enfin mon ancienne pré-

vention, qui parlait encore. Je jugeai son caractère au moins très
suspect; et quant à son amitié, je la décidai fausse. Puis, résolu
de ne le plus voir, j'en avertis madame d'Épinay, appuyant ma
résolution de plusieurs faits sans réplique, mais que j'ai mainte-
nant oubliés.

Elle combattit fortement cette résolution, sans savoir trop que
dire aux raisons sur lesquelles elle était fondée. Elle ne s'était pas
encore concertée avec lui; mais le lendemain, au lieu de s'ex-
pliquer verbalement avec moi, elle me remit une lettre très adroite,
qu'ils avaient minutée ensemble, et par laquelle, sans entrer dans
aucun détail des faits, elle le justifiait par son caractère con-
centré, et, me faisant un crime de l'avoir soupçonné de perfidie
envers son ami, m'exhortait à me raccommoder avec lui. Cette
lettre m'ébranla. Dans une conversation que nous eûmes ensuite,
et où je la trouvai mieux préparée qu'elle n'était la première fois,
j'achevai de me laisser vaincre : j'en vins à croire que je pouvais
avoir mal jugé, et qu'en ce cas j'avais réellement, envers un ami,
des torts graves que je devais réparer. Bref, comme j'avais déjà
fait plusieurs fois avec Diderot, avec le baron d'Holbach, moitié
gré, moitié faiblesse, je fis toutes les avances que j'avais droit
d'exiger; j'allai chez Grimm comme un autre George Dandin, lui
faire des excuses des offenses qu'il m'avait faites ; toujours dans
cette fausse persuasion, qui m'a fait faire en ma vie mille bassesses
auprès de mes feints amis, qu'il n'y a point de haine qu'on ne
désarme à force de douceur et de bons procédés ; au lieu qu'au
contraire la haine des méchants ne fait que s'animer davantage
par l'impossibilité de trouver sur quoi la fonder ; et le sentiment
de leur propre injustice n'est qu'un grief de plus contre celui qui
en est l'objet. J'ai, sans sortir de ma propre histoire, une preuve
bien forte de cette maxime dans Grimm et dans Tronchin, devenus
mes deux plus implacables ennemis par goût, par plaisir, par fan-
taisie, sans pouvoir alléguer aucun tort d'aucune espèce que j'aie
eu jamais avec aucun des deux, et dont la rage s'accroît de jour
en jour, comme celle des tigres, par la facilité qu'ils trouvent à
l'assouvir.

Je m'attendais que, confus de ma condescendance et de mes

avances, Grimm me recevrait, les bras ouverts, avec la plus tendre amitié. Il me reçut en empereur romain, avec une morgue que je n'avais jamais vue à personne. Je n'étais point du tout préparé à cet accueil. Quand, dans l'embarras d'un rôle si peu fait pour moi, j'eus rempli en peu de mots et d'un air timide l'objet qui m'amenait près de lui, avant de me recevoir en grâce, il prononça, avec beaucoup de majesté, une longue harangue qu'il avait préparée, et qui contenait la nombreuse énumération de ses rares vertus, et surtout dans l'amitié. Il appuya sur une chose qui d'abord me frappa beaucoup : c'est qu'on lui voyait toujours conserver les mêmes amis. Tandis qu'il parlait, je me disais tout bas qu'il serait bien cruel pour moi de faire seul exception à cette règle. Il y revint si souvent et avec tant d'affectation, qu'il me fit penser que, s'il ne suivait en cela que les sentiments de son cœur, il serait moins frappé de cette maxime, et qu'il s'en faisait un art utile à ses vues dans les moyens de parvenir. Jusqu'alors j'avais été dans le même cas, j'avais conservé toujours tous mes amis ; depuis ma plus tendre enfance, je n'en avais pas perdu un seul, si ce n'est par la mort, et cependant je n'en avais pas fait jusqu'alors la réflexion : ce n'était pas une maxime que je me fusse prescrite. Puisque c'était un avantage alors commun à l'un et à l'autre, pourquoi donc s'en targuait-il par préférence, si ce n'est qu'il songeait d'avance à me l'ôter ? Il s'attacha ensuite à m'humilier par des preuves de la préférence que nos amis communs lui donnaient sur moi. Je connaissais aussi bien que lui cette préférence ; la question était à quel titre il l'avait obtenue ; si c'était à force de mérite ou d'adresse, en s'élevant lui-même, ou en cherchant à me rabaisser. Enfin, quand il eut mis à son gré, entre lui et moi, toute la distance qui pouvait donner du prix à la grâce qu'il m'allait faire, il m'accorda le baiser de paix dans un léger embrassement qui ressemblait à l'accolade que le roi donne aux nouveaux chevaliers. Je tombais des nues, j'étais ébahi, je ne savais que dire, je ne trouvais pas un mot. Toute cette scène eut l'air de la réprimande qu'un précepteur fait à son disciple, en lui faisant grâce du fouet. Je n'y pense jamais sans sentir combien sont trompeurs les jugements fondés sur l'apparence, auxquels le vul-

gaire donne tant de poids, combien souvent l'audace et la fierté sont du côté du coupable, la honte et l'embarras du côté de l'innocent.

Nous étions réconciliés : c'était toujours un soulagement pour mon cœur, que toute querelle jette dans des angoisses mortelles. On se doute bien qu'une pareille réconciliation ne changea pas ses manières ; elle m'ôta seulement le droit de m'en plaindre. Aussi pris-je le parti d'endurer tout, et de ne dire plus rien.

Tant de chagrins coup sur coup me jetèrent dans un accablement qui ne me laissait guère la force de reprendre l'empire de moi-même. Sans réponse de Saint-Lambert, négligé de madame d'Houdetot, n'osant plus m'ouvrir à personne, je commençai de craindre qu'en faisant de l'amitié l'idole de mon cœur, je n'eusse employé ma vie qu'à sacrifier à des chimères. Épreuve faite, il ne restait de toutes mes liaisons que deux hommes qui eussent conservé toute mon estime, et à qui mon cœur pût donner toute sa confiance : Duclos, que depuis ma retraite à l'Ermitage j'avais perdu de vue, et Saint-Lambert. Je crus ne pouvoir bien réparer mes torts envers ce dernier, qu'en lui déchargeant mon cœur sans réserve, et je résolus de lui faire pleinement mes confessions, en tout ce qui ne compromettait pas sa maîtresse. Je ne doute pas que ce choix ne fût encore un piège de ma passion, pour me tenir plus rapproché d'elle ; mais il est certain que je me serais jeté dans les bras de son amant sans réserve, que je me serais mis pleinement sous sa conduite, et que j'aurais poussé la franchise aussi loin qu'elle pouvait aller. J'étais prêt à lui écrire une seconde lettre, à laquelle j'étais sûr qu'il aurait répondu, quand j'appris la triste cause de son silence sur la première. Il n'avait pu soutenir jusqu'au bout les fatigues de cette campagne. Madame d'Épinay m'apprit qu'il venait d'avoir une attaque de paralysie ; et madame d'Houdetot, que son affliction finit par rendre malade elle-même, et qui fut hors d'état de m'écrire sur-le-champ, me marqua deux ou trois jours après, de Paris, où elle était alors, qu'il se faisait porter à Aix-la-Chapelle pour y prendre les bains. Je ne dis pas que cette triste nouvelle m'affligea comme elle ; mais je doute que le serrement de cœur qu'elle me donna fût moins pénible que sa

douleur et ses larmes. Le chagrin de la savoir dans cet état, augmenté par la crainte que l'inquiétude n'eût contribué à l'y mettre, me toucha plus que tout ce qui m'était arrivé jusqu'alors ; et je sentis cruellement qu'il me manquait, dans ma propre estime, la force dont j'avais besoin pour supporter tant de déplaisir. Heureusement, ce généreux ami ne me laissa pas longtemps dans cet accablement; il ne m'oublia pas, malgré son attaque, et je ne tardai pas d'apprendre par lui-même que j'avais trop mal jugé de ses sentiments et de son état. Mais il est temps d'en venir à la grande révolution de ma destinée, à la catastrophe qui a partagé ma vie en deux parties si différentes, et qui, d'une bien légère cause, a tiré de si terribles effets.

Un jour que je ne songeais à rien moins, madame d'Épinay m'envoya chercher. En entrant, j'aperçus dans ses yeux et dans toute sa contenance un air de trouble dont je fus d'autant plus frappé que cet air ne lui était point ordinaire, personne au monde ne sachant mieux qu'elle gouverner son visage et ses mouvements. Mon ami, me dit-elle, je pars pour Genève; ma poitrine est en mauvais état, ma santé se délabre au point que, toute chose cessante, il faut que j'aille voir et consulter Tronchin. Cette résolution, si brusquement prise, et à l'entrée de la mauvaise saison, m'étonna d'autant plus que je l'avais quittée trente-six heures auparavant sans qu'il en fût question. Je lui demandai qui elle emmènerait avec elle. Elle me dit qu'elle emmènerait son fils avec M. de Linant, et puis elle ajouta négligemment : Et vous, mon ours, ne viendrez-vous pas aussi? Comme je ne crus pas qu'elle parlât sérieusement, sachant que dans la saison où nous entrions j'étais à peine en état de sortir de ma chambre, je plaisantai sur l'utilité du cortège d'un malade pour un autre malade; elle parut elle-même n'en avoir pas fait tout de bon la proposition, et il n'en fut plus question. Nous ne parlâmes plus que des préparatifs de son voyage, dont elle s'occupait avec beaucoup de vivacité, étant résolue à partir dans quinze jours.

Je n'avais pas besoin de beaucoup de pénétration pour comprendre qu'il y avait à ce voyage un motif secret qu'on me taisait. Ce secret, qui n'en était un dans toute la maison que pour moi,

fut découvert dès le lendemain par Thérèse, à qui Teissier, le
maître d'hôtel, qui le savait de la femme de chambre, le révéla.
Quoique je ne doive pas ce secret à madame d'Épinay, puisque
je ne le tiens pas d'elle, il est trop lié avec ceux que j'en tiens,
pour que je puisse l'en séparer : ainsi je me tairai sur cet article.
Mais ces secrets, qui jamais ne sont sortis ni ne sortiront de ma
bouche ni de ma plume, ont été sus de trop de gens pour pouvoir
être ignorés dans tous les entours de madame d'Épinay.

Instruit du vrai motif de ce voyage, j'aurais reconnu la secrète
impulsion d'une main ennemie, dans la tentative de m'y faire le
chaperon de madame d'Épinay; mais elle avait si peu insisté, que
je persistai à ne point regarder cette tentative comme sérieuse, et
je ris seulement du beau personnage que j'aurais fait là, si j'eusse
eu la sottise de m'en charger. Au reste, elle gagna beaucoup à
mon refus, car elle vint à bout d'engager son mari même à l'ac-
compagner.

Quelques jours après je reçus de Diderot le billet que je vais
transcrire. Ce billet, seulement plié en deux, de manière que tout
le dedans se lisait sans peine, me fut adressé chez madame d'Épi-
nay, et recommandé à M. de Linant, le gouverneur du fils et le
confident de la mère.

Billet de Diderot, liasse A, n° 52.

« Je suis fait pour vous aimer et pour vous donner du chagrin.
« J'apprends que madame d'Épinay va à Genève, et je n'entends
« point dire que vous l'accompagniez. Mon ami, content de
« madame d'Épinay, il faut partir avec elle; mécontent, il faut
« partir beaucoup plus vite. Êtes-vous surchargé du poids des
« obligations que vous lui avez? Voilà une occasion de vous
« acquitter en partie et de vous soulager. Trouverez-vous une
« autre occasion dans votre vie de lui témoigner votre reconnais-
« sance? Elle va dans un pays où elle sera comme tombée des
« nues. Elle est malade : elle aura besoin d'amusement et de dis-
« traction. L'hiver! voyez, mon ami. L'objection de votre santé

« peut être beaucoup plus forte que je ne la crois. Mais êtes-vous
« plus mal aujourd'hui que vous ne l'étiez il y a un mois, et que
« vous ne le serez au commencement du printemps? Ferez-vous
« dans trois mois d'ici le voyage plus commodément qu'aujour-
« d'hui? Pour moi, je vous avoue que si je ne pouvais supporter
« la chaise, je prendrais un bâton et je la suivrais. Et puis ne
« craignez-vous point qu'on ne mésinterprète votre conduite? On
« vous soupçonnera, ou d'ingratitude, ou d'un autre motif secret.
« Je sais bien que, quoi que vous fassiez, vous aurez toujours pour
« vous le témoignage de votre conscience; mais ce témoignage
« suffit-il seul, et est-il permis de négliger jusqu'à certain point
« celui des autres hommes? Au reste, mon ami, c'est pour m'ac-
« quitter avec vous et avec moi que je vous écris ce billet. S'il
« vous déplaît, jetez-le au feu, et qu'il n'en soit non plus question
« que s'il n'eût jamais été écrit. Je vous salue, vous aime et vous
« embrasse. »

Le tremblement de colère, l'éblouissement qui me gagnait en
lisant ce billet, et qui me permirent à peine de l'achever, ne
m'empêchèrent pas d'y remarquer l'adresse avec laquelle Diderot
y affectait un ton plus doux, plus caressant, plus honnête que
dans toutes ses autres lettres, dans lesquelles il me traitait tout
au plus de mon cher, sans daigner m'y donner le nom d'ami. Je
vis aisément le ricochet par lequel me venait ce billet, dont la
suscription, la forme et la marche décelaient même assez mala-
droitement le détour : car nous nous écrivions ordinairement par
la poste ou par le messager de Montmorency, et ce fut la pre-
mière et l'unique fois qu'il se servit de cette voie-là.

Quand le premier transport de mon indignation me permit
d'écrire, je lui traçai précipitamment la réponse suivante, que je
portai sur-le-champ, de l'Ermitage où j'étais pour lors, à la Che-
vrette, pour la montrer à madame d'Épinay, à qui, dans mon
aveugle colère, je la voulus lire moi-même, ainsi que le billet de
Diderot.

« Mon cher ami, vous ne pouvez savoir ni la force des obliga-
« tions que je puis avoir à madame d'Épinay, ni jusqu'à quel

« point elles me lient, ni si elle a réellement besoin de moi dans
« son voyage, ni si elle désire que je l'accompagne, ni s'il m'est pos-
« sible de le faire, ni les raisons que je puis avoir de m'en abste-
« nir. Je ne refuse pas de discuter avec vous tous ces points :
« mais, en attendant, convenez que me prescrire si affirmati-
« vement ce que je dois faire, sans vous être mis en état d'en
« juger, c'est, mon cher philosophe, opiner en franc étourdi. Ce
« que je vois de pis à cela, est que votre avis ne vient pas de
« vous. Outre que je suis peu d'humeur à me laisser mener sous
« votre nom par le tiers et le quart, je trouve à ces ricochets cer-
« tains détours qui ne vont pas à votre franchise, et dont vous
« ferez bien, pour vous et pour moi, de vous abstenir désormais.

« Vous craignez qu'on n'interprète mal ma conduite ; mais je
« défie un cœur comme le vôtre d'oser mal parler du mien.
« D'autres peut-être parleraient mieux de moi, si je leur ressemblais
« davantage. Que Dieu me préserve de me faire approuver d'eux !
« que les méchants m'épient et m'interprètent : Rousseau n'est
« pas fait pour les craindre, ni Diderot pour les écouter.

« Si votre billet m'a déplu, vous voulez que je le jette au feu,
« et qu'il n'en soit plus question. Pensez-vous qu'on oublie ainsi
« ce qui vient de vous ? Mon cher, vous faites aussi bon marché
« de mes larmes dans les peines que vous me donnez, que de ma
« vie et de ma santé dans les soins que vous m'exhortez à prendre.
« Si vous pouviez vous corriger de cela, votre amitié m'en serait
« plus douce, et j'en deviendrais moins à plaindre. »

En entrant dans la chambre de madame d'Épinay, je trouvai
Grimm avec elle, et j'en fus charmé. Je leur lus à haute et claire
voix mes deux lettres avec une intrépidité dont je ne me serais pas
cru capable, et j'y ajoutai, en finissant, quelques discours qui ne
la démentaient pas. A cette audace inattendue dans un homme
ordinairement si craintif, je les vis l'un et l'autre atterrés, aba-
sourdis, ne répondant pas un mot ; je vis surtout cet homme
arrogant baisser les yeux à terre, et n'oser soutenir les étincelles
de mes regards ; mais dans le même instant, au fond de son cœur,
il jurait ma perte, et je suis sûr qu'ils la concertèrent avant de se
séparer.

Ce fut à peu près dans ce temps-là que je reçus enfin, par madame d'Houdetot, la réponse de Saint-Lambert (liasse A, n° 57) datée encore de Wolfenbuttel, peu de jours après son accident, à ma lettre, qui avait tardé longtemps en route. Cette réponse m'apporta des consolations, dont j'avais grand besoin dans ce moment-là, par les témoignages d'estime et d'amitié dont elle était pleine, et qui me donnèrent le courage et la force de les mériter. Dès ce moment, je fis mon devoir; mais il est constant que si Saint-Lambert se fût trouvé moins sensé, moins généreux, moins honnête homme, j'étais perdu sans retour.

La saison devenait mauvaise, et l'on commençait à quitter la campagne. Madame d'Houdetot me marqua le jour où elle comptait venir faire ses adieux à la vallée, et me donna rendez-vous à Eaubonne. Ce jour se trouva, par hasard, le même où madame d'Épinay quittait la Chevrette pour aller à Paris achever les préparatifs de son voyage. Heureusement elle partit le matin, et j'eus le temps encore, en la quittant, d'aller dîner avec sa belle-sœur. J'avais la lettre de Saint-Lambert dans ma poche; je la lus plusieurs fois en marchant. Cette lettre me servit d'égide contre ma faiblesse. Je fis et tins la résolution de ne plus voir en madame d'Houdetot que mon amie et la maîtresse de mon ami; et je passai tête à tête avec elle quatre ou cinq heures dans un calme délicieux, préférable infiniment, même quant à la jouissance, à ces accès de fièvre ardente que jusqu'alors j'avais eus auprès d'elle. Comme elle savait trop que mon cœur n'était pas changé, elle fut sensible aux efforts que j'avais faits pour me vaincre; elle m'en estima davantage, et j'eus le plaisir de voir que son amitié pour moi n'était point éteinte. Elle m'annonça le prochain retour de Saint-Lambert, qui, quoique assez bien rétabli de son attaque, n'était plus en état de soutenir les fatigues de la guerre, et quittait le service pour venir vivre paisiblement auprès d'elle. Nous formâmes le projet charmant d'une étroite société entre nous trois, et nous pouvions espérer que l'exécution de ce projet serait durable, vu que tous les sentiments qui peuvent unir les cœurs sensibles et droits en faisaient la base, et que nous rassemblions à nous trois assez de talents et de connaissances pour nous suffire à

nous-mêmes, et n'avoir besoin d'aucun supplément étranger. Hélas! en me livrant à l'espoir d'une aussi douce vie, je ne songeais guère à celle qui m'attendait.

Nous parlâmes ensuite de ma situation présente avec madame d'Épinay. Je lui montrai la lettre de Diderot, avec ma réponse; je lui détaillai tout ce qui s'était passé à ce sujet, et je lui déclarai la résolution où j'étais de quitter l'Ermitage. Elle s'y opposa vivement, et par des raisons toutes puissantes sur mon cœur. Elle me témoigna combien elle aurait désiré que j'eusse fait le voyage de Genève, prévoyant qu'on ne manquerait pas de la compromettre dans mon refus : ce que la lettre de Diderot semblait annoncer d'avance. Cependant, comme elle savait mes raisons aussi bien que moi-même, elle n'insista pas sur cet article, mais elle me conjura d'éviter tout éclat à quelque prix que ce pût être, et de pallier mon refus de raisons assez plausibles pour éloigner l'injuste soupçon qu'elle pût y avoir part. Je lui dis qu'elle ne m'imposait pas une tâche aisée ; mais que, résolu d'expier mes torts au prix même de ma réputation, je voulais donner la préférence à la sienne, en tout ce que l'honneur me permettrait d'endurer. On connaîtra bientôt si j'ai su remplir cet engagement.

Je le puis jurer, loin que ma passion malheureuse eût rien perdu de sa force, je n'aimai jamais ma Sophie aussi vivement, aussi tendrement que je fis ce jour-là. Mais telle fut l'impression que firent sur moi la lettre de Saint-Lambert, le sentiment du devoir et l'horreur de la perfidie, que, durant toute cette entrevue, mes sens me laissèrent pleinement en paix auprès d'elle, et que je ne fus pas même tenté de lui baiser la main. En partant, elle m'embrassa devant ses gens. Ce baiser, si différent de ceux que je lui avais dérobés quelquefois sous les feuillages, me fut garant que j'avais repris l'empire sur moi-même: je suis presque assuré que si mon cœur avait eu le temps de se raffermir dans le calme, il ne me fallait pas trois mois pour être guéri radicalement.

Ici finissent mes liaisons personnelles avec madame d'Houdetot... liaisons dont chacun a pu juger sur les apparences selon les dispositions de son propre cœur, mais dans lesquelles la passion que m'inspira cette aimable femme, passion la plus vive

peut-être qu'aucun homme ait jamais sentie, s'honorera toujours, entre le ciel et nous, des rares et pénibles sacrifices faits par tous deux au devoir, à l'honneur, à l'amour et à l'amitié. Nous nous étions trop élevés aux yeux l'un de l'autre, pour pouvoir nous avilir aisément. Il faudrait être indigne de toute estime, pour se résoudre à en perdre une de si haut prix ; et l'énergie même des sentiments qui pouvaient nous rendre coupables fut ce qui nous empêcha de le devenir.

C'est ainsi qu'après une si longue amitié pour l'une de ces deux femmes, et un si vif amour pour l'autre, je leur fis séparément mes adieux en un même jour, à l'une pour ne plus la revoir de ma vie, à l'autre pour ne la revoir que deux fois dans les occasions que je dirai ci-après.

Après leur départ, je me trouvai dans un grand embarras pour remplir tant de devoirs pressants et contradictoires, suites de mes imprudences. Si j'eusse été dans mon état naturel, après la proposition et le refus du voyage de Genève, je n'avais qu'à rester tranquille, et tout était dit. Mais j'en avais sottement fait une affaire qui ne pouvait rester dans l'état où elle était, et je ne pouvais me dispenser de toute ultérieure explication qu'en quittant l'Ermitage ; ce que je venais de promettre à madame d'Houdetot de ne pas faire, au moins pour le moment présent. De plus, elle avait exigé que j'excusasse auprès de mes soi-disant amis le refus de ce voyage, afin qu'on ne lui imputât pas ce refus. Cependant je n'en pouvais alléguer la véritable cause sans outrager madame d'Épinay, à qui je devais certainement de la reconnaissance, après tout ce qu'elle avait fait pour moi. Tout bien considéré, je me trouvais dans la dure mais indispensable alternative de manquer à madame d'Épinay, à madame d'Houdetot, ou à moi-même, et je pris le dernier parti. Je le pris hautement, pleinement, sans tergiverser, et avec une générosité digne assurément de laver les fautes qui m'avaient réduit à cette extrémité. Ce sacrifice, dont mes ennemis ont su tirer parti, et qu'ils attendaient peut-être, a fait la ruine de ma réputation, et m'a ôté, par leurs soins, l'estime publique ; mais il m'a rendu la mienne, et m'a consolé dans mes malheurs. Ce n'est pas la dernière fois, comme on le verra, que

j'ai fait de pareils sacrifices, ni la dernière aussi qu'on s'en est prévalu pour m'accabler.

Grimm était le seul qui parût n'avoir pris aucune part dans cette affaire, et ce fut à lui que je résolus de m'adresser. Je lui écrivis une longue lettre, dans laquelle j'exposai le ridicule de vouloir me faire un devoir de ce voyage de Genève, l'inutilité, l'embarras même dont j'y aurais été à madame d'Épinay, et les inconvénients qui en auraient résulté pour moi-même. Je ne résistai pas, dans cette lettre, à la tentation de lui laisser voir que j'étais instruit, et qu'il me paraissait singulier qu'on prétendît que c'était à moi de faire ce voyage, tandis que lui-même s'en dispensait, et qu'on ne faisait pas mention de lui. Cette lettre, où, faute de pouvoir dire nettement mes raisons, je fus forcé de battre souvent la campagne, m'aurait donné dans le public l'apparence de bien des torts ; mais elle était un exemple de retenue et de discrétion pour les gens qui, comme Grimm, étaient au fait des choses que j'y taisais, et qui justifiaient pleinement ma conduite. Je ne craignis pas même de mettre un préjugé de plus contre moi, en prêtant l'avis de Diderot à mes autres amis, pour insinuer que madame d'Houdetot avait pensé de même, comme il était vrai, et taisant que, sur mes raisons, elle avait changé d'avis. Je ne pouvais mieux la disculper du soupçon de conniver avec moi, qu'en paraissant, sur ce point, mécontent d'elle.

Cette lettre finissait par un acte de confiance, dont tout autre homme aurait été touché ; car en exhortant Grimm à peser mes raisons et à me marquer après cela son avis, je lui marquais que cet avis serait suivi, quel qu'il pût être : et c'était mon intention, eût-il même opiné pour mon départ ; car M. d'Épinay s'étant fait le conducteur de sa femme dans ce voyage, le mien prenait alors un coup d'œil tout différent : au lieu que c'était moi d'abord qu'on voulut charger de cet emploi, et qu'il ne fut question de lui qu'après mon refus.

La réponse de Grimm se fit attendre ; elle fut singulière. Je vais la transcrire ici (voyez liasse A, n° 59).

« Le départ de madame d'Épinay est reculé ; son fils est malade ;
« il faut attendre qu'il soit rétabli. Je rêverai à votre lettre. Tenez -

« vous tranquille à votre Ermitage. Je vous ferai passer mon avis
« à temps. Comme elle ne partira sûrement pas de quelques jours,
« rien ne presse. En attendant, si vous le jugez à propos, vous
« pouvez lui faire vos offres, quoique cela me paraisse encore
« assez égal. Car, connaissant votre position aussi bien que vous-
« même, je ne doute point qu'elle ne réponde à vos offres comme
« elle le doit; et tout ce que je vois à gagner à cela, c'est que
« vous pourrez dire à ceux qui vous pressent, que si vous n'avez
« pas été, ce n'est pas faute de vous être offert. Au reste, je ne
« vois pas pourquoi vous voulez absolument que le philosophe
« soit le porte-voix de tout le monde; et parce que son avis est
« que vous partiez, pourquoi vous vous imaginez que tous vos
« amis prétendent la même chose. Si vous écrivez à madame
« d'Épinay, sa réponse peut vous servir de réplique à tous ses
« amis, puisqu'il vous tient tant à cœur de leur répliquer. Adieu :
« je salue madame Le Vasseur et le Criminel. »

Frappé d'étonnement en lisant cette lettre, je cherchais avec
inquiétude ce qu'elle pouvait signifier, et je ne trouvais rien.
Comment! au lieu de me répondre avec simplicité sur la mienne,
il prend du temps pour y rêver, comme si celui qu'il avait déjà
pris ne lui avait pas suffi! Il m'avertit même de la suspension
dans laquelle il me veut tenir, comme s'il s'agissait d'un problème
à résoudre, ou comme s'il importait à ses vues de m'ôter tout
moyen de pénétrer son sentiment jusqu'au moment qu'il voudrait
me le déclarer! Que signifient donc ces précautions, ces retar-
dements, ces mystères? Est-ce ainsi qu'on répond à la confiance?
Cette allure est-elle celle de la droiture et de la bonne foi? Je cher-
chais en vain quelque interprétation favorable à cette conduite; je
n'en trouvais point. Quel que fût son dessein, s'il m'était contraire,
sa position en facilitait l'exécution, sans que, par la mienne, il
me fût possible d'y mettre obstacle. En faveur dans la maison
d'un grand prince, répandu dans le monde, donnant le ton à
nos communes sociétés, dont il était l'oracle, il pouvait, avec
son adresse ordinaire, disposer à son aise toutes ses machines; et
moi, seul dans mon Ermitage, loin de tout, sans avis de per-
sonne, sans aucune communication, je n'avais d'autre parti que

d'attendre et rester en paix : seulement j'écrivis à madame d'Épinay, sur la maladie de son fils, une lettre aussi honnête qu'elle pouvait l'être, mais où je ne donnai pas dans le piège de lui offrir de partir avec elle.

Après des siècles d'attente dans la cruelle incertitude où cet homme barbare m'avait plongé, j'appris au bout de huit ou dix jours que madame d'Épinay était partie, et je reçus de lui une seconde lettre. Elle n'était que de sept à huit lignes, que je n'achevai pas de lire.... C'était une rupture, mais dans des termes tels que la plus infernale haine les peut dicter, et qui même devenaient bêtes à force de vouloir être offensants. Il me défendait sa présence comme il m'aurait défendu ses États. Il ne manquait à sa lettre, pour faire rire, que d'être lue avec plus de sang-froid. Sans la transcrire, sans même en achever la lecture, je la lui renvoyai sur-le-champ avec celle-ci :

« Je me refusais à ma juste défiance, j'achève trop tard de vous
« connaître.

« Voilà donc la lettre que vous vous êtes donné le loisir de
« méditer : je vous la renvoie; elle n'est pas pour moi. Vous
« pouvez montrer la mienne à toute la terre, et me haïr ouver-
« tement; ce sera de votre part une fausseté de moins. »

Ce que je lui disais, qu'il pouvait montrer ma précédente lettre, se rapportait à un article de la sienne sur lequel on pourra juger de la profonde adresse qu'il mit à toute cette affaire.

J'ai dit que, pour des gens qui n'étaient pas au fait, ma lettre pouvait donner sur moi bien des prises. Il le vit avec joie; mais comment se prévaloir de cet avantage sans se compromettre? En montrant cette lettre, il s'exposait au reproche d'abuser de la confiance de son ami.

Pour sortir de cet embarras, il imagina de rompre avec moi de la façon la plus piquante qu'il fût possible, et de me faire valoir dans sa lettre la grâce qu'il me faisait de ne pas montrer la mienne. Il était bien sûr que, dans l'indignation de ma colère, je me refuserais à sa feinte discrétion, et lui permettrais de montrer ma lettre à tout le monde : c'était précisément ce qu'il voulait, et tout arriva comme il l'avait arrangé. Il fit courir ma lettre dans tout

Paris, avec des commentaires de sa façon, qui pourtant n'eurent pas tout le succès qu'il s'en était promis. On ne trouva pas que la permission de montrer ma lettre, qu'il avait su m'extorquer, l'exemptât du blâme de m'avoir si légèrement pris au mot pour me nuire. On demandait toujours quels torts personnels j'avais avec lui, pour autoriser une si violente haine. Enfin l'on trouvait que, quand j'aurais eu de tels torts qui l'auraient obligé de rompre, l'amitié, même éteinte, avait encore des droits qu'il aurait dû respecter. Mais malheureusement Paris est frivole; ces remarques du moment s'oublient; l'absent infortuné se néglige; l'homme qui prospère en impose par sa présence; le jeu de l'intrigue et de la méchanceté se soutient, se renouvelle, et bientôt son effet, sans cesse renaissant, efface tout ce qui l'a précédé.

Voilà comment, après m'avoir si longtemps trompé, cet homme enfin quitta pour moi son masque, persuadé que, dans l'état où il avait amené les choses, il cessait d'en avoir besoin. Soulagé de la crainte d'être injuste envers ce misérable, je l'abandonnai à son propre cœur, et cessai de penser à lui. Huit jours après avoir reçu cette lettre, je reçus de madame d'Épinay sa réponse, datée de Genève, à ma précédente (liasse A, n° 10). Je compris, au ton qu'elle y prenait pour la première fois de sa vie, que l'un et l'autre, comptant sur le succès de leurs mesures, agissaient de concert, et que, me regardant comme un homme perdu sans ressource, ils se livraient désormais sans risque au plaisir d'achever de m'écraser.

Mon état, en effet, était des plus déplorables. Je voyais s'éloigner de moi tous mes amis, sans qu'il me fût possible de savoir ni comment ni pourquoi. Diderot, qui se vantait de me rester, de me rester seul, et qui depuis trois mois me promettait une visite, ne venait point. L'hiver commençait à se faire sentir, et avec lui les atteintes de mes maux habituels. Mon tempérament, quoique vigoureux, n'avait pu soutenir les combats de tant de passions contraires. J'étais dans un épuisement qui ne me laissait ni force ni courage pour résister à rien; quand mes engagements, quand les continuelles représentations de Diderot et de madame d'Houdetot m'auraient permis en ce moment de quitter l'Ermitage, je ne

savais ni où aller ni comment me traîner. Je restais immobile et
stupide, sans pouvoir agir ni penser. La seule idée d'un pas à
faire, d'une lettre à écrire, d'un mot à dire, me faisait frémir. Je
ne pouvais cependant laisser la lettre de madame d'Épinay sans
réplique, à moins de m'avouer digne des traitements dont elle et
son ami m'accablaient. Je pris le parti de lui notifier mes senti-
ments et mes résolutions, ne doutant pas un moment que, par
humanité, par générosité, par bienséance, par les bons sentiments
que j'avais cru voir en elle malgré les mauvais, elle ne s'empressât
d'y souscrire. Voici ma lettre :

« A l'Ermitage, le 23 novembre 1757.

« Si l'on mourait de douleur, je ne serais pas en vie. Mais
« enfin j'ai pris mon parti. L'amitié est éteinte entre nous,
« madame; mais celle qui n'est plus garde encore des droits que
« je sais respecter. Je n'ai point oublié vos bontés pour moi, et
« vous pouvez compter de ma part sur toute la reconnaissance
« qu'on peut avoir pour quelqu'un qu'on ne doit plus aimer.
« Toute autre explication serait inutile : j'ai pour moi ma con-
« science, et vous renvoie à la vôtre.
« J'ai voulu quitter l'Ermitage, et je le devais. Mais on prétend
« qu'il faut que j'y reste jusqu'au printemps; et puisque mes amis
« le veulent, j'y resterai jusqu'au printemps, si vous y consentez. »

Cette lettre écrite et partie, je ne pensai plus qu'à me tranquil-
liser à l'Ermitage, en y soignant ma santé, tâchant de recouvrer
des forces, et de prendre des mesures pour en sortir au printemps,
sans bruit et sans afficher une rupture. Mais ce n'était pas là le
compte de monsieur Grimm et de madame d'Épinay, comme on
verra dans un moment.

Quelques jours après, j'eus enfin le plaisir de recevoir de Dide-
rot cette visite si souvent promise et manquée. Elle ne pouvait
venir plus à propos; c'était mon plus ancien ami; c'était presque
le seul qui me restât : on peut juger du plaisir que j'eus à le voir
dans ces circonstances. J'avais le cœur plein, je l'épanchai dans

le sien. Je l'éclairai sur beaucoup de faits qu'on lui avait tus, déguisés ou supposés. Je lui appris, de tout ce qui s'était passé, ce qui m'était permis de lui dire. Je n'affectai point de lui taire ce qu'il ne savait que trop, qu'un amour aussi malheureux qu'insensé avait été l'instrument de ma perte ; mais je ne convins jamais que madame d'Houdetot en fût instruite, ou du moins que je le lui eusse déclaré. Je lui parlai des indignes manœuvres de madame d'Épinay pour surprendre les lettres très innocentes que sa belle-sœur m'écrivait. Je voulus qu'il apprît ces détails de la bouche même des personnes qu'elle avait tenté de séduire. Thérèse le lui fit exactement : mais que devins-je quand ce fut le tour de la mère, et que je l'entendis déclarer et soutenir que rien de cela n'était à sa connaissance ! Ce furent ses termes, et jamais elle ne s'en départit. Il n'y avait pas quatre jours qu'elle m'en avait répété le récit à moi-même, et elle me dément en face devant mon ami ! Ce trait me parut décisif, et je sentis alors vivement mon imprudence d'avoir gardé si longtemps une pareille femme auprès de moi. Je ne m'étendis point en invectives contre elle ; à peine daignai-je lui dire quelques mots de mépris. Je sentis ce que je devais à la fille, dont l'inébranlable droiture contrastait avec l'indigne lâcheté de la mère. Mais dès lors mon parti fut pris sur le compte de la vieille, et je n'attendis que le moment de l'exécuter.

Ce moment vint plus tôt que je ne l'avais attendu. Le 10 décembre, je reçus de madame d'Épinay réponse à ma précédente lettre. En voici le contenu :

« A Genève, le 1ᵉʳ décembre 1757. (Liasse B, n° 11.)

« Après vous avoir donné, pendant plusieurs années, toutes
« les marques possibles d'amitié et d'intérêt, il ne me reste qu'à
« vous plaindre. Vous êtes bien malheureux. Je désire que votre
« conscience soit aussi tranquille que la mienne. Cela pourrait
« être nécessaire au repos de votre vie.

« Puisque vous vouliez quitter l'Ermitage, et que vous le
« deviez, je suis étonnée que vos amis vous aient retenu. Pour

JEAN-JACQUES QUITTE L'ERMITAGE

« moi, je ne consulte point les miens sur mes devoirs, et je n'ai
« plus rien à vous dire sur les vôtres. »

Un congé si imprévu, mais si nettement prononcé, ne me laissa
pas un instant à balancer. Il fallait sortir sur-le-champ, quelque
temps qu'il fît, en quelque état que je fusse, dussé-je coucher
dans les bois et sur la neige, dont la terre était alors couverte, et
quoi que pût dire et faire madame d'Houdetot ; car je voulais bien
lui complaire en tout, mais non pas jusqu'à l'infamie.

Je me trouvai dans le plus terrible embarras où j'aie été de mes
jours ; mais ma résolution était prise : je jurai, quoiqu'il arrivât,
de ne pas coucher à l'Ermitage le huitième jour. Je me mis en
devoir de sortir mes effets, déterminé à les laisser en plein champ,
plutôt que de ne pas rendre les clefs dans la huitaine ; car je vou-
lais surtout que tout fût fait avant qu'on pût écrire à Genève, et
recevoir réponse. J'étais d'un courage que je ne m'étais jamais
senti ; toutes mes forces étaient revenues. L'honneur et l'indigna-
tion m'en rendirent sur lesquelles madame d'Épinay n'avait pas
compté. La fortune aida mon audace. M. Mathas, procureur
fiscal de M. le prince de Condé, entendit parler de mon embarras.
Il me fit offrir une petite maison qu'il avait à son jardin de Mont-
Louis, à Montmorency. J'acceptai avec empressement et recon-
naissance. Le marché fut bientôt fait ; je fis en hâte acheter
quelques meubles, avec ceux que j'avais déjà, pour nous coucher,
Thérèse et moi. Je fis charrier mes effets à grand'peine et à grands
frais : malgré la glace et la neige, mon déménagement fut fait
dans deux jours, et le 15 décembre je rendis les clefs de l'Ermi-
tage, après avoir payé les gages du jardinier, ne pouvant payer
mon loyer. Quant à madame Le Vasseur, je lui déclarai qu'il fal-
lait nous séparer : sa fille voulut m'ébranler ; je fus inflexible. Je
la fis partir pour Paris, dans la voiture du messager, avec tous les
effets et meubles que sa fille et elle avaient en commun. Je lui
donnai quelque argent, et je m'engageai à lui payer son loyer chez
ses enfants ou ailleurs, à pourvoir à sa subsistance autant qu'il
me serait possible, et à ne jamais la laisser manquer de pain, tant
que j'en aurais moi-même.

Enfin, le surlendemain de mon arrivée à Mont-Louis, j'écrivis à madame d'Épinay la lettre suivante :

« A Montmorency, le 17 décembre 1757.

« Rien n'est si simple et si nécessaire, madame, que de déloger
« de votre maison, quand vous n'approuvez pas que j'y reste. Sur
« votre refus de consentir que je passasse à l'Ermitage le reste
« de l'hiver, je l'ai donc quitté le 10 décembre. Ma destinée était
« d'y entrer malgré moi, et d'en sortir de même. Je vous remercie
« du séjour que vous m'avez engagé d'y faire, et je vous en remer-
« cierais davantage si je l'avais payé moins cher. Au reste, vous
« avez raison de me croire malheureux; personne au monde ne
« sait mieux que vous combien je dois l'être. Si c'est un malheur
« de se tromper sur le choix de ses amis, c'en est un autre non
« moins cruel de revenir d'une erreur si douce. »

Tel est le narré fidèle de ma demeure à l'Ermitage, et des raisons qui m'en ont fait sortir. Je n'ai pu couper ce récit, et il importait de le suivre avec la plus grande exactitude, cette époque de ma vie ayant eu sur la suite une influence qui s'étendra jusqu'à mon dernier jour.

LIVRE X

LIVRE DIXIÈME

1758

La force extraordinaire qu'une effervescence passagère m'avait
donnée pour quitter l'Ermitage m'abandonna sitôt que j'en fus
dehors. A peine fus-je établi dans ma nouvelle demeure, que de
vives et fréquentes attaques de mes rétentions se compliquèrent
avec l'incommodité nouvelle d'une descente qui me tourmentait
depuis quelque temps, sans que je susse que c'en était une. Je
tombai bientôt dans les plus cruels accidents. Le médecin
Thierry, mon ancien ami, vint me voir, et m'éclaira sur mon état.
Les sondes, les bougies, les bandages, tout l'appareil des infir-
mités de l'âge rassemblé autour de moi, me fit durement sentir
qu'on n'a plus le cœur jeune impunément, quand le corps a cessé

de l'être. La belle saison ne me rendit point mes forces, et je passai toute l'année 1758 dans un état de langueur qui me fit croire que je touchais à la fin de ma carrière. J'en voyais approcher le terme avec une sorte d'empressement. Revenu des chimères de l'amitié, détaché de tout ce qui m'avait fait aimer la vie, je n'y voyais plus rien qui pût me la rendre agréable : je n'y voyais plus que des maux et des misères qui m'empêchaient de jouir de moi. J'aspirais au moment d'être libre et d'échapper à mes ennemis. Mais reprenons le fil des événements.

Il paraît que ma retraite à Montmorency déconcerta madame d'Épinay : vraisemblablement elle ne s'y était pas attendue. Mon triste état, la rigueur de la saison, l'abandon général où je me trouvais, tout leur faisait croire, à Grimm et à elle, qu'en me poussant à la dernière extrémité ils me réduiraient à crier merci, et à m'avilir aux dernières bassesses pour être laissé dans l'asile dont l'honneur m'ordonnait de sortir. Je délogeai si brusquement, qu'ils n'eurent pas le temps de prévenir le coup ; et il ne leur resta plus que le choix de jouer à quitte ou double, et d'achever de me perdre, ou de tâcher de me ramener. Grimm prit le premier parti : mais je crois que madame d'Épinay eût préféré l'autre ; et j'en juge par sa réponse à ma dernière lettre, où elle radoucit beaucoup le ton qu'elle avait pris dans les précédentes, et où elle semblait ouvrir la porte à un raccommodement. Le long retard de cette réponse, qu'elle me fit attendre un mois entier, indique assez l'embarras où elle se trouvait pour lui donner un tour convenable, et les délibérations dont elle la fit précéder. Elle ne pouvait s'avancer plus loin sans se commettre : mais après ses lettres précédentes, et après ma brusque sortie de sa maison, l'on ne peut qu'être frappé du soin qu'elle prend, dans cette lettre, de n'y pas glisser un seul mot désobligeant. Je vais la transcrire en entier, afin qu'on en juge.

« A Genève, le 17 janvier 1758. (Liasse B, n° 25.)

« Je n'ai reçu votre lettre du 17 décembre, monsieur, qu'hier.
« On me l'a envoyée dans une caisse remplie de différentes

« choses, qui a été tout ce temps en chemin. Je ne répondrai
« qu'à l'apostille : quant à la lettre, je ne l'entends pas bien ; et si
« nous étions dans le cas de nous expliquer, je voudrais bien
« mettre tout ce qui s'est passé sur le compte d'un malentendu.
« Je reviens à l'apostille. Vous pouvez vous rappeler, monsieur,
« que nous étions convenus que les gages du jardinier de l'Ermi-
« tage passeraient par vos mains, pour lui mieux faire sentir qu'il
« dépendait de vous, et pour vous éviter des scènes aussi ridi-
« cules et indécentes qu'en avait fait son prédécesseur. La preuve
« en est, que les premiers quartiers de ses gages vous ont été
« remis, et que j'étais convenue avec vous, peu de jours avant
« mon départ, de vous faire rembourser vos avances. Je sais que
« vous en fîtes d'abord difficulté : mais ces avances, je vous avais
« prié de les faire ; il était simple de m'acquitter, et nous en
« convînmes. Cahouet m'a marqué que vous n'avez point voulu
« recevoir cet argent. Il y a assurément du quiproquo là dedans.
« Je donne ordre qu'on vous le reporte, et je ne vois pas pour-
« quoi vous voudriez payer mon jardinier, malgré nos conven-
« tions, et au delà même du terme que vous avez habité l'Ermi-
« tage. Je compte donc, monsieur, que, vous rappelant tout ce
« que j'ai l'honneur de vous dire, vous ne refuserez pas d'être
« remboursé de l'avance que vous avez bien voulu faire pour
« moi. »

Après tout ce qui s'était passé, ne pouvant plus prendre de
confiance en madame d'Épinay, je ne voulus point renouer avec
elle ; je ne répondis point à cette lettre, et notre correspondance
finit là.

Voyant mon parti pris, elle prit le sien ; et entrant alors dans
toutes les vues de Grimm et de la coterie holbachique, elle unit
ses efforts aux leurs pour me couler à fond. Tandis qu'ils tra-
vaillaient à Paris, elle travaillait à Genève. Grimm, qui dans la
suite alla l'y joindre, acheva ce qu'elle avait commencé. Tronchin,
qu'ils n'eurent pas de peine à gagner, les seconda puissamment,
et devint le plus furieux de mes persécuteurs, sans avoir jamais eu
de moi, non plus que Grimm, le moindre sujet de plainte. Tous

trois d'accord semèrent sourdement dans Genève le germe qu'on y vit éclore quatre ans après.

Ils eurent plus de peine à Paris où j'étais plus connu, et où les cœurs, moins disposés à la haine, n'en reçurent pas si aisément les impressions. Pour porter leurs coups avec plus d'adresse, ils commencèrent par débiter que c'était moi qui les avais quittés (*Voyez* la lettre de Deleyre, liasse B, n° 3o). De là, feignant d'être toujours mes amis, ils semaient adroitement leurs accusations malignes, comme des plaintes de l'injustice de leur ami. Cela faisait que, moins en garde, on était plus porté à les écouter et à me blâmer. Les sourdes accusations de perfidie et d'ingratitude se débitaient avec plus de précaution, et par là même avec plus d'effet. Je sus qu'ils m'imputaient des noirceurs atroces, sans jamais pouvoir apprendre en quoi ils les faisaient consister. Tout ce que je pus déduire de la rumeur publique fut qu'elles se réduisaient à ces quatre crimes capitaux : 1° ma retraite à la campagne ; 2° mon amour pour madame d'Houdetot ; 3° mon refus d'accompagner à Genève madame d'Épinay ; 4° sortie de l'Ermitage. S'ils y ajoutèrent d'autres griefs, ils prirent leurs mesures si justes, qu'il m'a été parfaitement impossible d'apprendre jamais quel en était le sujet.

C'est donc ici que je crois pouvoir fixer l'établissement d'un système adopté depuis par ceux qui disposent de moi, avec un progrès et un succès si rapides, qu'il tiendrait du prodige, pour qui ne saurait pas quelle facilité tout ce qui favorise la malignité des hommes trouve à s'établir. Il faut tâcher d'expliquer en peu de mots ce que cet obscur et profond système a de visible à mes yeux.

Avec un nom déjà célèbre et connu dans toute l'Europe, j'avais conservé la simplicité de mes premiers goûts. Ma mortelle aversion pour tout ce qui s'appelait parti, faction, cabale, m'avait maintenu libre, indépendant, sans autre chaîne que les attachements de mon cœur. Seul, étranger, isolé, sans appui, sans famille, ne tenant qu'à mes principes et à mes devoirs, je suivais avec intrépidité les routes de la droiture, ne flattant, ne ménageant jamais personne aux dépens de la justice et de la vérité. De plus, retiré depuis deux ans dans la solitude, sans correspon-

dance de nouvelles, sans relation des affaires du monde, sans être
instruit ni curieux de rien, je vivais à quatre lieues de Paris,
aussi séparé de cette capitale par mon incurie, que je l'aurais été
par les mers dans l'île de Tinian.

Grimm, Diderot, d'Holbach, au contraire, au centre du tour-
billon, vivaient répandus dans le plus grand monde, et s'en parta-
geaient presque entre eux toutes les sphères. Grands, beaux esprits,
gens de lettres, gens de robe, femmes, ils pouvaient de concert
se faire écouter partout. On doit voir déjà l'avantage que cette
position donne à trois hommes bien unis contre un quatrième,
dans celle où je me trouvais. Il est vrai que Diderot et d'Holbach
n'étaient pas (du moins je ne puis le croire) gens à tramer des
complots bien noirs; l'un n'en avait pas la méchanceté, ni l'autre
l'habileté : mais c'était en cela même que la partie était mieux
liée. Grimm seul formait son plan dans sa tête, et n'en montrait
aux deux autres que ce qu'ils avaient besoin de voir pour con-
courir à l'exécution. L'ascendant qu'il avait pris sur eux rendait
ce concours facile, et l'effet du tout répondait à la supériorité de
son talent.

Ce fut avec ce talent supérieur que, sentant l'avantage qu'il
pouvait tirer de nos positions respectives, il forma le projet de
renverser ma réputation de fond en comble, et de m'en faire une
tout opposée, sans se compromettre, en commençant par élever
autour de moi un édifice de ténèbres qu'il me fut impossible de
percer pour éclairer ses manœuvres et pour le démasquer.

Cette entreprise était difficile, en ce qu'il en fallait pallier l'ini-
quité aux yeux de ceux qui devaient y concourir. Il fallait tromper
les honnêtes gens; il fallait écarter de moi tout le monde, ne pas
me laisser un seul ami, ni petit ni grand. Que dis-je! il ne fallait
pas laisser percer un seul mot de vérité jusqu'à moi. Si un seul
homme généreux me fût venu dire : Vous faites le vertueux,
cependant voilà comme on vous traite, et voilà sur quoi l'on vous
juge : qu'avez-vous à dire? La vérité triomphait, et Grimm était
perdu. Il le savait; mais il a sondé son propre cœur, et n'a estimé
les hommes que ce qu'ils valent. Je suis fâché, pour l'honneur de
l'humanité, qu'il ait calculé si juste.

En marchant dans ces souterrains, ses pas, pour être sûrs, devaient être lents. Il y a douze ans qu'il suit son plan, et le plus difficile reste encore à faire : c'est d'abuser le public entier. Il y reste des yeux qui l'ont suivi de plus près qu'il ne pense. Il le craint, et n'ose encore exposer sa trame au grand jour. Mais il a trouvé le peu difficile moyen d'y faire entrer la puissance, et cette puissance dispose de moi. Soutenu de cet appui, il avance avec moins de risque. Les satellites de la puissance se piquant peu de droiture pour l'ordinaire, et beaucoup moins de franchise, il n'a plus guère à craindre l'indiscrétion de quelque homme de bien ; car il a besoin surtout que je sois environné de ténèbres impénétrables, et que son complot me soit toujours caché, sachant bien qu'avec quelque art qu'il en ait ourdi la trame, elle ne soutiendrait jamais mes regards. Sa grande adresse est de paraître me ménager en me diffamant, et de donner encore à sa perfidie l'air de la générosité.

Je sentis les premiers effets de ce système par les sourdes accusations de la coterie holbachique, sans qu'il me fût possible de savoir ni de conjecturer même en quoi consistaient ces accusations. Deleyre me disait dans ses lettres qu'on m'imputait des noirceurs ; Diderot me disait plus mystérieusement la même chose ; et quand j'entrais en explication avec l'un et l'autre, tout se réduisait aux chefs d'accusation ci-devant notés. Je sentais un refroidissement graduel dans les lettres de madame d'Houdetot. Je ne pouvais attribuer ce refroidissement à Saint-Lambert, qui continuait à m'écrire avec la même amitié, et qui me vint même voir après son retour. Je ne pouvais non plus m'en imputer la faute, puisque nous nous étions séparés très contents l'un de l'autre, et qu'il ne s'était rien passé de ma part, depuis ce temps-là, que mon départ de l'Ermitage, dont elle avait elle-même senti la nécessité. Ne sachant donc à quoi m'en prendre de ce refroidissement, dont elle ne convenait pas, mais sur lequel mon cœur ne prenait pas le change, j'étais inquiet de tout. Je savais qu'elle ménageait extrêmement sa belle-sœur et Grimm, à cause de leurs liaisons avec Saint-Lambert ; je craignais leurs œuvres. Cette agitation rouvrit mes plaies, et rendit ma correspondance orageuse, au point de

l'en dégoûter tout à fait. J'entrevoyais mille choses cruelles, sans
rien voir distinctement. J'étais dans la position la plus insuppor-
table pour un homme dont l'imagination s'allume aisément. Si
j'eusse été tout à fait isolé, si je n'avais rien su du tout, je serais
devenu plus tranquille; mais mon cœur tenait encore à des atta-
chements par lesquels mes ennemis avaient sur moi mille prises;
et les faibles rayons qui perçaient dans mon asile ne servaient
qu'à laisser voir la noirceur des mystères qu'on me cachait.

J'aurais succombé, je n'en doute point, à ce tourment trop
cruel, trop insupportable à mon naturel ouvert et franc, qui par
l'impossibilité de cacher mes sentiments, me fait tout craindre de
ceux qu'on me cache, si très heureusement il ne se fût présenté
des objets assez intéressants à mon cœur pour faire une diversion
salutaire à ceux qui m'occupaient malgré moi. Dans la dernière
visite que Diderot m'avait faite à l'Ermitage, il m'avait parlé de l'ar-
ticle *Genève*, que d'Alembert avais mis dans l'*Encyclopédie* : il m'avait
appris que cet article, concerté avec des Genevois du haut étage,
avait pour but l'établissement de la comédie à Genève; qu'en
conséquence, les mesures étaient prises, et que cet établissement
ne tarderait pas d'avoir lieu. Comme Diderot paraissait trouver tout
cela fort bien, qu'il ne doutait pas du succès, et que j'avais avec
lui trop d'autres débats pour disputer encore sur cet article, je ne
lui dis rien; mais, indigné de tout ce manège de séduction dans
ma patrie, j'attendais avec impatience le volume de l'*Encyclopédie*
où était cet article, pour voir s'il n'y aurait pas moyen d'y faire
quelque réponse qui pût parer ce malheureux coup. Je reçus le
volume peu après mon établissement à Mont-Louis, et je trouvai
l'article fait avec beaucoup d'adresse et d'art, et digne de la plume
dont il était parti. Cela ne me détourna pourtant pas de vouloir y
répondre; et, malgré l'abattement où j'étais, malgré mes chagrins
et mes maux, la rigueur de la saison et l'incommodité de ma nou-
velle demeure, dans laquelle je n'avais pas encore eu le temps de
m'arranger, je me mis à l'ouvrage avec un zèle qui surmonta tout.

Pendant un hiver assez rude, au mois de février, et dans l'état
que j'ai décrit ci-devant, j'allais tous les jours passer deux heures
le matin, et autant l'après-dînée, dans un donjon tout ouvert,

que j'avais au bout du jardin où était mon habitation. Ce donjon, qui terminait une allée en terrasse, donnait sur la vallée et l'étang de· Montmorency, et m'offrait, pour terme de point de vue, le simple mais respectable château de Saint-Gratien, retraite du vertueux Catinat. Ce fut dans ce lieu, pour lors glacé, que sans abri contre le vent et la neige, et sans autre feu que celui de mon cœur, je composai, dans l'espace de trois semaines, ma lettre à d'Alembert sur les spectacles. C'est ici (car la *Julie* n'était pas à moitié faite) le premier de mes écrits où j'aie trouvé des charmes dans le travail. Jusqu'alors l'indignation de la vertu m'avait tenu lieu d'Apollon ; la tendresse et la douceur d'âme m'en tinrent lieu cette fois. Les injustices dont je n'avais été que spectateur m'avaient irrité; celles dont j'étais devenu l'objet m'attristèrent; et cette tristesse sans fiel n'était que celle d'un cœur trop aimant, trop tendre, qui, trompé par ceux qu'il avait crus de sa trempe, était forcé de se retirer au dedans de lui. Plein de tout ce qui venait de m'arriver, encore ému de tant de violents mouvements, le mien mêlait le sentiment de ses peines aux idées que la médi-tation de mon sujet m'avait fait naître ; mon travail se sentit de ce mélange. Sans m'en apercevoir, j'y décrivis ma situation actuelle; j'y peignis Grimm, madame d'Épinay, madame d'Houdetot, Saint-Lambert, moi-même. En l'écrivant, que je versai de déli-cieuses larmes ! Hélas ! on y sent trop que l'amour, cet amour fatal dont je m'efforçais de guérir, n'était pas encore sorti de mon cœur. A tout cela se mêlait un certain attendrissement sur moi-même, qui me sentais mourant, et qui croyais faire au public mes derniers adieux. Loin de craindre la mort, je la voyais approcher avec joie : mais j'avais regret de quitter mes semblables sans qu'ils sentissent tout ce que je valais, sans qu'ils sussent com-bien j'aurais mérité d'être aimé d'eux s'ils m'avaient connu davan-tage. Voilà les secrètes causes du ton singulier qui règne dans cet ouvrage, et qui tranche si prodigieusement avec celui du pré-cédent.

Je retouchais et mettais au net cette lettre, et je me disposais à la faire imprimer, quand, après un long silence, j'en reçus une de madame d'Houdetot, qui me plongea dans une affliction nou-

velle, la plus sensible que j'eusse encore éprouvée. Elle m'appre-
nait dans cette lettre (liasse B, n° 34) que ma passion pour elle
était connue de tout Paris; que j'en avais parlé à des gens qui
l'avaient rendue publique; que ces bruits, parvenus à son amant,
avaient failli lui coûter la vie; qu'enfin il lui rendait justice, et
que leur paix était faite; mais qu'elle lui devait, ainsi qu'à elle-
même et au soin de sa réputation, de rompre avec moi tout com-
merce: m'assurant, au reste, qu'ils ne cesseraient jamais l'un et
l'autre de s'intéresser à moi, qu'ils me défendraient dans le public,
et qu'elle enverrait de temps en temps savoir de mes nouvelles.

Et toi aussi, Diderot! m'écriai-je. Indigne ami! Je ne pus cepen-
dant me résoudre à le juger encore. Ma faiblesse était connue
d'autres gens qui pouvaient l'avoir fait parler. Je voulus douter...
mais bientôt je ne le pus plus. Saint-Lambert fit peu après un
acte digne de sa générosité. Il jugeait, connaissant assez mon
âme, en quel état je devais être, trahi d'une partie de mes amis,
et délaissé des autres. Il vint me voir. La première fois il avait
peu de temps à me donner. Il revint. Malheureusement, ne
l'attendant pas, je ne me trouvai pas chez moi. Thérèse, qui s'y
trouva, eut avec lui un entretien de plus de deux heures, dans
lequel ils se dirent mutuellement beaucoup de choses, dont il
m'importait que lui et moi fussions informés. La surprise avec
laquelle j'appris par lui que personne ne doutait dans le monde
que je n'eusse vécu avec madame d'Épinay comme Grimm y
vivait maintenant, ne peut être égalée que par celle qu'il eut lui-
même en apprenant combien ce bruit était faux. Saint-Lambert,
au grand déplaisir de la dame, était dans le même cas que moi; et
tous les éclaircissements qui résultèrent de cet entretien ache-
vèrent d'éteindre en moi tout regret d'avoir rompu sans retour
avec elle. Par rapport à madame d'Houdetot, il détailla à Thérèse
plusieurs circonstances qui n'étaient connues ni d'elle, ni même
de madame d'Houdetot, que je savais seul, que je n'avais dites
qu'au seul Diderot sous le sceau de l'amitié; et c'était précisé-
ment Saint-Lambert qu'il avait choisi pour lui en faire la confi-
dence. Ce dernier trait me décida; et, résolu de rompre avec
Diderot pour jamais, je ne délibérai plus que sur la manière; car

je m'étais aperçu que les ruptures secrètes tournaient à mon pré-
judice, en ce qu'elles laissaient le masque de l'amitié à mes plus
cruels ennemis.

Les règles de bienséance établies dans le monde sur cet
article semblent dictées par l'esprit de mensonge et de trahison.
Paraître encore l'ami d'un homme dont on a cessé de l'être, c'est
se réserver des moyens de lui nuire en surprenant les honnêtes
gens. Je me rappelai que quand l'illustre Montesquieu rompit
avec le P. de Tournemine, il se hâta de le déclarer hautement, en
disant à tout le monde: N'écoutez ni le P. de Tournemine ni
moi, parlant l'un de l'autre; car nous avons cessé d'être amis.
Cette conduite fut très applaudie, et tout le monde en loua la
franchise et la générosité. Je résolus de suivre avec Diderot le
même exemple : mais comment de ma retraite publier cette rup-
ture authentiquement, et pourtant sans scandale? Je m'avisai
d'insérer par forme de note, dans mon ouvrage, un passage du
livre de l'Ecclésiastique, qui déclarait cette rupture et même le
sujet assez clairement pour quiconque était au fait, et ne signi-
fiait rien pour le reste du monde, m'attachant, au surplus, à ne
désigner dans l'ouvrage l'ami auquel je renonçais qu'avec l'hon-
neur qu'on doit toujours rendre à l'amitié même éteinte. On peut
voir tout cela dans l'ouvrage même.

Il n'y a qu'heur et malheur dans ce monde : et il semble que
tout acte de courage soit un crime dans l'adversité. Le même trait
qu'on avait admiré dans Montesquieu ne m'attira que blâme et
reproche. Sitôt que mon ouvrage fut imprimé et que j'en eus des
exemplaires, j'en envoyai un à Saint-Lambert, qui, la veille même,
m'avait écrit, au nom de madame d'Houdetot et au sien, un billet
plein de la plus tendre amitié (liasse B, n° 37). Voici la lettre
qu'il m'écrivit, en me renvoyant mon exemplaire :

« Eaubonne, 10 octobre 1758. (Liasse B, n° 38.)

« En vérité, monsieur, je ne puis accepter le présent que vous
« venez de me faire. A l'endroit de votre préface où, à l'occasion
« de Diderot, vous citez un passage de l'Ecclésiaste (il se trompe,
« c'est de l'Ecclésiastique), le livre m'est tombé des mains. Après

« la conversation de cet été vous m'avez paru convaincu que
« Diderot était innocent des prétendues indiscrétions que vous
« lui imputiez. Il peut avoir des torts avec vous : je l'ignore ;
« mais je sais bien qu'ils ne vous donnent pas le droit de lui
« faire une insulte publique. Vous n'ignorez pas les persécutions
« qu'il essuie, et vous allez mêler la voix d'un ancien ami aux
« cris de l'envie. Je ne puis vous dissimuler, monsieur, combien
« cette atrocité me révolte. Je ne vis point avec Diderot, mais je
« l'honore, et je sens vivement le chagrin que vous donnez à un
« homme à qui, du moins vis-à-vis de moi, vous n'avez jamais
« reproché qu'un peu de faiblesse. Monsieur, nous différons trop
« de principes pour nous convenir jamais. Oubliez mon exis-
« tence ; cela ne doit pas être difficile. Je n'ai jamais fait aux
« hommes ni le bien ni le mal dont on se souvient longtemps. Je
« vous promets, moi, monsieur, d'oublier votre personne, et de
« ne me souvenir que de vos talents. »

Je ne me sentis pas moins déchiré qu'indigné de cette lettre, et
dans l'excès de ma misère retrouvant enfin ma fierté, je lui
répondis par le billet suivant :

« A Montmorency, le 11 octobre 1758.

« Monsieur, en lisant votre lettre je vous ai fait l'honneur d'en
« être surpris, et j'ai eu la bêtise d'en être ému ; mais je l'ai
« trouvée indigne de réponse.
« Je ne veux point continuer les copies de madame d'Hou-
« detot. S'il ne lui convient pas de garder ce qu'elle a, elle peut
« me le renvoyer ; je lui rendrai son argent. Si elle le garde, il
« faut toujours qu'elle envoie chercher le reste de son papier et de
« son argent. Je la prie de me rendre en même temps le prospectus
« dont elle est dépositaire. Adieu, monsieur. »
Le courage dans l'infortune irrite les cœurs lâches, mais il plaît
aux cœurs généreux. Il paraît que ce billet fit rentrer Saint-Lambert
en lui-même, et qu'il eut regret à ce qu'il avait fait ; mais, trop
fier à son tour pour en revenir ouvertement, il saisit, il prépara

peut-être le moyen d'amortir le coup qu'il m'avait porté. Quinze
jours après, je reçus de M. d'Épinay la lettre suivante :

« Ce jeudi, 26. (Liasse B, n° 10.)

« J'ai reçu, monsieur, le livre que vous avez eu la bonté de
« m'envoyer; je le lis avec le plus grand plaisir. C'est le sentiment
« que j'ai toujours éprouvé à la lecture de tous les ouvrages qui
« sont sortis de votre plume. Recevez-en tous mes remercîments.
« J'aurais été vous les faire moi-même, si mes affaires m'eussent
« permis de demeurer quelque temps dans votre voisinage;
« mais j'ai bien peu habité la Chevrette cette année. Monsieur et
« madame Dupin viennent m'y demander à dîner dimanche pro-
« chain. Je compte que MM. de Saint-Lambert, de Francueil et
« madame d'Houdetot seront de la partie; vous me feriez un vrai
« plaisir, monsieur, si vous vouliez être des nôtres. Toutes les
« personnes que j'aurai chez moi vous désirent, et seront char-
« mées de partager avec moi le plaisir de passer avec vous une
« partie de la journée. J'ai l'honneur d'être avec la plus parfaite
« considération, etc. »

Cette lettre me donna d'horribles battements de cœur. Après
avoir fait, depuis un an, la nouvelle de Paris, l'idée de m'aller don-
ner en spectacle vis-à-vis de madame d'Houdetot me faisait
trembler, et j'avais peine à trouver assez de courage pour soutenir
cette épreuve. Cependant, puisqu'elle et Saint-Lambert le vou-
laient bien, puisque d'Épinay parlait au nom de tous les conviés,
et qu'il n'en nommait aucun que je ne fusse bien aise de voir, je ne
crus point, après tout, me compromettre en acceptant un dîner où
j'étais en quelque sorte invité par tout le monde. Je promis donc.
Le dimanche il fit mauvais : M. d'Épinay m'envoya son carrosse,
et j'allai.

Mon arrivée fit sensation. Je n'ai jamais reçu d'accueil plus
caressant. On eût dit que toute la compagnie sentait combien
j'avais besoin d'être rassuré. Il n'y a que les cœurs français qui
connaissent ces sortes de délicatesses. Cependant je trouvais plus

de monde que je ne m'y étais attendu; entre autres, le comte
d'Houdetot, que je ne connaissais point du tout, et sa sœur,
madame de Blainville, dont je me serais bien passé. Elle était
venue plusieurs fois l'année précédente à Eaubonne: et sa belle-
sœur, dans nos promenades solitaires, l'avait souvent laissée
s'ennuyer à garder le mulet. Elle avait nourri contre moi un res-
sentiment qu'elle satisfit durant ce dîner tout à son aise; car on
sent que la présence du comte d'Houdetot et de Saint-Lambert
ne mettait pas les rieurs de mon côté, et qu'un homme embarrassé
dans les entretiens les plus faciles n'était pas fort brillant dans
celui-là. Je n'ai jamais tant souffert, ni fait plus mauvaise con-
tenance, ni reçu d'atteintes plus imprévues. Enfin, quand on fut
sorti de table, je m'éloignai de cette mégère ; j'eus le plaisir de
voir Saint-Lambert et madame d'Houdetot s'approcher de moi, et
nous causâmes ensemble, une partie de l'après-midi, de choses
indifférentes, à la vérité, mais avec la même familiarité qu'avant
mon égarement. Ce procédé ne fut pas perdu dans mon cœur ; et
si Saint-Lambert y eût pu lire, il en eût sûrement été content. Je
puis jurer que, quoique, en arrivant, la vue de madame d'Houdetot
m'eût donné des palpitations jusqu'à la défaillance, en m'en
retournant je ne pensai presque pas à elle ; je ne fus occupé que
de Saint-Lambert.

Malgré les malins sarcasmes de madame de Blainville, ce dîner
me fit grand bien, et je me félicitai fort de ne m'y être pas refusé.
J'y reconnus, non seulement que les intrigues de Grimm et des
holbachiens n'avaient point détaché de moi mes anciennes con-
naissances; mais, ce qui me flatta davantage encore, c'est que les
sentiments de madame d'Houdetot et de Saint-Lambert étaient
moins changés que je n'avais cru ; et je compris enfin qu'il y avait
plus de jalousie que de mésestime dans l'éloignement où il la
tenait de moi. Cela me consola et me tranquillisa. Sûr de n'être
pas un objet de mépris pour ceux qui l'étaient de mon estime,
j'en travaillai sur mon propre cœur avec plus de courage et de
succès. Si je ne vins pas à bout d'y éteindre entièrement une
passion coupable et malheureuse, j'en réglai du moins si bien les
restes, qu'ils ne m'ont pas fait faire une seule faute depuis ce

temps-là. Les copies de madame d'Houdetot, qu'elle m'engagea
de reprendre ; mes ouvrages que je continuai de lui envoyer quand
ils paraissaient, m'attirèrent encore de sa part, de temps à autre,
quelques messages et billets indifférents, mais obligeants. Elle fit
même plus, comme on verra dans la suite : et la conduite réci-
proque de tous les trois, quand notre commerce eut cessé, peut
servir d'exemple de la manière dont les honnêtes gens se séparent,
quand il ne leur convient plus de se voir.

Un autre avantage que me procura ce dîner fut qu'on en parla
dans Paris, et qu'il servit de réfutation sans réplique au bruit que
répandaient partout mes ennemis, que j'étais brouillé mortelle-
ment avec tous ceux qui s'y trouvèrent, et surtout avec M. d'Épi-
nay. En quittant l'Ermitage, je lui avais écrit une lettre de remer-
ciement très honnête, à laquelle il répondit non moins honnête-
ment ; et les attentions mutuelles ne cessèrent point tant avec
lui qu'avec M. de Lalive son frère, qui même vint me voir à
Montmorency, et m'envoya ses gravures. Hors les deux belles-
sœurs de madame d'Houdetot, je n'ai jamais été mal avec per-
sonne de sa famille.

Ma lettre à d'Alembert eut un grand succès. Tous mes ouvrages
en avaient eu, mais celui-ci me fut plus favorable. Il apprit au
public à se défier des insinuations de la coterie holbachique.
Quand j'allai à l'Ermitage, elle prédit, avec sa suffisance ordi-
naire, que je n'y tiendrais pas trois mois. Quand elle vit que j'y
en avais tenu vingt, et que, forcé d'en sortir, je fixais encore ma
demeure à la campagne, elle soutint que c'était obstination pure ;
que je m'ennuyais à la mort dans ma retraite ; mais que, rongé
d'orgueil, j'aimais mieux y périr victime de mon opiniâtreté, que
de m'en dédire et revenir à Paris. La lettre à d'Alembert respirait
une douceur d'âme qu'on sentait n'être point jouée. Si j'eusse été
rongé d'humeur dans ma retraite, mon ton s'en serait senti. Il en
régnait dans tous les écrits que j'avais faits à Paris : il n'en régnait
plus dans le premier que j'avais fait à la campagne. Pour ceux
qui savent observer, cette remarque était décisive. On vit que
j'étais rentré dans mon élément.

Cependant ce même ouvrage, tout plein de douceur qu'il était,

me fit encore, par ma balourdise et par mon malheur ordinaire, un nouvel ennemi parmi les gens de lettres. J'avais fait connaissance avec Marmontel chez M. de la Poplinière, et cette connaissance s'était entretenue chez le baron. Marmontel faisait alors le *Mercure de France*. Comme j'avais la fierté de ne point envoyer mes ouvrages aux auteurs périodiques, et que je voulais cependant lui envoyer celui-ci, sans qu'il crût que c'était à ce titre, ni pour qu'il en parlât dans le *Mercure*, j'écrivis sur son exemplaire que ce n'était point pour l'auteur du *Mercure*, mais pour M. Marmontel. Je crus lui faire un très beau compliment ; il crut y voir une cruelle offense, et devint mon plus irréconciliable ennemi. Il écrivit contre cette même lettre avec politesse, mais avec un fiel qui se sent aisément, et depuis lors il n'a manqué aucune occasion de me nuire dans la société, et de me maltraiter indirectement dans ses ouvrages : tant le très irritable amour-propre des gens de lettres est difficile à ménager, et tant on doit avoir soin de ne rien laisser, dans les compliments qu'on leur fait, qui puisse même avoir la moindre apparence d'équivoque.

Devenu tranquille de tous les côtés, je profitai du loisir et de l'indépendance où je me trouvais pour reprendre mes travaux avec plus de suite. J'achevai cet hiver la *Julie*, et je l'envoyai à Rey, qui la fit imprimer l'année suivante. Ce travail fut cependant encore interrompu par une petite diversion, et même assez désagréable. J'appris qu'on préparait à l'Opéra une nouvelle remise du *Devin du village*. Outré de voir ces gens-là disposer arrogamment de mon bien, je repris le mémoire que j'avais envoyé à M. d'Argenson, et qui était demeuré sans réponse ; et l'ayant retouché, je le fis remettre par M. Sellon, résident de Genève, avec une lettre dont il voulut bien se charger, à M. le comte de Saint-Florentin, qui avait remplacé M. d'Argenson dans le département de l'Opéra. M. de Saint-Florentin promit une réponse, et n'en fit aucune. Duclos, à qui j'écrivis ce que j'avais fait, en parla aux petits violons, qui offrirent de me rendre, non mon opéra, mais mes entrées dont je ne pouvais plus profiter. Voyant que je n'avais d'aucun côté aucune justice à espérer, j'abandonnai cette affaire ; et la direction de l'Opéra, sans répondre à mes raisons ni les écou-

ter, a continué de disposer, comme de son propre bien, et de faire son profit du *Devin du village,* qui très incontestablement n'appartient qu'à moi seul.

Depuis que j'avais secoué le joug de mes tyrans, je menais une vie assez égale et paisible : privé du charme des attachements trop vifs, j'étais libre aussi du poids de leurs chaînes. Dégoûté des amis protecteurs, qui voulaient absolument disposer de ma destinée et m'asservir à leurs prétendus bienfaits malgré moi, j'étais résolu de m'en tenir désormais aux liaisons de simple bienveillance, qui, sans gêner la liberté, font l'agrément de la vie, et dont une mise d'égalité fait le fondement. J'en avais de cette espèce autant qu'il m'en fallait pour goûter les douceurs de la société, sans en souffrir la dépendance; et sitôt que j'eus essayé de ce genre de vie, je sentis que c'était celui qui convenait à mon âge, pour finir mes jours dans le calme, loin de l'orage, des brouilleries et des tracasseries, où je venais d'être à demi submergé.

Durant mon séjour à l'Ermitage, et depuis mon établissement à Montmorency, j'avais fait à mon voisinage quelques connaissances qui m'étaient agréables, et qui ne m'assujettissaient à rien. A leur tête était le jeune Loyseau de Mauléon, qui, débutant alors au barreau, ignorait quelle y serait sa place. Je n'eus pas comme lui ce doute. Je lui marquai bientôt la carrière illustre qu'on le voit fournir aujourd'hui. Je lui prédis que, s'il se rendait sévère sur le choix des causes, et qu'il ne fût jamais que le défenseur de la justice et de la vertu, son génie, élevé par ce sentiment sublime, égalerait celui des plus grands orateurs. Il a suivi mon conseil, et il en a senti l'effet. Sa défense de M. de Portes est digne de Démosthène. Il venait tous les ans à un quart de lieue de l'Ermitage passer les vacances à Saint-Brice, dans le fief de Mauléon, appartenant à sa mère, et où jadis avait logé le grand Bossuet. Voilà un fief dont une succession de pareils maîtres rendrait la noblesse difficile à soutenir.

J'avais, au même village de Saint-Brice, le libraire Guérin, homme d'esprit, lettré, aimable, et de la plus haute volée dans son état. Il me fit faire aussi connaissance avec Jean Néaulme, libraire

d'Amsterdam, son correspondant et son ami, qui dans la suite imprima l'*Émile*.

J'avais, plus près encore que Saint-Brice, M. Maltor, curé de Grosley, plus fait pour être homme d'État et ministre que curé de village, et à qui l'on eût donné tout au moins un diocèse à gouverner, si les talents décidaient des places. Il avait été secrétaire du comte du Luc, et avait connu très particulièrement Jean-Baptiste Rousseau. Aussi plein d'estime pour la mémoire de cet illustre banni que d'horreur pour celle du fourbe Saurin qui l'avait perdu, il savait sur l'un et sur l'autre beaucoup d'anecdotes curieuses, que Seguy n'avait pas mises dans la vie encore manuscrite du premier; et il m'assurait que le comte du Luc, loin d'avoir jamais eu à s'en plaindre, avait conservé jusqu'à la fin de sa vie la plus ardente amitié pour lui. M. Maltor, à qui M. de Vintimille avait donné cette retraite assez bonne, après la mort de son patron, avait été employé jadis dans beaucoup d'affaires, dont il avait, quoique vieux, la mémoire encore présente, et dont il raisonnait très bien. Sa conversation, non moins instructive qu'amusante, ne sentait point son curé de village : il joignait le ton d'un homme du monde aux connaissances d'un homme de cabinet. Il était, de tous mes voisins permanents, celui dont la société m'était la plus agréable, et que j'ai eu le plus de regret de quitter.

J'avais à Montmorency les oratoriens, et entre autres le P. Berthier, professeur de physique, auquel, malgré quelque léger vernis de pédanterie, je m'étais attaché par un certain air de bonhomie que je lui trouvais. J'avais cependant peine à concilier cette grande simplicité avec le désir et l'art qu'il avait de se fourrer partout, chez les grands, chez les femmes, chez les dévots, chez les philosophes. Il savait se faire tout à tous. Je me plaisais fort avec lui. J'en parlais à tout le monde : apparemment ce que j'en disais lui revint. Il me remerciait un jour, en ricanant, de l'avoir trouvé bonhomme. Je trouvai dans son souris je ne sais quoi de sardonique, qui changea totalement sa physionomie à mes yeux, et qui m'est souvent revenu depuis lors dans la mémoire. Je ne peux pas mieux comparer ce souris qu'à celui de Panurge achetant les moutons de Dindenaut. Notre connaissance avait com-

mencé peu de temps après mon arrivée à l'Ermitage, où il me venait voir très souvent. J'étais déjà établi à Montmorency, quand il en partit pour retourner demeurer à Paris. Il y voyait souvent madame Le Vasseur. Un jour que je ne pensais à rien moins, il m'écrivit de la part de cette femme, pour m'informer que M. Grimm offrait de se charger de son entretien, et pour me demander la permission d'accepter cette offre. J'appris qu'elle consistait en une pension de trois cents livres, et que madame Le Vasseur devait venir demeurer à Deuil, entre la Chevrette et Montmorency. Je ne dirai pas l'impression que fit sur moi cette nouvelle, qui aurait été moins surprenante si Grimm avait eu dix mille livres de rentes, ou quelque relation plus facile à comprendre avec cette femme, et qu'on ne m'eût pas fait un si grand crime de l'avoir amenée à la campagne, où cependant il lui plaisait maintenant de la ramener, comme si elle était rajeunie depuis ce temps-là. Je compris que la bonne vieille ne me demandait cette permission, dont elle aurait bien pu se passer si je l'avais refusée, qu'afin de ne pas s'exposer à perdre ce que je lui donnais de mon côté. Quoique cette charité me parût très extraordinaire, elle ne me frappa pas alors autant qu'elle a fait dans la suite. Mais quand j'aurais su tout ce que j'ai pénétré depuis, je n'en aurais pas moins donné mon consentement, comme je fis, et comme j'étais obligé de faire, à moins de renchérir sur l'offre de M. Grimm. Depuis lors le P. Berthier me guérit un peu de l'imputation de bonhomie qui lui avait paru si plaisante, et dont je l'avais si étourdiment chargé.

Ce même P. Berthier avait la connaissance de deux hommes qui recherchèrent aussi la mienne, je ne sais pourquoi : car il y avait assurément peu de rapport entre leurs goûts et les miens. C'étaient des enfants de Melchisédec, dont on ne connaissait ni le pays, ni la famille, ni probablement le vrai nom. Ils étaient jansénistes, et passaient pour des prêtres déguisés, peut-être à cause de leur façon ridicule de porter les rapières auxquelles ils étaient attachés. Le mystère prodigieux qu'ils mettaient à toutes leurs allures leur donnait un air de chefs de parti, et je n'ai jamais douté qu'ils ne fissent la Gazette ecclésiastique. L'un,

grand, bénin, patelin, s'appelait M. Ferraud; l'autre, petit, trapu, ricaneur, pointilleux, s'appelait M. Minard. Ils se traitaient de cousins. Ils logeaient à Paris, avec d'Alembert, chez sa nourrice, appelée madame Rousseau; et ils avaient pris à Montmorency un petit appartement pour y passer les étés. Ils faisaient leur ménage eux-mêmes, sans domestique et sans commissionnaire. Ils avaient alternativement chacun sa semaine pour aller aux provisions, faire la cuisine et balayer la maison. D'ailleurs ils se tenaient assez bien: nous mangions quelquefois les uns chez les autres. Je ne sais pas pourquoi ils se souciaient de moi; pour moi, je ne me souciais d'eux que parce qu'ils jouaient aux échecs; et, pour obtenir une pauvre petite partie, j'endurais quatre heures d'ennui. Comme ils se fourraient partout et voulaient se mêler de tout, Thérèse les appelait les *commères*, et ce nom leur est demeuré à Montmorency.

Telles étaient, avec mon hôte M. Mathas, qui était un bon homme, mes principales connaissances de campagne. Il m'en restait assez à Paris pour y vivre, quand je voudrais, avec agrément, hors de la sphère des gens de lettres, où je ne comptais que le seul Duclos pour ami : car Deleyre était encore trop jeune; et quoique, après avoir vu de près les manœuvres de la clique philosophique à mon égard, il s'en fût tout à fait détaché, ou du moins je le crus ainsi, je ne pouvais encore oublier la facilité qu'il avait eue à se faire auprès de moi le porte-voix de tous ces gens-là.

J'avais d'abord mon ancien et respectable ami M. Roguin. C'était un ami du bon temps, que je ne devais point à mes écrits, mais à moi-même, et que pour cette raison j'ai toujours conservé. J'avais le bon Lenieps, mon compatriote, et sa fille alors vivante, madame Lambert. J'avais un jeune Genevois, appelé Coindet, bon garçon, ce me semblait, soigneux, officieux, zélé; mais ignorant, confiant, gourmand, avantageux, qui m'était venu voir dès le commencement de ma demeure à l'Ermitage, et, sans autre introducteur que lui-même, s'était bientôt établi chez moi, malgré moi. Il avait quelque goût pour le dessin, et connaissait les artistes. Il me fut utile pour les estampes de la *Julie*; il se chargea

de la direction des dessins et des planches, et s'acquitta bien de cette commission.

J'avais la maison de M. Dupin, qui, moins brillante que durant les beaux jours de madame Dupin, ne laissait pas d'être encore, par le mérite des maîtres et par le choix du monde qui s'y rassemblait, une des meilleures maisons de Paris. Comme je ne leur avais préféré personne, que je ne les avais quittés que pour vivre libre, ils n'avaient point cessé de me voir avec amitié, et j'étais sûr d'être en tout temps bien reçu de madame Dupin. Je la pouvais même compter pour une de mes voisines de campagne, depuis qu'ils s'étaient fait un établissement à Clichy, où j'allai quelquefois passer un jour ou deux, et où j'aurais été davantage, si madame Dupin et madame de Chenonceaux avaient vécu de meilleure intelligence. Mais la difficulté de se partager dans la même maison entre deux femmes qui ne sympathisaient pas, me rendit Clichy trop gênant. Attaché à madame de Chenonceaux d'une amitié plus égale et plus familière, j'avais le plaisir de la voir plus à mon aise à Deuil, presque à ma porte, où elle avait loué une petite maison, et même chez moi, où elle me venait voir assez souvent.

J'avais madame de Créqui, qui, s'étant jetée dans la haute dévotion, avait cessé de voir les d'Alembert, les Marmontel, et la plupart des gens de lettres, excepté, je crois, l'abbé Trublet, manière alors de demi-cafard, dont elle était même assez ennuyée. Pour moi, qu'elle avait recherché, je ne perdis pas sa bienveillance ni sa correspondance. Elle m'envoya des poulardes du Mans aux étrennes ; et sa partie était faite pour venir me voir l'année suivante, quand un voyage de madame de Luxembourg croisa le sien. Je lui dois ici une place à part ; elle en aura toujours une distinguée dans mes souvenirs.

J'avais un homme, qu'excepté Roguin, j'aurais dû mettre le premier en compte : mon ancien confrère et ami de Carrio, ci-devant secrétaire titulaire de l'ambassade d'Espagne à Venise, puis en Suède, où il fut, par sa cour, chargé des affaires, et enfin nommé réellement secrétaire d'ambassade à Paris. Il me vint surprendre à Montmorency, lorsque je m'y attendais le moins. Il

était décoré d'un ordre d'Espagne, dont j'ai oublié le nom, avec une belle croix en pierreries. Il avait été obligé, dans ses preuves, d'ajouter une lettre à son nom de Carrio, et portait celui de chevalier de Carrion. Je le trouvai toujours le même, le même excellent cœur, l'esprit de jour en jour plus aimable. J'aurais repris avec lui la même intimité qu'auparavant, si Coindet, s'interposant entre nous à son ordinaire, n'eût profité de mon éloignement pour s'insinuer à ma place et en mon nom dans sa confiance, et me supplanter, à force de zèle à me servir.

La mémoire de Carrion me rappelle celle d'un de mes voisins de campagne, dont j'aurais d'autant plus de tort de ne pas parler, que j'en ai à confesser un bien inexcusable envers lui. C'était l'honnête M. Le Blond, qui m'avait rendu service à Venise, et qui, étant venu faire un voyage en France avec sa famille, avait loué une maison de campagne à la Briche, non loin de Montmorency. Sitôt que j'appris qu'il était mon voisin, j'en fus dans la joie de mon cœur, et me fis encore plus une fête qu'un devoir d'aller lui rendre visite. Je partis pour cela dès le lendemain. Je fus rencontré par des gens qui me venaient voir moi-même, et avec lesquels il fallut retourner. Deux jours après, je pars encore ; il avait dîné à Paris avec toute sa famille. Une troisième fois il était chez lui : j'entendis des voix de femmes, je vis à la porte un carrosse qui me fit peur. Je voulais du moins, pour la première fois, le voir à mon aise, et causer avec lui de nos anciennes liaisons. Enfin, je remis si bien ma visite de jour à autre, que la honte de remplir si tard un pareil devoir fit que je ne le remplis point du tout. Après avoir osé tant attendre, je n'osai plus me montrer. Cette négligence, dont M. Le Blond ne put qu'être justement indigné, donna vis-à-vis de lui l'air de l'ingratitude à ma paresse ; et cependant je sentais mon cœur si peu coupable, que si j'avais pu faire à M. Le Blond quelque vrai plaisir, même à son insu, je suis bien sûr qu'il ne m'eût pas trouvé paresseux. Mais l'indolence, la négligence et les délais dans les petits devoirs à remplir, m'ont fait plus de tort que de grands vices. Mes pires fautes ont été d'omission : j'ai rarement fait ce qu'il ne fallait pas faire, et malheureusement j'ai plus rarement encore fait ce qu'il fallait.

Puisque me voilà revenu à mes connaissances de Venise, je n'en dois pas oublier une qui s'y rapporte, et que je n'avais interrompue, ainsi que les autres, que depuis beaucoup moins de temps. C'est celle de M. de Jonville, qui avait continué, depuis son retour de Gênes, à me faire beaucoup d'amitiés. Il aimait fort à me voir, et à causer avec moi des affaires d'Italie et des folies de M. de Montaigu, dont il savait, de son côté, bien des traits par les bureaux des affaires étrangères, dans lesquels il avait beaucoup de liaisons. J'eus le plaisir aussi de revoir chez lui mon ancien camarade Dupont, qui avait acheté une charge dans sa province, et dont les affaires le ramenaient quelquefois à Paris. M. de Jonville devint peu à peu si empressé de m'avoir, qu'il en devint même gênant ; et quoique nous logeassions dans des quartiers fort éloignés, il y avait du bruit entre nous quand je passais une semaine entière sans aller dîner chez lui. Quand il allait à Jonville, il m'y voulait toujours emmener ; mais y étant une fois allé passer huit jours qui me parurent fort longs, je n'y voulus plus retourner. M. de Jonville était assurément un honnête et galant homme, aimable même à certains égards ; mais il avait peu d'esprit : il était beau, tant soit peu Narcisse, et passablement ennuyeux. Il avait un recueil singulier, et peut-être unique au monde, dont il s'occupait beaucoup, et dont il occupait aussi ses hôtes, qui quelquefois s'en amusaient moins que lui. C'était une collection très complète de tous les vaudevilles de la cour et de Paris, depuis plus de cinquante ans, où l'on trouvait beaucoup d'anecdotes, qu'on aurait inutilement cherchées ailleurs. Voilà des Mémoires pour l'histoire de France, dont on ne s'aviserait guère chez toute autre nation.

Un jour, au fort de notre meilleure intelligence, il me fit un accueil si froid, si glaçant, si peu dans son ton ordinaire, qu'après lui avoir donné occasion de s'expliquer, et même l'en avoir prié, je sortis de chez lui avec la résolution, que j'ai tenue, de n'y plus remettre les pieds ; car on ne me revoit guère où j'ai été une fois mal reçu, et il n'y avait point ici de Diderot qui plaidât pour M. de Jonville. Je cherchai vainement dans ma tête quel tort je pouvais avoir avec lui : je ne trouvai guère. J'étais sûr de n'avoir

jamais parlé de lui ni des siens que de la façon la plus honorable ;
car je lui étais sincèrement attaché ; et, outre que je n'en avais
que du bien à dire, ma plus inviolable maxime a toujours été de
ne parler qu'avec honneur des maisons que je fréquentais.

Enfin, à force de ruminer, voici ce que je conjecturai. La
dernière fois que nous nous étions vus, il m'avait donné à souper
chez des filles de sa connaissance, avec deux ou trois commis des
affaires étrangères, gens très aimables, et qui n'avaient point du
tout l'air ni le ton libertin ; et je puis jurer que de mon côté la
soirée se passa à méditer assez tristement sur le malheureux sort
de ces créatures. Je ne payai pas mon écot, parce que M. de Jon-
ville nous donnait à souper ; et je ne donnai rien à ces filles,
parce que je ne leur fis point gagner, comme à la *Padoana*, le
payement que j'aurais pu leur offrir. Nous sortîmes tous assez
gais, et de très bonne intelligence. Sans être retourné chez ces
filles, j'allai trois ou quatre jours après dîner chez M. de Jonville,
que je n'avais pas revu depuis lors, et qui me fit l'accueil que j'ai
dit. N'en pouvant imaginer d'autre cause que quelque malen-
tendu relatif à ce souper, et voyant qu'il ne voulait pas s'expliquer,
je pris mon parti et cessai de le voir ; mais je continuai de lui
envoyer mes ouvrages : il me fit faire souvent des compliments ; et
l'ayant un jour rencontré au chauffoir de la Comédie, il me fit,
sur ce que je n'allais plus le voir, des reproches obligeants, qui ne
m'y ramenèrent pas. Ainsi cette affaire avait plus l'air d'une bou-
derie que d'une rupture. Toutefois ne l'ayant pas revu, et n'ayant
plus ouï parler de lui depuis lors, il eût été trop tard pour y
retourner au bout d'une interruption de plusieurs années. Voilà
pourquoi M. de Jonville n'entre point ici dans ma liste, quoique
j'eusse assez longtemps fréquenté sa maison.

Je n'enflerai point la même liste de beaucoup d'autres connais-
sances moins familières, ou qui, par mon absence, avaient cessé
de l'être, et que je ne laissai pas de voir quelquefois en campagne,
tant chez moi qu'à mon voisinage, telles, par exemple, que les
abbés de Condillac, de Mably, MM. de Mairan, de Lalive, de
Boisgelou, Watelet, Ancelet, et d'autres qu'il serait trop long de
nommer. Je passerai légèrement aussi sur celle de M. de Mar-

gency, gentilhomme ordinaire du roi, ancien membre de la coterie holbachique, qu'il avait quittée ainsi que moi, et ancien ami de madame d'Épinay, dont il s'était détaché ainsi que moi ; ni sur celle de son ami Desmahis, auteur célèbre, mais éphémère, de la comédie de l'*Impertinent*. Le premier était mon voisin de campagne, sa terre de Margency étant près de Montmorency. Nous étions d'anciennes connaissances ; mais le voisinage et une certaine conformité d'expériences nous rapprochèrent davantage. Le second mourut peu après. Il avait du mérite et de l'esprit ; mais il était un peu l'original de sa comédie, un peu fat auprès des femmes, et n'en fut pas extrêmement regretté.

Mais je ne puis omettre une correspondance nouvelle de ce temps-là, qui a trop influé sur le reste de ma vie pour que je néglige d'en marquer le commencement. Il s'agit de M. de Lamoignon de Malesherbes, premier président de la cour des aides, chargé pour lors de la librairie, qu'il gouvernait avec autant de lumières que de douceur et à la grande satisfaction des gens de lettres. Je ne l'avais pas été voir à Paris une seule fois ; cependant j'avais toujours éprouvé de sa part les facilités les plus obligeantes, quant à la censure ; et je savais qu'en plus d'une occasion il avait fort malmené ceux qui écrivaient contre moi. J'eus de nouvelles preuves de ses bontés au sujet de l'impression de la *Julie* ; car les épreuves d'un si grand ouvrage étant fort coûteuses à faire venir d'Amsterdam par la poste, il permit, ayant ses ports francs, qu'elles lui fussent adressées ; et il me les envoyait franches aussi, sous le contre-seing de M. le chancelier son père. Quand l'ouvrage fut imprimé, il n'en permit le débit dans le royaume qu'ensuite d'une édition qu'il en fit faire à mon profit, malgré moi-même : comme ce profit eût été de ma part un vol fait à Rey, à qui j'avais vendu mon manuscrit, non seulement je ne voulus point accepter le présent qui m'était destiné pour cela, sans son aveu, qu'il accorda très généreusement ; mais je voulus partager avec lui les cent pistoles à quoi monta ce présent, et dont il ne voulut rien. Pour ces cent pistoles, j'eus le désagrément, dont M. de Malesherbes ne m'avait pas prévenu, de voir horriblement mutiler mon ouvrage, et empêcher le débit de la bonne édition jusqu'à ce que

la mauvaise fût écoulée. J'ai toujours regardé M. de Malesherbes
comme un homme d'une droiture à toute épreuve. Jamais rien de
ce qui m'est arrivé ne m'a fait douter un moment de sa probité :
mais aussi faible qu'honnête, il nuit quelquefois aux gens pour
lesquels il s'intéresse, à force de les vouloir préserver. Non seule-
ment il fit retrancher plus de cent pages dans l'édition de Paris,
mais il fit un retranchement qui pouvait porter le nom d'infidélité
dans l'exemplaire de la bonne édition qu'il envoya à madame de
Pompadour. Il est dit quelque part, dans cet ouvrage, que la
femme d'un charbonnier est plus digne de respect que la maîtresse
d'un prince. Cette phrase m'était venue dans la chaleur de la com-
position, sans aucune application, je le jure. En relisant l'ouvrage,
je vis qu'on ferait cette application. Cependant, par la très impru-
dente maxime de ne rien ôter par égard aux applications qu'on
pouvait faire, quand j'avais dans ma conscience le témoignage
de ne les avoir pas faites en écrivant, je ne voulus point ôter cette
phrase, et je me contentai de substituer le mot *prince* au mot *roi*,
que j'avais d'abord mis. Cet adoucissement ne parut pas suffi-
sant à M. de Malesherbes : il retrancha la phrase entière, dans un
carton qu'il fit imprimer exprès, et coller aussi proprement qu'il
fut possible dans l'exemplaire de madame de Pompadour. Elle
n'ignora pas ce tour de passe-passe ; il se trouva de bonnes âmes
qui l'en instruisirent. Pour moi, je ne l'appris que longtemps
après, lorsque je commençais d'en sentir les suites.

N'est-ce point encore ici la première origine de la haine cou-
verte, mais implacable, d'une autre dame qui était dans un cas
pareil, sans que j'en susse rien, ni même que je la connusse quand
j'écrivis ce passage ? Quand le livre se publia, la connaissance
était faite, et j'étais très inquiet. Je le dis au chevalier de Lorenzy,
qui se moqua de moi, et m'assura que cette dame en était si peu
offensée qu'elle n'y avait pas même fait attention. Je le crus, un
peu légèrement peut-être, et je me tranquillisai fort mal à propos.

Je reçus, à l'entrée de l'hiver, une nouvelle marque des bontés
de M. de Malesherbes, à laquelle je fus fort sensible, quoique je
ne jugeasse pas à propos d'en profiter. Il y avait une place vacante
dans le *Journal des savants*. Margency m'écrivit pour me la pro-

poser, comme de lui-même. Mais il me fut aisé de comprendre, par le tour de sa lettre (liasse C, n° 33), qu'il était instruit et autorisé ; et lui-même me marqua dans la suite (liasse C, n° 47) qu'il avait été chargé de me faire cette offre. Le travail de cette place était peu de chose. Il ne s'agissait que de deux extraits par mois, dont on m'apporterait les livres, sans être obligé jamais à aucun voyage de Paris, pas même pour faire au magistrat une visite de remerciement. J'entrais par là dans une société de gens de lettres du premier mérite, MM. de Mairan, Clairaut, de Guignes et l'abbé Barthélemy, dont la connaissance était déjà faite avec les deux premiers, et très bonne à faire avec les deux autres. Enfin, pour un travail si peu pénible, et que je pouvais faire si commodément, il y avait un honoraire de huit cents francs attaché à cette place. Je délibérai quelques heures avant que de me déterminer, et je puis jurer que ce ne fut que par la crainte de fâcher Margency et de déplaire à M. de Malesherbes. Mais enfin la gêne insupportable de ne pouvoir travailler à mon heure et d'être commandé par le temps, bien plus encore la certitude de mal remplir les fonctions dont il fallait me charger, l'emportèrent sur tout, et me déterminèrent à refuser une place pour laquelle je n'étais pas propre. Je savais que tout mon talent ne venait que d'une certaine chaleur d'âme sur les matières que j'avais à traiter, et qu'il n'y avait que l'amour du grand, du vrai, du beau, qui pût animer mon génie. Et que m'auraient importé les sujets de la plupart des livres que j'aurais à extraire, et les livres mêmes ? Mon indifférence pour la chose eût glacé ma plume et abruti mon esprit. On s'imaginait que je pouvais écrire par métier, comme tous les autres gens de lettres, au lieu que je ne sus jamais écrire que par passion. Ce n'était assurément pas là ce qu'il fallait au *Journal des savants*. J'écrivis donc à Margency une lettre de remerciement, tournée avec toute l'honnêteté possible, dans laquelle je lui fis si bien le détail de mes raisons, qu'il ne se peut pas que ni lui, ni M. de Malesherbes, aient cru qu'il entrât ni humeur ni orgueil dans mon refus. Aussi l'approuvèrent-ils l'un et l'autre, sans m'en faire moins bon visage ; et le secret fut si bien gardé sur cette affaire, que le public n'en a jamais eu le moindre vent.

Cette proposition ne venait pas dans un moment favorable pour me la faire agréer ; car depuis quelque temps je formais le projet de quitter tout à fait la littérature, et surtout le métier d'auteur. Tout ce qui venait de m'arriver m'avait absolument dégoûté des gens de lettres, et j'avais éprouvé qu'il était impossible de courir la même carrière, sans avoir quelques liaisons avec eux. Je ne l'étais guère moins des gens du monde, et en général de la vie mixte que je venais de mener, moitié à moi-même, et moitié à des sociétés pour lesquelles je n'étais point fait. Je sentais plus que jamais, et par une constante expérience, que toute association inégale est toujours désavantageuse au parti faible. Vivant avec des gens opulents, et d'un autre état que celui que j'avais choisi, sans tenir maison comme eux, j'étais obligé de les imiter en bien des choses ; et des menues dépenses, qui n'étaient rien pour eux, étaient pour moi non moins ruineuses qu'indispensables. Qu'un autre homme aille dans une maison de campagne, il est servi par son laquais, tant à table que dans sa chambre : il l'envoie chercher tout ce dont il a besoin ; n'ayant rien à faire directement avec les gens de la maison, ne les voyant même pas, il ne leur donne des étrennes que quand et comme il lui plaît : mais moi, seul, sans domestique, j'étais à la merci de ceux de la maison, dont il fallait nécessairement capter les bonnes grâces, pour n'avoir pas beaucoup à souffrir ; et, traité comme l'égal de leur maître, il en fallait aussi traiter les gens comme tel, et même faire pour eux plus qu'un autre, parce qu'en effet j'en avais bien plus besoin. Passe encore quand il y a peu de domestiques ; mais dans les maisons où j'allais il y en avait beaucoup, tous très rogues, très fripons, très alertes, j'entends pour leur intérêt ; et les coquins savaient faire en sorte que j'avais successivement besoin de tous. Les femmes de Paris, qui ont tant d'esprit, n'ont aucune idée juste sur cet article ; et, à force de vouloir économiser ma bourse, elles me ruinaient. Si je soupais en ville un peu loin de chez moi, au lieu de souffrir que j'envoyasse chercher un fiacre, la dame de la maison faisait mettre les chevaux pour me ramener ; elle était fort aise de m'épargner les vingt-quatre sous du fiacre : quant à l'écu que je donnais au laquais et au cocher, elle n'y songeait pas. Une

femme m'écrivait-elle de Paris à l'Ermitage, ou à Montmorency, ayant regret aux quatre sous de port que sa lettre m'aurait coûté, elle me l'envoyait par un de ses gens, qui arrivait à pied tout en nage, et à qui je donnais à dîner, et un écu qu'il avait assurément bien gagné. Me proposait-elle d'aller passer huit ou quinze jours avec elle à sa campagne, elle se disait en elle-même: Ce sera toujours une économie pour ce pauvre garçon; pendant ce temps-là, sa nourriture ne lui coûtera rien. Elle ne songeait pas qu'aussi, durant ce temps-là, je ne travaillais point ; que mon ménage, et mon loyer, et mon linge, et mes habits, n'en allaient pas moins; que je payais mon barbier à double, et qu'il ne laissait pas de m'en coûter chez elle plus qu'il ne m'en aurait coûté chez moi. Quoique je bornasse mes petites largesses aux seules maisons où je vivais d'habitude, elles ne laissaient pas de m'être ruineuses. Je puis assurer que j'ai bien versé vingt-cinq écus chez madame d'Houdetot à Eaubonne, où je n'ai couché que quatre ou cinq fois, et plus de cent pistoles tant à Épinay qu'à la Chevrette, pendant les cinq ou six ans que j'y fus le plus assidu. Ces dépenses sont inévitables pour un homme de mon humeur, qui ne sait se pourvoir de rien, ni s'ingénier sur rien, ni supporter l'aspect d'un valet qui grogne, et qui vous sert en rechignant. Chez madame Dupin même, où j'étais de la maison, et où je rendais mille services aux domestiques, je n'ai jamais reçu les leurs qu'à la pointe de mon argent. Dans la suite, il a fallu renoncer tout à fait à ces petites libéralités, que ma situation ne m'a plus permis de faire ; et c'est alors qu'on m'a fait sentir bien plus durement encore l'inconvénient de fréquenter des gens d'un autre état que le sien.

Encore si cette vie eût été de mon goût, je me serais consolé d'une dépense onéreuse, consacrée à mes plaisirs: mais se ruiner pour s'ennuyer est trop insupportable; et j'avais si bien senti le poids de ce train de vie, que, profitant de l'intervalle de liberté où je me trouvais pour lors, j'étais déterminé à le perpétuer, à renoncer totalement à la grande société, à la composition des livres, à tout commerce de littérature, et à me renfermer, pour le reste de mes jours, dans la sphère étroite et paisible pour laquelle je me sentais né.

Le produit de la *Lettre à d'Alembert* et de la *Nouvelle Héloïse*
avait un peu remonté mes finances, qui s'étaient fort épuisées à
l'Ermitage. Je me voyais environ mille écus devant moi. L'*Émile*,
auquel je m'étais mis tout de bon quand j'eus achevé l'*Héloïse*,
était fort avancé, et son produit devait au moins doubler cette
somme. Je formai le projet de placer ce fonds de manière à me
faire une petite rente viagère, qui pût, avec ma copie, me faire
subsister sans plus écrire. J'avais encore deux ouvrages sur le
chantier. Le premier était mes *Institutions politiques*. J'examinai
l'état de ce livre, et je trouvai qu'il demandait encore plusieurs
années de travail. Je n'eus pas le courage de le poursuivre et
d'attendre qu'il fût achevé, pour exécuter ma résolution. Ainsi,
renonçant à cet ouvrage, je résolus d'en tirer tout ce qui pouvait
se détacher, puis de brûler tout le reste ; et, poussant ce travail
avec zèle, sans interrompre celui de l'*Émile*, je mis, en moins de
deux ans, la dernière main au *Contrat social*.

Restait le *Dictionnaire de musique*. C'était un travail de manœuvre,
qui pouvait se faire en tout temps, et qui n'avait pour objet qu'un
produit pécuniaire. Je me réservai de l'abandonner, ou de l'achever
à mon aise, selon que mes autres ressources rassemblées me
rendraient celle-là nécessaire ou superflue. A l'égard de la *Morale
sensitive*, dont l'entreprise était restée en esquisse, je l'abandonnai
totalement.

Comme j'avais en dernier projet, si je pouvais me passer tout à
fait de la copie, celui de m'éloigner de Paris, où l'affluence des
survenants rendait ma subsistance coûteuse, et m'ôtait le temps
d'y pourvoir, pour prévenir dans ma retraite l'ennui dans lequel
on dit que tombe un auteur quand il a quitté la plume, je me
réservais une occupation qui pût remplir le vide de ma solitude,
sans tenter de plus rien faire imprimer de mon vivant. Je ne sais
par quelle fantaisie Rey me pressait depuis longtemps d'écrire les
Mémoires de ma vie. Quoiqu'ils ne fussent pas jusqu'alors fort
intéressants par les faits, je sentis qu'ils pouvaient le devenir par
la franchise que j'étais capable d'y mettre ; et je résolus d'en faire
un ouvrage unique, par une véracité sans exemple, afin qu'au
moins une fois on pût voir un homme tel qu'il était en dedans.

J'avais toujours ri de la fausse naïveté de Montaigne, qui, faisant semblant d'avouer ses défauts, a grand soin de ne s'en donner que d'aimables ; tandis que je sentais, moi qui me suis cru toujours, et qui me crois encore, à tout prendre, le meilleur des hommes, qu'il n'y a point d'intérieur humain, si pur qu'il puisse être, qui ne récèle quelque vice odieux. Je savais qu'on me peignait dans le public sous des traits si peu semblables aux miens, et quelquefois si difformes, que, malgré le mal dont je ne voulais rien taire, je ne pouvais que gagner encore à me montrer tel que j'étais. D'ailleurs, cela ne se pouvant faire sans laisser voir aussi d'autres gens tels qu'ils étaient, et par conséquent cet ouvrage ne pouvant paraître qu'après ma mort et celle de beaucoup d'autres, cela m'enhardissait davantage à faire mes Confessions, dont jamais je n'aurais à rougir devant personne. Je résolus donc de consacrer mes loisirs à bien exécuter cette entreprise, et je me mis à recueillir les lettres et papiers qui pouvaient guider ou réveiller ma mémoire, regrettant fort tout ce que j'avais déchiré, brûlé, perdu jusqu'alors.

Ce projet de retraite absolue, un des plus sensés que j'eusse jamais faits, était fortement empreint dans mon esprit ; et déjà je travaillais à son exécution, quand le ciel, qui me préparait une autre destinée, me jeta dans un nouveau tourbillon.

Montmorency, cet ancien et beau patrimoine de l'illustre maison de ce nom, ne lui appartient plus depuis la confiscation. Il a passé, par la sœur du duc Henri, dans la maison de Condé, qui a changé le nom de Montmorency en celui d'Enghien ; et ce duché n'a d'autre château qu'une vieille tour, où l'on tient les archives, et où l'on reçoit les hommages des vassaux. Mais on voit à Montmorency ou Enghien une maison particulière bâtie par Croisat, dit *le pauvre*, laquelle ayant la magnificence des plus superbes châteaux, en mérite et en porte le nom. L'aspect imposant de ce bel édifice, la terrasse sur laquelle il est bâti, sa vue unique peut-être au monde, son vaste salon peint d'une excellente main, son jardin planté par le célèbre Le Nôtre, tout cela forme un tout dont la majesté frappante a pourtant je ne sais quoi de simple, qui soutient et nourrit l'admiration. M. le maréchal duc de Luxembourg, qui occupait alors cette maison, venait tous les ans dans ce

pays, où jadis ses pères étaient les maîtres, passer en deux fois
cinq ou six semaines, comme simple habitant, mais avec un éclat
qui ne dégénérait point de l'ancienne splendeur de sa maison. Au
premier voyage qu'il y fit depuis mon établissement à Montmo-
rency, monsieur et madame la maréchale envoyèrent un valet de
chambre me faire compliment de leur part, et m'inviter à souper
chez eux toutes les fois que cela me ferait plaisir. A chaque fois
qu'ils revinrent, ils ne manquèrent point de réitérer le même com-
pliment et la même invitation. Cela me rappelait madame de Beu-
zenval m'envoyant dîner à l'office. Les temps étaient changés,
mais j'étais demeuré le même. Je ne voulais point qu'on m'envoyât
dîner à l'office, et je me souciais peu de la table des grands.
J'aurais mieux aimé qu'ils me laissassent pour ce que j'étais, sans
me fêter et sans m'avilir. Je répondis honnêtement et respectueu-
sement aux politesses de monsieur et de madame de Luxembourg,
mais je n'acceptai point leurs offres ; et, tant mes incommodités
que mon humeur timide et mon embarras à parler me faisant
frémir à la seule idée de me présenter dans une assemblée de
gens de la cour, je n'allai pas même au château faire une visite de
remerciement, quoique je comprisse assez que c'était ce qu'on
cherchait, et que tout cet empressement était plutôt une affaire de
curiosité que de bienveillance.

Cependant les avances continuèrent et allèrent même en aug-
mentant. Madame la comtesse de Boufflers, qui était fort liée avec
madame la maréchale, étant venue à Montmorency, envoya savoir
de mes nouvelles, et me proposer de me venir voir. Je répondis
comme je devais, mais je ne démarrai point. Au voyage de Pâques
de l'année suivante 1759, le chevalier de Lorenzy, qui était de la
cour de M. le prince de Conti et de la société de madame de
Luxembourg, vint me voir plusieurs fois : nous fîmes connais-
sance ; il me pressa d'aller au château : je n'en fis rien. Enfin, une
après-midi que je ne songeais à rien moins, je vis arriver M. le
maréchal de Luxembourg, suivi de cinq ou six personnes. Pour
lors il n'y eut plus moyen de m'en dédire ; et je ne pus éviter, sous
peine d'être un arrogant et un malappris, de lui rendre sa visite, et
d'aller faire ma cour à madame la maréchale, de la part de laquelle

il m'avait comblé des choses les plus obligeantes. Ainsi commen-
cèrent, sous de funestes auspices, des liaisons dont je ne pus
plus longtemps me défendre, mais qu'un pressentiment trop bien
fondé me fit redouter jusqu'à ce que j'y fusse engagé.

Je craignais excessivement madame de Luxembourg. Je savais
qu'elle était aimable. Je l'avais vue plusieurs fois au spectacle, et
chez madame Dupin, il y avait dix ou douze ans, lorsqu'elle était
duchesse de Boufflers, et qu'elle brillait encore de sa première
beauté. Mais elle passait pour méchante; et, dans une aussi grande
dame, cette réputation me faisait trembler. A peine l'eus-je vue,
que je fus subjugué. Je la trouvai charmante, de ce charme à
l'épreuve du temps, le plus fait pour agir sur mon cœur. Je
m'attendais à lui trouver un entretien mordant et plein d'épi-
grammes. Ce n'était point cela, c'était beaucoup mieux. La con-
versation de madame de Luxembourg ne pétille pas d'esprit; ce ne
sont pas des saillies, et ce n'est pas même proprement de la finesse :
mais c'est une délicatesse exquise, qui ne frappe jamais, et qui
plaît toujours. Ses flatteries sont d'autant plus enivrantes qu'elles
sont plus simples; on dirait qu'elles lui échappent sans qu'elle y
pense, et que c'est son cœur qui s'épanche, uniquement parce
qu'il est trop rempli. Je crus m'apercevoir, dès la première visite,
que, malgré mon air gauche et mes lourdes phrases, je ne lui
déplaisais pas. Toutes les femmes de la cour savent vous persuader
cela quand elles le veulent, vrai ou non ; mais toutes ne savent pas,
comme madame de Luxembourg, vous rendre cette persuasion si
douce qu'on ne s'avise plus d'en vouloir douter. Dès le premier
jour, ma confiance en elle eût été aussi entière qu'elle ne tarda
pas à le devenir, si madame la duchesse de Montmorency, sa
belle-fille, jeune folle, assez maligne, et je pense, un peu tracas-
sière, ne se fût avisée de m'entreprendre, et, tout au travers de
force éloges de sa maman et de feintes agaceries pour son propre
compte, ne m'eût mis en doute si je n'étais pas persiflé.

Je me serais peut-être difficilement rassuré sur cette crainte
auprès des deux dames, si les extrêmes bontés de M. le maréchal
ne m'eussent confirmé que les leurs étaient sérieuses. Rien de
plus surprenant, vu mon caractère timide, que la promptitude

VISITE AU DONJON DE MONT-LOUIS

avec laquelle je le pris au mot sur le pied d'égalité où il voulut se
mettre avec moi, si ce n'est peut-être celle avec laquelle il me prit
au mot lui-même sur l'indépendance absolue avec laquelle je
voulais vivre. Persuadés l'un et l'autre que j'avais raison d'être
content de mon état et de n'en vouloir pas changer, ni lui ni
madame de Luxembourg n'ont paru vouloir s'occuper un instant
de ma bourse ou de ma fortune : quoique je ne pusse douter du
tendre intérêt qu'ils prenaient à moi tous les deux, jamais ils ne
m'ont proposé de place et ne m'ont offert leur crédit, si ce n'est
une seule fois, que madame de Luxembourg parut désirer que je
voulusse entrer à l'Académie française. J'alléguai ma religion :
elle me dit que ce n'était pas un obstacle, ou qu'elle s'engageait à
le lever. Je répondis que, quelque honneur que ce fût pour moi
d'être membre d'un corps si illustre, ayant refusé à M. de Tressan,
et en quelque sorte au roi de Pologne, d'entrer dans l'Académie de
Nanci, je ne pouvais plus honnêtement entrer dans aucune.
Madame de Luxembourg n'insista pas, et il n'en fut plus reparlé.
Cette simplicité de commerce avec de si grands seigneurs, et qui
pouvaient tout en ma faveur, M. de Luxembourg étant et méritant
bien d'être l'ami particulier du roi, contraste bien singulièrement
avec les continuels soucis, non moins importuns qu'officieux, des
amis protecteurs que je venais de quitter, et qui cherchaient
moins à me servir qu'à m'avilir.

Quand M. le maréchal m'était venu voir à Mont-Louis, je l'avais
reçu avec peine, lui et sa suite, dans mon unique chambre, non
parce que je fus obligé de le faire asseoir au milieu de mes
assiettes sales et de mes pots cassés, mais parce que mon plancher
pourri tombait en ruine, et que je craignais que le poids de sa
suite ne l'effondrât tout à fait. Moins occupé de mon propre
danger que de celui que l'affabilité de ce bon seigneur lui faisait
courir, je me hâtai de le tirer de là pour le mener, malgré le froid
qu'il faisait encore, à mon donjon, tout ouvert et sans cheminée.
Quand il y fut, je lui dis la raison qui m'avait engagé à l'y con-
duire : il le redit à madame la maréchale, et l'un et l'autre me
pressèrent, en attendant qu'on referait mon plancher, d'accepter
un logement au château, ou, si je l'aimais mieux, dans un édifice

isolé qui était au milieu du parc, et qu'on appelait le petit château. Cette demeure enchantée mérite qu'on en parle.

Le parc ou jardin de Montmorency n'est pas en plaine, comme celui de la Chevrette. Il est inégal, montueux, mêlé de collines et d'enfoncements, dont l'habile artiste a tiré parti pour varier les bosquets, les ornements, les eaux, les points de vue, et multiplier pour ainsi dire, à force d'art et de génie, un espace en lui-même assez resserré. Ce parc est couronné dans le haut par la terrasse et le château; dans le bas il forme une gorge qui s'ouvre et s'élargit vers la vallée, et dont l'angle est rempli par une grande pièce d'eau. Entre l'orangerie qui occupe cet élargissement, et cette pièce d'eau entourée de coteaux bien décorés de bosquets et d'arbres, est le petit château dont j'ai parlé. Cet édifice et le terrain qui l'entoure appartenaient jadis au célèbre Le Brun, qui se plut à le bâtir et le décorer avec ce goût exquis d'ornements et d'architecture dont ce grand peintre s'était nourri. Ce château depuis lors a été rebâti, mais toujours sur le dessin du premier maître. Il est petit, simple, mais élégant. Comme il est dans un fond entre le bassin de l'orangerie et la grande pièce d'eau, par conséquent sujet à l'humidité, on l'a percé dans son milieu d'un péristyle à jour, entre deux étages de colonnes, par lequel l'air jouant dans tout l'édifice le maintient sec, malgré sa situation. Quand on regarde ce bâtiment de la hauteur opposée qui lui fait perspective, il paraît absolument environné d'eau, et l'on croit voir une île enchantée, ou la plus jolie des trois îles Borromées, appelée *Isola bella*, dans le lac Majeur.

Ce fut dans cet édifice solitaire qu'on me donna le choix d'un des quatre appartements complets qu'il contient, outre le rez-de-chaussée, composé d'une salle de bal, d'une salle de billard et d'une cuisine. Je pris le plus petit et le plus simple, au-dessus de la cuisine, que j'eus aussi. Il était d'une propreté charmante; l'ameublement en était blanc et bleu. C'est dans cette profonde et délicieuse solitude qu'au milieu des bois et des eaux, aux concerts des oiseaux de toute espèce, au parfum de la fleur d'orange, je composai dans une continuelle extase le cinquième livre de l'*Émile*, dont je dus en grande partie le coloris assez frais à la vive

impression du local où je l'écrivais. Avec quel empressement je courais tous les matins, au lever du soleil, respirer un air embaumé sur le péristyle! Quel bon café au lait j'y prenais tête à tête avec ma Thérèse! Ma chatte et mon chien nous faisaient compagnie. Ce seul cortège m'eût suffi pour toute ma vie, sans éprouver jamais un moment d'ennui. J'étais là dans le paradis terrestre; j'y vivais avec autant d'innocence, et j'y goûtais le même bonheur.

Au voyage de juillet, monsieur et madame de Luxembourg me marquèrent tant d'attentions et me firent tant de caresses, que, logé chez eux et comblé de leurs bontés, je ne pus moins faire que d'y répondre en les voyant assidûment. Je ne les quittais presque point : j'allais le matin faire ma cour à madame la maréchale; j'y dînais; j'allais l'après-midi me promener avec M. le maréchal; mais je n'y soupais pas, à cause du grand monde, et qu'on y soupait trop tard pour moi. Jusqu'alors tout était convenable, et il n'y avait point de mal encore, si j'avais su m'en tenir là. Mais je n'ai jamais su garder un milieu dans mes attachements, et remplir simplement des devoirs de société. J'ai toujours été tout ou rien; bientôt je fus tout ; et me voyant fêté, gâté par des personnes de cette considération, je passai les bornes, et me pris pour eux d'une amitié qu'il n'est permis d'avoir que pour ses égaux. J'en mis toute la familiarité dans mes manières, tandis qu'ils ne se relâchèrent jamais dans les leurs de la politesse à laquelle ils m'avaient accoutumé. Je n'ai pourtant jamais été très à mon aise avec madame la maréchale. Quoique je ne fusse pas parfaitement rassuré sur son caractère, je le redoutais moins que son esprit. C'était par là surtout qu'elle m'en imposait. Je savais qu'elle était difficile en conversations, et qu'elle avait droit de l'être. Je savais que les femmes, et surtout les grandes dames, veulent absolument être amusées, qu'il vaudrait mieux les offenser que les ennuyer; et je jugeais, par ses commentaires sur ce qu'avaient dit les gens qui venaient de partir, de ce qu'elle devait penser de mes balourdises. Je m'avisai d'un supplément, pour me sauver auprès d'elle l'embarras de parler: ce fut de lire. Elle avait ouï parler de la *Julie*; elle savait qu'on l'imprimait; elle marqua de l'empressement de voir cet ouvrage ; j'offris de le lui lire, elle

accepta. Tous les matins je me rendais chez elle sur les dix heures ; M. de Luxembourg y venait : on fermait la porte. Je lisais à côté de son lit, et je compassai si bien mes lectures, qu'il y en aurait eu pour tout le voyage, quand même il n'aurait pas été interrompu. Le succès de cet expédient passa mon attente. Madame de Luxembourg s'engoua de la *Julie* et de son auteur ; elle ne parlait que de moi, ne s'occupait que de moi, me disait des douceurs toute la journée, m'embrassait dix fois le jour. Elle voulut que j'eusse toujours ma place à table à côté d'elle ; et quand quelques seigneurs voulaient prendre cette place, elle leur disait que c'était la mienne, et les faisait mettre ailleurs. On peut juger de l'impression que ces manières charmantes faisaient sur moi, que les moindres marques d'affection subjuguent. Je m'attachais réellement à elle, à proportion de l'attachement qu'elle me témoignait. Toute ma crainte, en voyant cet engouement, et me sentant si peu d'agrément dans l'esprit pour le soutenir, était qu'il ne se changeât en dégoût, et malheureusement pour moi cette crainte ne fut que trop bien fondée.

Il fallait qu'il y eût une opposition naturelle entre son tour d'esprit et le mien, puisque indépendamment des foules de balourdises qui m'échappaient à chaque instant dans la conversation, dans mes lettres même, et lorsque j'étais le mieux avec elle, il se trouvait des choses qui lui déplaisaient, sans que je pusse imaginer pourquoi. Je n'en citerai qu'un exemple, et j'en pourrais citer vingt. Elle sut que je faisais pour madame d'Houdetot une copie de l'*Héloïse*, à tant la page. Elle en voulut avoir une sur le même pied. Je la lui promis ; et la mettant par là du nombre de mes pratiques, je lui écrivis quelque chose d'obligeant et d'honnête à ce sujet ; du moins telle était mon intention. Voici sa réponse, qui me fit tomber des nues :

« A Versailles, ce mardi. (Liasse C, n° 43.)

« Je suis ravie, je suis contente ; votre lettre m'a fait un plaisir
« infini, et je me presse pour vous le mander et pour vous en
« remercier.

Rousseau lit la Julie à la Maréchale

« Voici les propres termes de votre lettre : *Quoique vous soyez*
« *sûrement une très bonne pratique, je me fais quelque peine de prendre*
« *votre argent ; régulièrement, ce serait à moi de payer le plaisir que*
« *j'aurais de travailler pour vous.* Je ne vous en dis pas davantage.
« Je me plains de ce que vous ne me parlez jamais de votre santé.
« Rien ne m'intéresse davantage. Je vous aime de tout mon cœur ;
« et c'est, je vous assure, bien tristement que je vous le mande,
« car j'aurais bien du plaisir à vous le dire moi-même. M. de
« Luxembourg vous aime et vous embrasse de tout son cœur. »

En recevant cette lettre, je me hâtai d'y répondre, en attendant
plus ample examen, pour protester contre toute interprétation déso-
bligeante ; et après m'être occupé quelques jours à cet examen avec
l'inquiétude qu'on peut concevoir, et toujours sans y rien com-
prendre, voici quelle fut enfin ma dernière réponse à ce sujet :

« A Montmorency, le 8 décembre 1759.

« Depuis ma dernière lettre, j'ai examiné cent et cent fois le pas-
« sage en question. Je l'ai considéré par son sens propre et
« naturel, je l'ai considéré par tous les sens qu'on peut lui donner,
« et je vous avoue, madame la maréchale, que je ne sais plus si
« c'est moi qui vous dois des excuses, ou si ce n'est point vous
« qui m'en devez. »

Il y a maintenant dix ans que ces lettres ont été écrites. J'y ai
souvent repensé depuis ce temps-là ; et telle est encore aujour-
d'hui ma stupidité sur cet article, que je n'ai pu parvenir à sentir
ce qu'elle avait pu trouver dans ce passage, je ne dis pas d'offensant,
mais même qui pût lui déplaire.

A propos de cet exemplaire manuscrit de l'*Héloïse* que voulut
avoir madame de Luxembourg, je dois dire ici ce que j'imaginai
pour lui donner quelque avantage marqué qui le distinguât de tout
autre. J'avais écrit à part les aventures de milord Édouard, et
j'avais balancé longtemps à les insérer, soit en entier, soit par
extrait, dans cet ouvrage, où elles me paraissaient manquer. Je me

déterminai enfin à les retrancher tout à fait, parce que, n'étant pas du ton de tout le reste, elles en auraient gâté la touchante simplicité. J'eus une autre raison bien plus forte, quand je connus madame de Luxembourg. C'est qu'il y avait dans ces aventures une marquise romaine d'un caractère très odieux, dont quelques traits, sans lui être applicables, auraient pu lui être appliqués par ceux qui ne la connaissaient que de réputation. Je me félicitai donc beaucoup du parti que j'avais pris, et m'y confirmai. Mais, dans l'ardent désir d'enrichir son exemplaire de quelque chose qui ne fût dans aucun autre, n'allai-je pas songer à ces malheureuses aventures, et former le projet d'en faire l'extrait, pour l'y ajouter? Projet insensé, dont on ne peut expliquer l'extravagance que par l'aveugle fatalité qui m'entraînait à ma perte!

Quos vult perdere Jupiter dementat.

J'eus la stupidité de faire cet extrait avec bien du soin, bien du travail, et de lui envoyer ce morceau comme la plus belle chose du monde; en la prévenant toutefois, comme il était vrai, que j'avais brûlé l'original, que l'extrait était pour elle seule, et ne serait jamais vu de personne, à moins qu'elle ne le montrât elle-même: ce qui, loin de lui prouver ma prudence et ma discrétion, comme je croyais faire, n'était que l'avertir du jugement que je portais moi-même sur l'application des traits dont elle aurait pu s'offenser. Mon imbécillité fut telle, que je ne doutais pas qu'elle ne fût enchantée de mon procédé. Elle ne me fit pas là-dessus les grands compliments que j'en attendais, et jamais, à ma très grande surprise, elle ne me parla du cahier que je lui avais envoyé. Pour moi, toujours charmé de ma conduite dans cette affaire, ce ne fut que longtemps après que je jugeai, sur d'autres indices, l'effet qu'elle avait produit.

J'eus encore, en faveur de son manuscrit, une autre idée plus raisonnable, mais qui, par des effets plus éloignés, ne m'a guère été moins nuisible: tant tout concourt à l'œuvre de la destinée, quand elle appelle un homme au malheur. Je pensai d'orner ce manuscrit des dessins des estampes de la *Julie*, lesquels dessins se

trouvèrent être du même format que le manuscrit. Je demandai à
Coindet ces dessins, qui m'appartenaient à toutes sortes de
titres, et d'autant plus que je lui avais abandonné le produit des
planches, lesquelles eurent un grand débit. Coindet est aussi
rusé que je le suis peu. A force de se faire demander ces dessins,
il parvint à savoir ce que j'en voulais faire. Alors, sous prétexte
d'ajouter quelques ornements à ces dessins, il se les fit laisser, et
finit par les présenter lui-même.

Ego versiculos feci, tulit alter honores.

Cela acheva de l'introduire à l'hôtel de Luxembourg sur un cer-
tain pied. Depuis mon établissement au petit château, il m'y
venait voir très souvent, et toujours dès le matin, surtout quand
monsieur et madame de Luxembourg étaient à Montmorency.
Cela faisait que, pour passer avec lui une journée, je n'allais
point au château. On me reprocha ces absences : j'en dis la rai-
son. On me pressa d'amener M. Coindet ; je le fis. C'était ce que
le drôle avait cherché. Ainsi, grâce aux bontés excessives qu'on
avait pour moi, un commis de M. Thélusson, qui voulait bien
lui donner quelquefois sa table quand il n'avait personne à dîner,
se trouva tout d'un coup admis à celle d'un maréchal de France,
avec les princes, les duchesses, et tout ce qu'il y avait de grand à
la cour. Je n'oublierai jamais qu'un jour qu'il était obligé de
retourner à Paris de bonne heure, M. le maréchal dit après le
dîner à la compagnie : Allons nous promener sur le chemin de
Saint-Denis ; nous accompagnerons M. Coindet. Le pauvre gar-
çon n'y tint pas ; sa tête s'en alla tout à fait. Pour moi, j'avais le
cœur si ému, que je ne pus dire un seul mot. Je suivais par der-
rière, pleurant comme un enfant, et mourant d'envie de baiser les
pas de ce bon maréchal. Mais la suite de cette histoire de copie
m'a fait anticiper ici sur les temps. Reprenons-les dans leur
ordre, autant que ma mémoire me le permettra.

Sitôt que la petite maison de Mont-Louis fut prête, je la fis
meubler proprement, simplement, et retournai m'y établir, ne
pouvant renoncer à cette loi que je m'étais faite, en quittant

l'Ermitage, d'avoir toujours mon logement à moi : mais je ne pus me résoudre non plus à quitter mon appartement du petit château. J'en gardai la clef ; et tenant beaucoup aux jolis déjeuners du péristyle, j'allais souvent y coucher, et j'y passais quelquefois deux ou trois jours, comme à une maison de campagne. J'étais peut-être alors le particulier de l'Europe le mieux et le plus agréablement logé. Mon hôte, M. Mathas, qui était le meilleur homme du monde, m'avait absolument laissé la direction des réparations de Mont-Louis, et voulut que je disposasse de ses ouvriers, sans même qu'il s'en mêlât. Je trouvai donc le moyen de me faire d'une seule chambre au premier un appartement complet, composé d'une chambre, d'une antichambre et d'une garde-robe. Au rez-de-chaussée étaient la cuisine et la chambre de Thérèse. Le donjon me servait de cabinet, au moyen d'une bonne cloison vitrée et d'une cheminée qu'on y fit faire. Je m'amusai, quand j'y fus, à orner la terrasse, qu'ombrageaient déjà deux rangs de jeunes tilleuls ; j'y en fis ajouter deux, pour faire un cabinet de verdure ; j'y fis poser une table et des bancs de pierre ; je l'entourai de lilas, de seringat, de chèvrefeuille ; j'y fis faire une belle plate-bande de fleurs, parallèle aux deux rangs d'arbres ; et cette terrasse, plus élevée que celle du château, dont la vue était au moins aussi belle, et sur laquelle j'avais apprivoisé des multitudes d'oiseaux, me servait de salle de compagnie pour recevoir monsieur et madame de Luxembourg, M. le duc de Villeroy, M. le prince de Tingry, M. le marquis d'Armentières, madame la duchesse de Montmorency, madame la duchesse de Boufflers, madame la comtesse de Valentinois, madame la comtesse de Boufflers, et d'autres personnes de ce rang, qui, du château, ne dédaignaient pas de faire, par une montée très fatigante, le pèlerinage de Mont-Louis. Je devais à la faveur de monsieur et madame de Luxembourg toutes ces visites ; je le sentais, et mon cœur leur en faisait bien l'hommage. C'est dans un de ces transports d'attendrissement que je dis une fois à M. de Luxembourg en l'embrassant : Ah ! monsieur le maréchal, je haïssais les grands avant que de vous connaître, et je les hais davantage encore depuis que vous me faites si bien sentir combien il leur serait

aisé de se faire adorer. Au reste, j'interpelle tous ceux qui m'ont
vu durant cette époque, s'ils se sont jamais aperçus que cet éclat
m'ait un instant ébloui, que la vapeur de cet encens m'ait porté à
la tête; s'ils m'ont vu moins uni dans mon maintien, moins simple
dans mes manières, moins liant avec le peuple, moins familier
avec mes voisins, moins prompt à rendre service à tout le monde
quand je l'ai pu, sans me rebuter jamais des importunités sans
nombre, et souvent déraisonnables, dont j'étais sans cesse accablé.
Si mon cœur m'attirait au château de Montmorency par mon sin-
cère attachement pour les maîtres, il me ramenait de même à mon
voisinage, goûter les douceurs de cette vie égale et simple, hors de
laquelle il n'est point de bonheur pour moi. Thérèse avait fait
amitié avec la fille d'un maçon, mon voisin, nommé Pilleu ; je la
fis de même avec le père ; et après avoir le matin dîné au château,
non sans gêne, mais pour complaire à madame la maréchale, avec
quel empressement je revenais le soir souper avec le bonhomme
Pilleu et sa famille, tantôt chez lui, tantôt chez moi !

Outre ces deux logements, j'en eus bientôt un troisième à
l'hôtel de Luxembourg, dont les maîtres me pressèrent si fort
d'aller les y voir quelquefois, que j'y consentis, malgré mon aver-
sion pour Paris, où je n'avais été, depuis ma retraite à l'Ermi-
tage, que les deux seules fois dont j'ai parlé: encore n'y allais-je
que les jours convenus, uniquement pour souper, et m'en retour-
ner le lendemain matin. J'entrais et sortais par le jardin qui don-
nait sur le boulevard ; de sorte que je pouvais dire, avec la plus
exacte vérité, que je n'avais pas mis le pied sur le pavé de
Paris.

Au sein de cette prospérité passagère, se préparait de loin la
catastrophe qui devait en marquer la fin. Peu de temps après
mon retour à Mont-Louis, j'y fis, et bien malgré moi, comme à
l'ordinaire, une nouvelle connaissance qui fait époque dans mon
histoire. On jugera dans la suite si c'est en bien ou en mal. C'est
madame la marquise de Verdelin, ma voisine, dont le mari venait
d'acheter une maison de campagne à Soisy, près de Montmo-
rency. Mademoiselle d'Ars, fille du comte d'Ars, homme de con-
dition, mais pauvre, avait épousé M. de Verdelin, vieux, laid,

sourd, dur, brutal, jaloux, balafré, borgne, au demeurant bon homme quand on savait le prendre, et possesseur de quinze à vingt mille livres de rentes, auxquelles on la maria. Ce mignon, jurant, criant, grondant, tempêtant, et faisant pleurer sa femme toute la journée, finissait par faire toujours ce qu'elle voulait, et cela pour la faire enrager, attendu qu'elle savait lui persuader que c'était lui qui le voulait, et que c'était elle qui ne le voulait pas. M. de Margency, dont j'ai parlé, était l'ami de madame, et devint celui de monsieur. Il y avait quelques années qu'il leur avait loué son château de Margency, près d'Eaubonne et d'Andilly; et ils y étaient précisément durant mes amours pour madame d'Houdetot. Madame d'Houdetot et madame de Verdelin se connaissaient par madame d'Aubeterre, leur commune amie; et comme le jardin de Margency était sur le passage de madame d'Houdetot pour aller au Mont-Olympe, sa promenade favorite, madame de Verdelin lui donna une clef pour passer. A la faveur de cette clef, j'y passais souvent avec elle; mais je n'aimais point les rencontres imprévues; et quand madame de Verdelin se trouvait par hasard sur notre passage, je les laissais ensemble sans lui rien dire, et j'allais toujours devant. Ce procédé peu galant n'avait pas dû me mettre en bon prédicament auprès d'elle. Cependant, quand elle fut à Soisy, elle ne laissa pas de me rechercher. Elle me vint voir plusieurs fois à Mont-Louis, sans me trouver; et voyant que je ne lui rendais pas sa visite, elle s'avisa, pour m'y forcer, de m'envoyer des pots de fleurs pour ma terrasse. Il fallut bien l'aller remercier: c'en fut assez. Nous voilà liés.

Cette liaison commença par être orageuse, comme toutes celles que je faisais malgré moi. Il n'y régna même jamais un vrai calme. Le tour d'esprit de madame de Verdelin était par trop antipathique avec le mien. Les traits malins et les épigrammes partent chez elle avec tant de simplicité, qu'il faut une attention continuelle, et pour moi très fatigante, pour sentir quand on est persiflé. Une niaiserie, qui me revient, suffira pour en juger. Son frère venait d'avoir le commandement d'une frégate en course contre les Anglais. Je parlais de la manière d'armer cette frégate, sans nuire à sa légèreté. Oui, dit-elle d'un ton tout uni, l'on ne

prend de canons que ce qu'il en faut pour se battre. Je l'ai rare-
ment ouï parler en bien de quelqu'un de ses amis absents, sans
glisser quelques mots à leur charge. Ce qu'elle ne voyait pas en
mal, elle le voyait en ridicule, et son ami Margency n'était pas
excepté. Ce que je trouvais encore en elle d'insupportable était la
gêne continuelle de ses petits envois, de ses petits cadeaux, de
ses petits billets, auxquels il fallait me battre les flancs pour
répondre ; et toujours nouveaux embarras pour remercier ou pour
refuser. Cependant, à force de la voir, je finis par m'attacher à
elle. Elle avait ses chagrins, ainsi que moi. Les confidences réci-
proques nous rendirent intéressants nos tête-à-tête. Rien ne lie
tant les cœurs que la douceur de pleurer ensemble. Nous nous
cherchions pour nous consoler, et ce besoin m'a souvent fait passer
sur beaucoup de choses. J'avais mis tant de dureté dans ma fran-
chise avec elle, qu'après avoir montré quelquefois si peu d'estime
pour son caractère, il fallait réellement en avoir beaucoup pour
croire qu'elle pût sincèrement me pardonner. Voici un échantillon
des lettres que je lui ai quelquefois écrites, et dont il est à noter
que jamais, dans aucune de ses réponses, elle n'a paru piquée en
aucune façon.

« A Montmorency, le 5 novembre 1760.

« Vous me dites, madame, que vous ne vous êtes pas bien expli-
« quée, pour me faire entendre que je m'explique mal. Vous me
« parlez de votre prétendue bêtise, pour me faire sentir la mienne.
« Vous vous vantez de n'être qu'une bonne femme, comme si
« vous aviez peur d'être prise au mot, et vous me faites des
« excuses pour m'apprendre que je vous en dois. Oui, madame,
« je le sais bien ; c'est moi qui suis une bête, un bonhomme, et
« pis encore, s'il est possible ; c'est moi qui choisis mal mes
« termes, au gré d'une belle dame française qui fait autant d'at-
« tention aux paroles et qui parle aussi bien que vous. Mais con-
« sidérez que je les prends dans le sens commun de la langue,
« sans être au fait ou en souci des honnêtes acceptions qu'on
« leur donne dans les vertueuses sociétés de Paris. Si quelquefois

« mes expressions sont équivoques, je tâche que ma conduite
« en détermine le sens, etc. » Le reste de la lettre est à peu près
sur le même ton. Voyez-en la réponse (liasse D, n° 41), et jugez
de l'incroyable modération d'un cœur de femme, qui peut n'avoir
pas plus de ressentiment d'une pareille lettre que cette réponse
n'en laisse paraître, et qu'elle ne m'en a jamais témoigné. Coindet,
entreprenant, hardi jusqu'à l'effronterie, et qui se tenait à l'affût
de tous mes amis, ne tarda pas à s'introduire en mon nom chez
madame de Verdelin, et y fut bientôt, à mon insu, plus familier
que moi-même. C'était un singulier corps que ce Coindet. Il se
présentait de ma part chez toutes mes connaissances, s'y établis-
sait, y mangeait sans façon. Transporté de zèle pour mon service,
il ne parlait jamais de moi que les larmes aux yeux; mais quand
il me venait voir, il gardait le plus profond silence sur toutes ces
liaisons, et sur tout ce qu'il savait devoir m'intéresser. Au lieu de
me dire ce qu'il avait appris, ou dit, ou vu, qui m'intéressait, il
m'écoutait, m'interrogeait même. Il ne savait jamais rien de Paris
que ce que je lui en apprenais; enfin, quoique tout le monde me
parlât de lui, jamais il ne me parlait de personne : il n'était secret
et mystérieux qu'avec son ami. Mais laissons quant à présent
Coindet et madame de Verdelin; nous y reviendrons dans la
suite.

Quelque temps après mon retour à Mont-Louis, La Tour, le
peintre, m'y vint voir, et m'apporta mon portrait en pastel, qu'il
avait exposé au salon, il y avait quelques années. Il avait voulu
me donner ce portrait, que je n'avais pas accepté. Mais madame
d'Épinay, qui m'avait donné le sien et qui voulait avoir celui-là,
m'avait engagé à le lui redemander. Il avait pris du temps pour le
retoucher. Dans cet intervalle vint ma rupture avec madame
d'Épinay; je lui rendis son portrait; et n'étant plus question de
lui donner le mien, je le mis dans ma chambre au petit château.
M. de Luxembourg l'y vit, et le trouva bien; je le lui offris, il l'ac-
cepta; je le lui envoyai. Ils comprirent, lui et madame la maréchale,
que je serais bien aise d'avoir les leurs. Ils les firent faire en mi-
niature, de très bonne main, les firent enchâsser dans une boîte
à bonbons, de cristal de roche, montée en or, et m'en firent le

cadeau d'une façon très galante, dont je fus enchanté. Madame
de Luxembourg ne voulut jamais consentir que son portrait
occupât le dessus de la boîte. Elle m'avait reproché plusieurs fois
que j'aimais mieux M. de Luxembourg qu'elle; et je ne m'en étais
point défendu, parce que cela était vrai. Elle me témoigna bien
galamment, mais bien clairement, par cette façon de placer son
portrait, qu'elle n'oubliait pas cette préférence.

Je fis, à peu près dans ce même temps, une sottise qui ne con-
tribua pas à me conserver ses bonnes grâces. Quoique je ne con-
nusse point du tout M. de Silhouette, et que je fusse peu porté à
l'aimer, j'avais une grande opinion de son administration. Lors-
qu'il commença d'appesantir sa main sur les financiers, je vis
qu'il n'entamait pas son opération dans un temps favorable; je
n'en fis pas des vœux moins ardents pour son succès; et quand
j'appris qu'il était déplacé, je lui écrivis dans mon étourderie la
lettre suivante, qu'assurément je n'entreprends pas de justifier.

« A Montmorency, le 2 décembre 1759.

« Daignez, monsieur, recevoir l'hommage d'un solitaire qui
« n'est pas connu de vous, mais qui vous estime par vos talents,
« qui vous respecte par votre administration, et qui vous a fait
« l'honneur de croire qu'elle ne vous resterait pas longtemps. Ne
« pouvant sauver l'État qu'aux dépens de la capitale qui l'a
« perdu, vous avez bravé les cris des gagneurs d'argent. En vous
« voyant écraser ces misérables, je vous enviais votre place ; en
« vous la voyant quitter sans vous être démenti, je vous admire.
« Soyez content de vous, monsieur; elle vous laisse un honneur
« dont vous jouirez longtemps sans concurrent. Les malédictions
« des fripons font la gloire de l'homme juste. »

Madame de Luxembourg, qui savait que j'avais écrit cette lettre,
m'en parla au voyage de Pâques; je la lui montrai; elle en sou-
haita une copie, je la lui donnai : mais j'ignorais, en la lui don-
nant, qu'elle était un de ces gagneurs d'argent qui s'intéressaient
aux sous-fermes, et qui avaient fait déplacer Silhouette. On eût

dit, à toutes mes balourdises, que j'allais excitant à plaisir la
haine d'une femme aimable et puissante, à laquelle, dans le vrai,
je m'attachais davantage de jour en jour, et dont j'étais bien éloi-
gné de vouloir m'attirer la disgrâce, quoique je fisse, à force de
gaucheries, tout ce qu'il fallait pour cela. Je crois qu'il est assez
superflu d'avertir que c'est à elle que se rapporte l'histoire de
l'opiate de M. Tronchin, dont j'ai parlé dans ma première Partie:
l'autre dame était madame de Mirepoix. Elles ne m'en ont jamais
reparlé, ni fait le moindre semblant de s'en souvenir, ni l'une ni
l'autre ; mais de présumer que madame de Luxembourg ait pu
l'oublier réellement, c'est ce qui me paraît bien difficile, quand
même on ne saurait rien des événements subséquents. Pour moi,
je m'étourdissais sur l'effet de mes bêtises, par le témoignage que
je me rendais de n'en avoir fait aucune à dessein de l'offenser:
comme si jamais femme en pouvait pardonner de pareilles, même
avec la plus parfaite certitude que la volonté n'y a pas eu la
moindre part.

Cependant, quoiqu'elle parût ne rien voir, ne rien sentir, et
que je ne trouvasse encore ni diminution dans son empressement,
ni changement dans ses manières, la continuation, l'augmenta-
tion même d'un pressentiment trop bien fondé, me faisait trem-
bler sans cesse que l'ennui ne succédât bientôt à cet engouement.
Pouvais-je attendre d'une si grande dame une constance à
l'épreuve de mon peu d'adresse à la soutenir? Je ne savais pas
même lui cacher ce pressentiment sourd qui m'inquiétait, et ne
me rendait que plus maussade. On en jugera par la lettre suivante,
qui contient une bien singulière prédiction.

N. B. Cette lettre, sans date dans mon brouillon, est du mois
d'octobre 1760, au plus tard.

« Que vos bontés sont cruelles ! Pourquoi troubler la paix
« d'un solitaire, qui renonçait aux plaisirs de la vie pour n'en
« plus sentir les ennuis ? J'ai passé mes jours à chercher en vain
« des attachements solides ; je n'en ai pu former dans les condi-
« tions auxquelles je pouvais atteindre : est-ce dans la vôtre que

« j'en dois chercher? L'ambition ni l'intérêt ne me tentent pas ; je
« suis peu vain, peu craintif ; je puis résister à tout, hors aux
« caresses. Pourquoi m'attaquez-vous tous deux par un faible
« qu'il faut vaincre, puisque, dans la distance qui nous sépare,
« les épanchements des cœurs sensibles ne doivent pas rappro-
« cher le mien de vous ? La reconnaissance suffira-t-elle pour
« un cœur qui ne connaît pas deux manières de se donner, et ne
« se sent capable que d'amitié? D'amitié, madame la maréchale?
« Ah! voilà mon malheur? Il est beau à vous, à monsieur le ma-
« réchal, d'employer ce terme ; mais je suis insensé de vous
« prendre au mot. Vous vous jouez, moi je m'attache ; et la fin
« du jeu me prépare de nouveaux regrets. Que je hais tous vos
« titres, et que je vous plains de les porter ! Vous me semblez si
« dignes de goûter les charmes de la vie privée ! Que n'habitez-
« vous Clarens ! J'irais y chercher le bonheur de ma vie. Mais le
« château de Montmorency, mais l'hôtel de Luxembourg ! est-ce
« là qu'on doit voir Jean-Jacques ? est-ce là qu'un ami de l'égalité
« doit porter les affections d'un cœur sensible qui, payant ainsi
« l'estime qu'on lui témoigne, croit rendre autant qu'il reçoit?
« Vous êtes bonne et sensible aussi, je le sais, je l'ai vu, j'ai
« regret de n'avoir pu plus tôt le croire ; mais dans le rang où
« vous êtes, dans votre manière de vivre, rien ne peut faire une
« impression durable : et tant d'objets nouveaux s'effacent si bien
« mutuellement, qu'aucun ne demeure. Vous m'oublierez, ma-
« dame, après m'avoir mis hors d'état de vous imiter. Vous aurez
« beaucoup fait pour me rendre malheureux, et pour être inex-
« cusable. »

Je lui joignais là M. de Luxembourg, afin de rendre le compli-
ment moins dur pour elle ; car, au reste, je me sentais si sûr de
lui, qu'il ne m'était pas même venu dans l'esprit une seule crainte
sur la durée de son amitié. Rien de ce qui m'intimidait de la part
de madame la maréchale ne s'est un moment étendu jusqu'à lui.
Je n'ai jamais eu la moindre défiance sur son caractère, que je
savais être faible, mais sûr. Je ne craignais pas plus de sa part un
refroidissement, que je n'en attendais un attachement héroïque.

La simplicité, la familiarité de nos manières l'un avec l'autre, marquaient combien nous comptions réciproquement sur nous. Nous avions raison tous deux : j'honorerai, je chérirai, tant que je vivrai, la mémoire de ce digne seigneur ; et quoi qu'on ait pu faire pour le détacher de moi, je suis aussi certain qu'il est mort mon ami, que si j'avais reçu son dernier soupir.

Au second voyage de Montmorency, de l'année 1760, la lecture de la *Julie* étant finie, j'eus recours à celle de l'*Émile* pour me soutenir auprès de madame de Luxembourg ; mais cela ne réussit pas si bien, soit que la matière fût moins de son goût, soit que tant de lecture l'ennuyât à la fin. Cependant, comme elle me reprochait de me laisser duper par mes libraires, elle voulut que je lui laissasse le soin de faire imprimer cet ouvrage, afin d'en tirer un meilleur parti. J'y consentis, sous l'expresse condition qu'il ne s'imprimerait point en France ; et c'est sur quoi nous eûmes une longue dispute ; moi prétendant que la permission tacite était impossible à obtenir, imprudente même à demander, et ne voulant point permettre autrement l'impression dans le royaume ; elle soutenant que cela ne ferait pas même une difficulté à la censure, dans le système que le gouvernement avait adopté. Elle trouva le moyen de faire entrer dans ses vues M. de Malesherbes, qui m'écrivit à ce sujet une longue lettre toute de sa main, pour me prouver que la *Profession de foi du vicaire savoyard* était précisément une pièce faite pour avoir partout l'approbation du genre humain, et celle de la cour dans la circonstance. Je fus surpris de voir ce magistrat, toujours si craintif, devenir si coulant dans cette affaire. Comme l'impression d'un livre qu'il approuvait était par cela seul légitime, je n'avais plus d'objection à faire contre celle de cet ouvrage. Cependant, par un scrupule extraordinaire, j'exigeai toujours que l'ouvrage s'imprimerait en Hollande, et même par le libraire Néaulme, que je ne me contentai pas d'indiquer, mais que j'en prévins ; consentant, au reste, que l'édition se fît au profit d'un libraire français, et que, quand elle serait faite, on la débitât, soit à Paris, soit où l'on voudrait, attendu que ce débit ne me regardait pas. Voilà exactement ce qui fut convenu entre madame de Luxembourg et moi ; après quoi je lui remis mon ma-

JEAN-JACQUES EMBRASSANT M^{ELLE} DE BOUFFLERS

nuscrit. Elle avait amené à ce voyage sa petite-fille, mademoiselle
de Boufflers, aujourd'hui madame la duchesse de Lauzun. Elle
s'appelait Amélie. C'était une charmante personne. Elle avait vrai-
ment une figure, une douceur, une timidité virginale. Rien de plus
aimable et de plus intéressant que sa figure, rien de plus tendre
et de plus chaste que les sentiments qu'elle inspirait. D'ailleurs,
c'était une enfant ; elle n'avait pas onze ans. Madame la maré-
chale, qui la trouvait trop timide, faisait ses efforts pour l'animer.
Elle me permit plusieurs fois de lui donner un baiser ; ce que je
fis avec ma maussaderie ordinaire. Au lieu des gentillesses qu'un
autre eût dites à ma place, je restais là muet, interdit, et je ne sais
lequel était le plus honteux, de la pauvre petite ou de moi. Un
jour je la rencontrai seule dans l'escalier du petit château ; elle
venait de voir Thérèse, avec laquelle sa gouvernante était encore.
Faute de savoir quoi lui dire, je lui proposai un baiser, que, dans
l'innocence de son cœur, elle ne refusa pas, en ayant reçu un le
matin même, par l'ordre de sa grand'maman, et en sa présence.
Le lendemain, lisant l'*Émile* au chevet de madame la maréchale,
je tombai précisément sur un passage où je censure, avec raison.
ce que j'avais fait la veille. Elle trouva la reflexion très juste, et
dit là-dessus quelque chose de fort sensé, qui me fit rougir. Que
je maudis mon incroyable bêtise, qui m'a si souvent donné l'air
vil et coupable, quand je n'étais que sot et embarrassé ! Bêtise
qu'on prend même pour une fausse excuse dans un homme qu'on
sait n'être pas sans esprit. Je puis jurer que dans ce baiser si
répréhensible, ainsi que dans les autres, le cœur et les sens de
mademoiselle Amélie n'étaient pas plus purs que les miens ; et je
puis jurer même que si dans ce moment j'avais pu éviter sa ren-
contre, je l'aurais fait ; non qu'elle ne me fît grand plaisir à voir,
mais par l'embarras de trouver en passant quelque mot agréable à
lui dire. Comment se peut-il qu'un enfant même intimide un
homme que le pouvoir des rois n'a pas effrayé ? Quel parti prendre ?
Comment se conduire, dénué de tout impromptu dans l'esprit ? Si
je me force à parler aux gens que je rencontre, je dis une balour-
dise infailliblement : si je ne dis rien, je suis un misanthrope, un
animal farouche, un ours. Une totale imbécillité m'eût été bien

plus favorable; mais les talents dont j'ai manqué dans le monde ont fait les instruments de ma perte des talents que j'eus à part moi.

A la fin de ce même voyage, madame de Luxembourg fit une bonne œuvre à laquelle j'eus quelque part. Diderot ayant très imprudemment offensé madame la princesse de Robeck, fille de M. de Luxembourg, Palissot, qu'elle protégeait, la vengea par la comédie des *Philosophes,* dans laquelle je fus tourné en ridicule, et Diderot extrêmement maltraité. L'auteur m'y ménagea davantage, moins, je pense, à cause de l'obligation qu'il m'avait, que de peur de déplaire au père de sa protectrice, dont il savait que j'étais aimé. Le libraire Duchesne, qu'alors je ne connaissais point, m'envoya cette pièce quand elle fut imprimée; et je soupçonne que ce fut par l'ordre de Palissot, qui crut peut-être que je verrais avec plaisir déchirer un homme avec lequel j'avais rompu. Il se trompa fort. En rompant avec Diderot, que je croyais moins méchant qu'indiscret et faible, j'ai toujours conservé dans l'âme de l'attachement pour lui, même de l'estime, et du respect pour notre ancienne amitié, que je sais avoir été longtemps aussi sincère de sa part que de la mienne. C'est tout autre chose avec Grimm, homme faux par caractère, qui ne m'aima jamais, qui n'est pas même capable d'aimer, et qui, de gaieté de cœur, sans aucun sujet de plainte, et seulement pour contenter sa noire jalousie, s'est fait, sous le masque, mon plus cruel calomniateur. Celui-ci n'est plus rien pour moi : l'autre sera toujours mon ancien ami.

Mes entrailles s'émurent à la vue de cette odieuse pièce : je n'en pus supporter la lecture, et, sans l'achever, je la renvoyai à Duchesne avec la lettre suivante :

« A Montmorency, le 21 mai 1760.

« En parcourant, monsieur, la pièce que vous m'avez envoyée,
« j'ai frémi de m'y voir loué. Je n'accepte point cet horrible pré-
« sent. Je suis persuadé qu'en me l'envoyant vous n'avez point
« voulu me faire une injure ; mais vous ignorez ou vous avez

« oublié que j'ai eu l'honneur d'être l'ami d'un homme respec-
« table, indignement noirci et calomnié dans ce libelle. »

Duchesne montra cette lettre. Diderot, qu'elle aurait dû toucher,
s'en dépita. Son amour-propre ne put me pardonner la supériorité
d'un procédé généreux, et je sus que sa femme se déchaînait par-
tout contre moi avec une aigreur qui m'affecta peu, sachant qu'elle
était connue de tout le monde pour une harengère. Diderot, à son
tour, trouva un vengeur dans l'abbé Morellet, qui fit contre Palissot
un petit écrit imité du Petit Prophète, et intitulé *la Vision*. Il
offensa très imprudemment dans cet écrit madame de Robeck,
dont les amis le firent mettre à la Bastille : car pour elle, naturel-
lement peu vindicative, et pour lors mourante, je suis persuadé
qu'elle ne s'en mêla pas.

D'Alembert, qui était fort lié avec l'abbé Morellet, m'écrivit
pour m'engager à prier madame de Luxembourg de solliciter sa
liberté, lui promettant, en reconnaissance, des louanges dans
l'*Encyclopédie*.

Voici ma réponse :

« Je n'ai pas attendu votre lettre, monsieur, pour témoigner à
« madame la maréchale de Luxembourg la peine que me faisait la
« détention de l'abbé Morellet. Elle sait l'intérêt que j'y prends,
« elle saura celui que vous y prenez ; et il lui suffirait, pour y
« prendre intérêt elle-même, de savoir que c'est un homme de
« mérite. Au surplus, quoiqu'elle et monsieur le maréchal m'ho-
« norent d'une bienveillance qui fait la consolation de ma vie,
« et que le nom de votre ami soit près d'eux une recommandation
« pour l'abbé Morellet, j'ignore jusqu'à quel point il leur con-
« vient d'employer en cette occasion le crédit attaché à leur rang
« et à la considération due à leurs personnes. Je ne suis pas même
« persuadé que la vengeance en question regarde madame la prin-
« cesse de Robeck autant que vous paraissez le croire ; et quand
« cela serait, on ne doit pas s'attendre que le plaisir de la ven-
« geance appartienne aux philosophes exclusivement, et que
« quand ils voudront être femmes, les femmes seront philosophes.

« Je vous rendrai compte de ce que m'aura dit madame de
« Luxembourg quand je lui aurai montré votre lettre. En atten-
« dant, je crois la connaître assez pour pouvoir vous assurer
« d'avance que quand elle aurait le plaisir de contribuer à l'élar-
« gissement de l'abbé Morellet, elle n'accepterait point le tribut
« de reconnaissance que vous lui promettez dans l'*Encyclopédie*,
« quoiqu'elle s'en tînt honorée, parce qu'elle ne fait pas le bien
« pour la louange, mais pour contenter son bon cœur. »

Je n'épargnai rien pour exciter le zèle et la commisération de
madame de Luxembourg en faveur du pauvre captif, et je réussis.
Elle fit un voyage à Versailles exprès pour voir M. le comte de
Saint-Florentin ; et ce voyage abrégea celui de Montmorency, que
M. le maréchal fut obligé de quitter en même temps, pour se
rendre à Rouen, où le roi l'envoyait comme gouverneur de Nor-
mandie, au sujet de quelques mouvements du parlement qu'on
voulait contenir.

Voici la lettre que m'écrivit madame de Luxembourg, le surlen-
demain de son départ :

« A Versailles, ce mercredi. (Liasse D, n° 23.)

« M. de Luxembourg est parti hier à six heures du matin. Je
« ne sais pas encore si j'irai. J'attends de ses nouvelles, parce
« qu'il ne sait pas lui-même combien de temps il y sera. J'ai vu
« M. de Saint-Florentin, qui est le mieux disposé pour l'abbé
« Morellet ; mais il y trouve des obstacles, dont il espère cepen-
« dant triompher à son premier travail avec le roi, qui sera la
« semaine prochaine. J'ai demandé aussi en grâce qu'on ne
« l'exilât point, parce qu'il en était question ; on voulait l'envoyer
« à Nanci. Voilà, monsieur, ce que j'ai pu obtenir ; mais je vous
« promets que je ne laisserai pas M. de Saint-Florentin en repos,
« que l'affaire ne soit finie comme vous le désirez. Que je vous
« dise donc à présent le chagrin que j'ai eu de vous quitter si tôt ;
« mais je me flatte que vous n'en doutez pas. Je vous aime de
« tout mon cœur, et pour toute ma vie. »

Quelques jours après, je reçus ce billet de d'Alembert, qui me donna une véritable joie :

« Ce 1^{er} août. (Liasse D, n° 26.)

« Grâce à vos soins, mon cher philosophe, l'abbé est sorti de
« la Bastille, et sa détention n'aura point d'autres suites. Il part
« pour la campagne, et vous fait, ainsi que moi, mille remercie-
« ments et compliments. *Vale, et me ama.* »

L'abbé m'écrivit aussi quelques jours après une lettre de remer-
ciements (liasse D, n° 29), qui ne me parut pas respirer une cer-
taine effusion de cœur, et dans laquelle il semblait atténuer en
quelque sorte le service que je lui avais rendu; et, à quelque
temps de là, je trouvai que d'Alembert et lui m'avaient en quelque
sorte, je ne dirai pas supplanté, mais succédé auprès de madame
de Luxembourg, et que j'avais perdu près d'elle autant qu'ils
avaient gagné. Cependant je suis bien éloigné de soupçonner
l'abbé Morellet d'avoir contribué à ma disgrâce; je l'estime trop
pour cela. Quant à M. d'Alembert, je n'en dis rien ici, j'en repar-
lerai dans la suite.

J'eus dans le même temps une autre affaire, qui occasionna la
dernière lettre que j'ai écrite à M. de Voltaire, lettre dont il a jeté
les hauts cris, comme d'une insulte abominable, mais qu'il n'a
jamais montrée à personne. Je suppléerai ici à ce qu'il n'a pas
voulu faire.

L'abbé Trublet, que je connaissais un peu, mais que j'avais
très peu vu, m'écrivit le 13 juin 1760 (liasse D, n° 11), pour m'aver-
tir que M. Formey, son ami et correspondant, avait imprimé dans
son journal ma lettre à M. de Voltaire sur le désastre de Lisbonne.
L'abbé Trublet voulait savoir comment cette impression s'était
pu faire, et, dans son tour d'esprit fin et jésuitique, me demandait
mon avis sur la réimpression de cette lettre, sans vouloir me dire
le sien. Comme je hais souverainement les ruseurs de cette espèce,
je lui fis les remerciements que je lui devais; mais j'y mis un ton
dur qu'il sentit, et qui ne l'empêcha pas de me pateliner encore
en deux ou trois lettres, jusqu'à ce qu'il sût tout ce qu'il avait
voulu savoir.

Je compris bien, quoi qu'en pût dire Trublet, que Formey n'avait point trouvé cette lettre imprimée et que la première impression en venait de lui. Je le connaissais pour un effronté pillard, qui, sans façon, se faisait un revenu des ouvrages des autres, quoiqu'il n'y eût pas mis encore l'impudence incroyable d'ôter d'un livre déjà public le nom de l'auteur, d'y mettre le sien, et de le vendre à son profit. Mais comment ce manuscrit lui était-il parvenu? C'était là la question, qui n'était pas difficile à résoudre, mais dont j'eus la simplicité d'être embarrassé. Quoique Voltaire fût honoré par excès dans cette lettre, comme enfin, malgré ses procédés malhonnêtes, il eût été fondé à se plaindre si je l'avais fait imprimer sans son aveu, je pris le parti de lui écrire à ce sujet. Voici cette seconde lettre, à laquelle il ne fit aucune réponse, et dont, pour mettre sa brutalité plus à l'aise, il fit semblant d'être irrité jusqu'à la fureur :

« A Montmorency, le 17 juin 1760.

« Je ne pensais pas, monsieur, me retrouver jamais en corres-
« pondance avec vous. Mais apprenant que la lettre que je vous
« écrivis en 1756 a été imprimée à Berlin, je dois vous rendre
« compte de ma conduite à cet égard, et je remplirai ce devoir
« avec vérité et simplicité.

« Cette lettre, vous ayant été réellement adressée, n'était point
« destinée à l'impression. Je la communiquai, sous condition, à
« trois personnes à qui les droits de l'amitié ne me permettaient
« pas de rien refuser de semblable, et à qui les mêmes droits per-
« mettaient encore moins d'abuser de leur dépôt, en violant leur
« promesse. Ces trois personnes sont madame de Chenonceaux,
« belle-fille de madame Dupin, madame la comtesse d'Hou-
« detot, et un Allemand nommé M. Grimm. Madame de Chenon-
« ceaux souhaitait que cette lettre fût imprimée, et me demanda
« mon consentement pour cela. Je lui dis qu'il dépendait du vôtre.
« Il vous fut demandé, vous le refusâtes, et il n'en fut plus
« question.

« Cependant M. l'abbé Trublet, avec lequel je n'ai nulle espèce
« de liaison, vient de m'écrire, par une attention pleine d'honnê-

« teté, qu'ayant reçu les feuilles d'un journal de M. Formey, il y
« avait lu cette même lettre, avec un avis dans lequel l'éditeur dit,
« sous la date du 23 octobre 1759, qu'il l'a trouvée, il y a quelques
« semaines, chez les libraires de Berlin, et que comme c'est une
« de ces feuilles volantes qui disparaissent bientôt sans retour, il
« a cru lui devoir donner place dans son journal. .

« Voilà, monsieur, tout ce que j'en sais. Il est très sûr que jus-
« qu'ici l'on n'avait pas même ouï parler à Paris de cette lettre.
« Il est très sûr que l'exemplaire, soit manuscrit, soit imprimé,
« tombé dans les mains de M. Formey, n'a pu lui venir que de
« vous, ce qui n'est pas vraisemblable, ou d'une des trois personnes
« que je viens de nommer. Enfin, il est très sûr que les deux dames
« sont incapables d'une pareille infidélité. Je n'en puis savoir
« davantage de ma retraite. Vous avez des correspondances au
« moyen desquelles il vous serait aisé, si la chose en valait la
« peine, de remonter à la source et de vérifier le fait.

« Dans la même lettre, M. l'abbé Trublet me marque qu'il
« tient la feuille en réserve, et ne la prêtera point sans mon consen-
« tement, qu'assurément je ne donnerai pas. Mais cet exemplaire
« peut n'être pas le seul à Paris. Je souhaite, monsieur, que cette
« lettre n'y soit pas imprimée, et je ferai de mon mieux pour cela ;
« mais si je ne pouvais éviter qu'elle le fût, et qu'instruit à temps
« je pusse avoir la préférence, alors je n'hésiterais pas à la faire
« imprimer moi-même. Cela me paraît juste et naturel.

« Quant à votre réponse à la même lettre, elle n'a été commu-
« niquée à personne, et vous pouvez compter qu'elle ne sera point
« imprimée sans votre aveu, qu'assurément je n'aurai point l'indis-
« crétion de vous demander, sachant bien que ce qu'un homme
« écrit à un autre il ne l'écrit pas au public. Mais si vous en vou-
« liez faire une pour être publiée, et me l'adresser, je vous pro-
« mets de la joindre fidèlement à ma lettre, et de n'y pas répliquer
« un seul mot.

« Je ne vous aime point, monsieur ; vous m'avez fait les maux
« qui pouvaient m'être les plus sensibles, à moi votre disciple
« et votre enthousiaste. Vous avez perdu Genève pour le prix de
« l'asile que vous y avez reçu ; vous avez aliéné de moi mes con-

« citoyens, pour le prix des applaudissements que je vous ai pro-
« digués parmi eux : c'est vous qui me rendez le séjour de mon
« pays insupportable ; c'est vous qui me ferez mourir en terre
« étrangère, privé de toutes les consolations des mourants, et
« jeté, pour tout honneur, dans une voirie ; tandis que tous les
« honneurs qu'un homme peut attendre vous accompagneront
« dans mon pays. Je vous hais, enfin, puisque vous l'avez voulu :
« mais je vous hais en homme encore plus digne de vous aimer,
« si vous l'aviez voulu. De tous les sentiments dont mon cœur
« était pénétré pour vous, il n'y reste que l'admiration qu'on ne
« peut refuser à votre beau génie, et l'amour de vos écrits. Si je
« ne puis honorer en vous que vos talents, ce n'est pas ma faute.
« Je ne manquerai jamais au respect qui leur est dû, ni aux pro-
« cédés que ce respect exige. Adieu, monsieur. »

Au milieu de toutes ces petites tracasseries littéraires, qui me
confirmaient de plus en plus dans ma résolution, je reçus le plus
grand honneur que les lettres m'aient attiré, et auquel j'ai été le
plus sensible, dans la visite que M. le prince de Conti daigna me
faire par deux fois, l'une au petit château, et l'autre à Mont-Louis.
Il choisit même toutes les deux fois le temps que madame de
Luxembourg n'était pas à Montmorency, afin de rendre plus
manifeste qu'il n'y venait que pour moi. Je n'ai jamais douté que
je ne dusse les premières bontés de ce prince à madame de
Luxembourg et à madame de Boufflers ; mais je ne doute pas non
plus que je ne doive à ses propres sentiments et à moi-même
celles dont il n'a cessé de m'honorer depuis lors.

Comme mon appartement de Mont-Louis était très petit, et que
la situation du donjon était charmante, j'y conduisis le prince,
qui, pour comble de grâces, voulut que j'eusse l'honneur de faire
sa partie aux échecs. Je savais qu'il gagnait le chevalier de
Lorenzy, qui était plus fort que moi. Cependant, malgré les signes
et les grimaces du chevalier et des assistants, que je ne fis pas
semblant de voir, je gagnai les deux parties que nous jouâmes.
En finissant je lui dis d'un ton respectueux, mais grave : Monsei-
gneur, j'honore trop Votre Altesse sérénissime pour ne la pas

Maurice Leloir, inv.

F. Milius, sc.

PARTIE D'ÉCHECS AVEC LE PRINCE DE CONTI

gagner toujours aux échecs. Ce grand prince, plein d'esprit et de lumières, et si digne de n'être pas adulé, sentit en effet, du moins je le pense, qu'il n'y avait là que moi qui le traitasse en homme, et j'ai tout lieu de croire qu'il m'en a vraiment su bon gré.

Quand il m'en aurait su mauvais gré, je ne me reprocherais pas de n'avoir voulu le tromper en rien, et je n'ai pas assurément à me reprocher non plus d'avoir mal répondu dans mon cœur à ses bontés, mais bien d'y avoir répondu quelquefois de mauvaise grâce, tandis qu'il mettait lui-même une grâce infinie dans la manière de me les marquer. Peu de jours après, il me fit envoyer un panier de gibier, que je reçus comme je devais. A quelque temps de là, il m'en fit envoyer un autre, et l'un de ses officiers des chasses écrivit, par ses ordres, que c'était de la chasse de Son Altesse, et du gibier tiré de sa propre main. Je le reçus encore; mais j'écrivis à madame de Boufflers que je n'en recevrais plus. Cette lettre fut généralement blâmée, et méritait de l'être. Refuser des présents en gibier, d'un prince du sang, qui de plus met tant d'honnêteté dans l'envoi, est moins la délicatesse d'un homme fier qui veut conserver son indépendance, que la rusticité d'un malappris qui se méconnaît. Je n'ai jamais relu cette lettre dans mon recueil sans en rougir, et sans me reprocher de l'avoir écrite. Mais enfin je n'ai pas entrepris mes *Confessions* pour taire mes sottises, et celle-là me révolte trop moi-même pour qu'il me soit permis de la dissimuler.

Si je ne fis pas celle de devenir son rival, il s'en fallut peu : car alors madame de Boufflers était encore sa maîtresse, et je n'en savais rien. Elle me venait voir assez souvent avec le chevalier de Lorenzy. Elle était belle et jeune encore; elle affectait l'esprit romain, et moi je l'eus toujours romanesque; cela se tenait d'assez près. Je faillis me prendre; je crois qu'elle le vit: le chevalier le vit aussi ; du moins il m'en parla, et de manière à ne pas me décourager. Mais pour le coup je fus sage, et il en était temps à cinquante ans. Plein de la leçon que je venais de donner aux barbons dans ma lettre à d'Alembert, j'eus honte d'en profiter si mal moi-même; d'ailleurs, apprenant ce que j'avais ignoré, il aurait fallu que la tête m'eût tourné, pour porter si haut mes concurrences.

Enfin, mal guéri peut-être encore de ma passion pour madame d'Houdetot, je sentis que plus rien ne la pouvait remplacer dans mon cœur, et je fis mes adieux à l'amour pour le reste de ma vie. Au moment où j'écris ceci, je viens d'avoir d'une jeune femme, qui avait ses vues, des agaceries bien dangereuses, et avec des yeux bien inquiétants ; mais si elle a fait semblant d'oublier mes douze lustres, pour moi je m'en suis souvenu. Après m'être tiré de ce pas, je ne crains plus de chutes, et je réponds de moi pour le reste de mes jours.

Madame de Boufflers, s'étant aperçue de l'émotion qu'elle m'avait donnée, put s'apercevoir aussi que j'en avais triomphé. Je ne suis ni assez fou ni assez vain pour croire avoir pu lui inspirer du goût à mon âge ; mais, sur certains propos qu'elle tint à Thérèse, j'ai cru lui avoir inspiré de la curiosité ; si cela est, et qu'elle ne m'ait pas pardonné cette curiosité frustrée, il faut avouer que j'étais bien né pour être victime de mes faiblesses, puisque l'amour vainqueur me fut si funeste, et que l'amour vaincu me le fut encore plus.

Ici finit le recueil des lettres qui m'a servi de guide dans ces deux livres. Je ne vais plus marcher que sur la trace de mes souvenirs ; mais ils sont tels dans cette cruelle époque, et la forte impression m'en est si bien restée, que, perdu dans la mer immense de mes malheurs, je ne puis oublier les détails de mon premier naufrage, quoique ses suites ne m'offrent plus que des souvenirs confus. Ainsi, je puis marcher dans le livre suivant avec encore assez d'assurance. Si je vais plus loin, ce ne sera plus qu'en tâtonnant.

LIVRE XI

LIVRE ONZIÈME

1761

Quoique la *Julie*, qui depuis longtemps était sous presse, ne parût point encore à la fin de 1760, elle commençait à faire grand bruit. Madame de Luxembourg en avait parlé à la cour, madame d'Houdetot à Paris. Cette dernière avait même obtenu de moi, pour Saint-Lambert, la permission de la faire lire en manuscrit au roi de Pologne, qui en avait été enchanté. Duclos, à qui je l'avais aussi fait lire, en avait parlé à l'Académie. Tout Paris était dans l'impatience de voir ce roman ; les libraires de la rue Saint-Jacques et celui du Palais-Royal étaient assiégés de gens qui en demandaient des nouvelles. Il parut enfin, et son succès, contre l'ordinaire, répondit à l'empressement avec lequel il avait été

attendu. Madame la Dauphine, qui l'avait lu des premières, en parla à M. de Luxembourg comme d'un ouvrage ravissant. Les sentiments furent partagés chez les gens de lettres, mais dans le monde il n'y eut qu'un avis ; et les femmes surtout s'enivrèrent et du livre et de l'auteur, au point qu'il y en avait peu, même dans les hauts rangs, dont je n'eusse fait la conquête, si je l'avais entrepris. J'ai de cela des preuves que je ne veux pas écrire, et qui, sans avoir eu besoin de l'expérience, autorisent mon opinion. Il est singulier que ce livre ait mieux réussi en France que dans le reste de l'Europe, quoique les Français, hommes et femmes, n'y soient pas fort bien traités. Tout au contraire de mon attente, son moindre succès fut en Suisse, et son plus grand à Paris. L'amitié, l'amour, la vertu, règnent-ils donc à Paris plus qu'ailleurs? Non, sans doute; mais il y règne encore ce sens exquis qui transporte le cœur à leur image, et qui nous fait chérir dans les autres les sentiments purs, tendres, honnêtes, que nous n'avons plus. La corruption désormais est partout la même : il n'existe plus ni mœurs ni vertus en Europe; mais s'il existe encore quelque amour pour elles, c'est à Paris qu'on doit le chercher.

Il faut, à travers tant de préjugés et de passions factices, savoir bien analyser le cœur humain pour y démêler les vrais sentiments de la nature. Il faut une délicatesse de tact qui ne s'acquiert que dans l'éducation du grand monde, pour sentir, si j'ose ainsi dire, les finesses du cœur dont cet ouvrage est rempli. Je mets sans crainte sa quatrième Partie à côté de *la Princesse de Clèves*, et je dis que si ces deux morceaux n'eussent été lus qu'en province, on n'aurait jamais senti tout leur prix. Il ne faut donc pas s'étonner si le plus grand succès de ce livre fut à la cour. Il abonde en traits vifs, mais voilés, qui doivent y plaire, parce qu'on est plus exercé à les pénétrer. Il faut pourtant ici distinguer encore. Cette lecture n'est assurément pas propre à cette sorte de gens d'esprit qui n'ont que de la ruse, qui ne sont fins que pour pénétrer le mal, et qui ne voient rien du tout où il n'y a que du bien à voir. Si, par exemple, la *Julie* eût été publiée en certain pays que je pense, je suis sûr que personne n'en eût achevé la lecture, et qu'elle serait morte en naissant.

J'ai rassemblé la plupart des lettres qui me furent écrites sur cet ouvrage, dans une liasse qui est entre les mains de madame de Nadaillac. Si jamais ce recueil paraît, on y verra des choses bien singulières, et une opposition de jugement qui montre ce que c'est que d'avoir affaire au public. La chose qu'on y a le moins vue, et qui en fera toujours un ouvrage unique, est la simplicité du sujet et la chaîne de l'intérêt, qui, concentré en trois personnes, se soutient durant six volumes, sans épisode, sans aventure romanesque, sans méchanceté d'aucune espèce, ni dans les personnages, ni dans les actions. Diderot a fait de grands compliments à Richardson sur la prodigieuse variété de ses tableaux et sur la multitude de ses personnages. Richardson a, en effet, le mérite de les avoir tous bien caractérisés; mais quant à leur nombre, il a cela de commun avec les plus insipides romanciers, qui suppléent à la stérilité de leurs idées à force de personnages et d'aventures. Il est aisé de réveiller l'attention en présentant incessamment et des événements inouïs et de nouveaux visages, qui passent comme les figures de la lanterne magique ; mais de soutenir toujours cette attention sur les mêmes objets, et sans aventures merveilleuses, cela, certainement, est plus difficile; et si, toute chose égale, la simplicité du sujet ajoute à la beauté de l'ouvrage, les romans de Richardson, supérieurs en tant d'autres choses, ne sauraient, sur cet article, entrer en parallèle avec le mien. Il est mort cependant, je le sais, et j'en sais la cause; mais il ressuscitera.

Toute ma crainte était qu'à force de simplicité ma marche ne fût ennuyeuse, et que je n'eusse pu nourrir assez l'intérêt pour le soutenir jusqu'au bout. Je fus rassuré par un fait qui, seul, m'a plus frappé que tous les compliments qu'a pu m'attirer cet ouvrage.

Il parut au commencement du carnaval. Un colporteur le porta à madame la princesse de Talmont, un jour de bal de l'Opéra. Après souper, elle se fit habiller pour y aller, et en attendant l'heure, elle se mit à lire le nouveau roman. A minuit, elle ordonna qu'on mît ses chevaux, et continua de lire. On vint lui dire que ses chevaux étaient mis; elle ne répondit rien. Ses gens, voyant

qu'elle s'oubliait, vinrent l'avertir qu'il était deux heures. Rien ne presse encore, dit-elle en lisant toujours. Quelque temps après, sa montre étant arrêtée, elle sonna pour savoir quelle heure il était. On lui dit qu'il était quatre heures. Cela étant, dit-elle, il est trop tard pour aller au bal; qu'on ôte mes chevaux. Elle se fit déshabiller et passa le reste de la nuit à lire.

Depuis qu'on me raconta ce trait, j'ai toujours désiré de voir madame de Talmont, non seulement pour savoir d'elle-même s'il est exactement vrai, mais aussi parce que j'ai toujours cru qu'on ne pouvait prendre un intérêt si vif à l'*Héloïse*, sans avoir ce sixième sens, ce sens moral, dont si peu de cœurs sont doués, et sans lequel nul ne saurait entendre le mien.

Ce qui me rendit les femmes si favorables fut la persuasion où elles furent que j'avais écrit ma propre histoire, et que j'étais moi-même le héros de ce roman. Cette croyance était si bien établie, que madame de Polignac écrivit à madame de Verdelin, pour la prier de m'engager à lui laisser voir le portrait de Julie. Tout le monde était persuadé qu'on ne pouvait exprimer si vivement des sentiments qu'on n'aurait point éprouvés, ni peindre ainsi les transports de l'amour, que d'après son propre cœur. En cela l'on avait raison, et il est certain que j'écrivis ce roman dans les plus brûlantes extases; mais on se trompait en pensant qu'il avait fallu des objets réels pour les produire : on était loin de concevoir à quel point je puis m'enflammer pour des êtres imaginaires. Sans quelques réminiscences de jeunesse et madame d'Houdetot, les amours que j'ai sentis et décrits n'auraient été qu'avec des sylphides. Je ne voulus ni confirmer ni détruire une erreur qui m'était avantageuse. On peut voir dans la préface en dialogue, que je fis imprimer à part, comment je laissai là-dessus le public en suspens. Les rigoristes disent que j'aurais dû déclarer la vérité tout rondement. Pour moi, je ne vois pas ce qui m'y pouvait obliger, et je crois qu'il y aurait eu plus de bêtise que de franchise à cette déclaration faite sans nécessité.

A peu près dans le même temps parut *la Paix perpétuelle*, dont l'année précédente j'avais cédé le manuscrit à un certain M. de Bastide, auteur d'un journal appelé *le Monde*, dans lequel il vou-

lait, bon gré mal gré, fourrer tous mes manuscrits. Il était de la
connaissance de M. Duclos, et vint en son nom me presser de lui
aider à remplir *le Monde*. Il avait ouï parler de la *Julie*, et voulait
que je la misse dans son journal : il voulait que j'y misse l'*Émile* :
il aurait voulu que j'y misse *le Contrat social*, s'il en eût soupçonné
l'existence. Enfin, excédé de ses importunités, je pris le parti de
lui céder pour douze louis mon extrait de *la Paix perpétuelle*.
Notre accord était qu'il s'imprimerait dans le journal, mais sitôt
qu'il fut propriétaire de ce manuscrit, il jugea à propos de le faire
imprimer à part, avec quelques retranchements que le censeur
exigea. Qu'eût-ce été si j'y avais joint mon jugement sur cet
ouvrage, dont très heureusement je ne parlai point à M. de Bas-
tide, et qui n'entra point dans notre marché ! Ce jugement est
encore en manuscrit parmi mes papiers. Si jamais il voit le jour,
on y verra combien les plaisanteries et le ton suffisant de Voltaire
à ce sujet m'ont dû faire rire, moi qui voyais si bien la portée de
ce pauvre homme dans les matières politiques dont il se mêlait de
parler.

Au milieu de mes succès dans le public, et de la faveur des
dames, je me sentais déchoir à l'hôtel de Luxembourg, non pas
auprès de monsieur le maréchal, qui semblait même redoubler
chaque jour de bontés et d'amitiés pour moi, mais auprès de ma-
dame la maréchale. Depuis que je n'avais plus rien à lui lire, son
appartement m'était moins ouvert ; et durant les voyages de Mont-
morency, quoique je me présentasse assez exactement, je ne la
voyais plus guère qu'à table. Ma place n'y était même plus aussi
marquée à côté d'elle. Comme elle ne me l'offrait plus, qu'elle me
parlait peu, et que je n'avais pas non plus grand'chose à lui dire,
j'aimais autant prendre une autre place, où j'étais plus à mon
aise, surtout le soir ; car machinalement je prenais peu à peu
l'habitude de me placer plus près de monsieur le maréchal.

A propos du soir, je me souviens d'avoir dit que je ne soupais
pas au château, et cela était vrai dans le commencement de la
connaissance ; mais comme M. de Luxembourg ne dînait point
et ne se mettait même pas à table, il arriva de là qu'au bout
de plusieurs mois, et déjà très familier dans la maison, je n'avais

encore jamais mangé avec lui. Il eut la bonté d'en faire la remarque. Cela me détermina d'y souper quelquefois, quand il y avait peu de monde ; et je m'en trouvais très bien, vu qu'on dînait presque en l'air, et, comme on dit, sur le bout du banc ; au lieu que le souper était très long, parce qu'on s'y reposait avec plaisir, au retour d'une longue promenade ; très bon, parce que M. de Luxembourg était gourmand ; et très agréable, parce que madame de Luxembourg en faisait les honneurs à charmer. Sans cette explication, l'on entendrait difficilement la fin d'une lettre de M. de Luxembourg (liasse C, n° 36), où il me dit qu'il se rappelle avec délices nos promenades ; surtout, ajoute-t-il, quand en rentrant les soirs dans la cour nous n'y trouvions point de traces de roues de carrosses ; c'est que, comme on passait tous les matins le râteau sur le sable de la cour pour effacer les ornières, je jugeais, par le nombre de ces traces, du monde qui était survenu dans l'après-midi.

Cette année 1761 mit le comble aux pertes continuelles que fit ce bon seigneur, depuis que j'avais l'honneur de le voir : comme si les maux que me préparait la destinée eussent dû commencer par l'homme pour qui j'avais le plus d'attachement et qui en était le plus digne. La première année, il perdit sa sœur, madame la duchesse de Villeroy ; la seconde, il perdit sa fille, madame la princesse de Robeck ; la troisième, il perdit dans le duc de Montmorency son fils unique, et dans le comte de Luxembourg son petit-fils, les seuls et derniers soutiens de sa branche et de son nom. Il supporta toutes ces pertes avec un courage apparent ; mais son cœur ne cessa de saigner en dedans tout le reste de sa vie, et sa santé ne fit plus que décliner. La mort imprévue et tragique de son fils dut lui être d'autant plus sensible, qu'elle arriva précisément au moment où le roi venait de lui accorder pour son fils, et de lui promettre pour son petit-fils, la survivance de sa charge de capitaine des gardes du corps. Il eut la douleur de voir s'éteindre peu à peu ce dernier enfant de la plus grande espérance, et cela par l'aveugle confiance de la mère au médecin, qui fit périr ce pauvre enfant d'inanition, avec des médecines pour toute nourriture. Hélas ! si j'en eusse été cru, le grand-père et le petit-fils

seraient tous deux encore en vie. Que ne dis-je point, que n'écrivis-je point à monsieur le maréchal, que de représentations ne fis-je point à madame de Montmorency, sur le régime plus qu'austère que, sur la foi de son médecin, elle faisait observer à son fils! Madame de Luxembourg, qui pensait comme moi, ne voulait point usurper l'autorité de la mère; M. de Luxembourg, homme doux et faible, n'aimait point à contrarier. Madame de Montmorency avait dans Bordeu une foi dont son fils finit par être la victime. Que ce pauvre enfant était aise quand il pouvait obtenir la permission de venir à Mont-Louis avec madame de Boufflers, demander à goûter à Thérèse, et mettre quelque aliment dans son estomac affamé! Combien je déplorais en moi-même les misères de la grandeur, quand je voyais cet unique héritier d'un si grand bien, d'un si grand nom, de tant de titres et de dignités, dévorer avec l'avidité d'un mendiant un pauvre petit morceau de pain! Enfin, j'eus beau dire et beau faire, le médecin l'emporta, et l'enfant mourut de faim.

La même confiance aux charlatans, qui fit périr le petit-fils, creusa le tombeau du grand-père, et il s'y joignit de plus la pusillanimité de vouloir se dissimuler les infirmités de l'âge. M. de Luxembourg avait eu par intervalles quelque douleur au gros doigt du pied; il en eut une atteinte à Montmorency, qui lui donna de l'insomnie et un peu de fièvre. J'osai prononcer le mot de goutte, madame de Montmorency me tança. Le valet de chambre, chirurgien de monsieur le maréchal, soutint que ce n'était pas la goutte, et se mit à panser la partie souffrante avec du baume tranquille. Malheureusement la douleur se calma, et quand elle revint, on ne manqua pas d'employer le même remède qui l'avait calmée: la constitution s'altéra, les maux augmentèrent, et les remèdes en même raison. Madame de Luxembourg, qui vit bien enfin que c'était la goutte, s'opposa à cet insensé traitement. On se cacha d'elle, et M. de Luxembourg périt par sa faute au bout de quelques années, pour avoir voulu s'obstiner à guérir. Mais n'anticipons point de si loin sur les malheurs: combien j'en ai d'autres à narrer avant celui-là!

Il est singulier avec quelle fatalité tout ce que je pouvais dire et

faire semblait fait pour déplaire à madame de Luxembourg, lors même que j'avais le plus à cœur de conserver sa bienveillance. Les afflictions que M. de Luxembourg éprouvait coup sur coup ne faisaient que m'attacher à lui davantage, et par conséquent à madame de Luxembourg: car ils m'ont toujours paru si sincère-ment unis, que les sentiments que l'on avait pour l'un s'éten-daient nécessairement à l'autre. Monsieur le maréchal vieillissait. Son assiduité à la cour, les soins qu'elle entraînait, les chasses continuelles, la fatigue surtout du service durant son quartier, auraient demandé la vigueur d'un jeune homme, et je ne voyais plus rien qui pût soutenir la sienne dans cette carrière. Puisque ses dignités devaient être dispersées et son nom éteint après lui, peu lui importait de continuer une vie laborieuse, dont l'objet principal avait été de ménager la faveur du prince à ses enfants. Un jour que nous n'étions que nous trois, et qu'il se plaignait des fatigues de la cour en homme que ses pertes avaient découragé, j'osai lui parler de retraite et lui donner le conseil que Cinéas donnait à Pyrrhus. Il soupira, et ne répondit pas décisivement. Mais au premier moment où madame de Luxembourg me vit en particulier, elle me relança vivement sur ce conseil, qui me parut l'avoir alarmée. Elle ajouta une chose dont je sentis la justesse, et qui me fit renoncer à retoucher jamais la même corde: c'est que la longue habitude de vivre à la cour devenait un vrai besoin, que c'était même en ce moment une dissipation pour M. de Luxembourg, et que la retraite que je lui conseillais serait moins un repos pour lui qu'un exil, où l'oisiveté, l'ennui, la tristesse achèveraient bientôt de le consumer. Quoiqu'elle dût voir qu'elle m'avait persuadé, ou qu'elle dût compter sur la promesse que je lui fis et que je lui tins, elle ne parut jamais bien tranquillisée à cet égard, et je me suis rappelé que depuis lors mes tête-à-tête avec monsieur le maréchal avaient été plus rares et presque tou-jours interrompus.

Tandis que ma balourdise et mon guignon me nuisaient ainsi de concert auprès d'elle, les gens qu'elle voyait et qu'elle aimait le plus ne m'y servaient pas. L'abbé de Boufflers surtout, jeune homme aussi brillant qu'il soit possible de l'être, ne me parut

LE PORTRAIT DE LA MARÉCHALE

jamais bien disposé pour moi ; et non seulement il est le seul de
la société de madame la maréchale qui ne m'ait jamais marqué la
moindre attention, mais j'ai cru m'apercevoir qu'à tous les voyages
qu'il fit à Montmorency, je perdais quelque chose auprès d'elle ;
et il est vrai que, sans même qu'il le voulût, c'était assez de sa
seule présence, tant la grâce et le sel de ses gentillesses appesan-
tissaient encore mes lourds *spropositi*. Les deux premières années,
il n'était presque pas venu à Montmorency ; et, par l'indulgence
de madame la maréchale, je m'étais passablement soutenu ; mais
sitôt qu'il parut un peu de suite, je fus écrasé sans retour. J'au-
rais voulu me réfugier sous son aile, et faire en sorte qu'il me prît
en amitié ; mais la même maussaderie qui me faisait un besoin
de lui plaire m'empêcha d'y réussir ; et ce que je fis pour cela mala-
droitement acheva de me perdre auprès de madame la maré-
chale, sans m'être utile auprès de lui. Avec autant d'esprit, il eût
pu réussir à tout ; mais l'impossibilité de s'appliquer et le goût de
la dissipation ne lui ont permis d'acquérir que des demi-talents
en tout genre. En revanche, il en a beaucoup, et c'est tout ce
qu'il faut dans le grand monde, où il veut briller. Il fait très bien
de petits vers, écrit très bien de petites lettres, va jouaillant un peu
du cistre, et barbouillant un peu de peinture au pastel. Il s'avisa
de vouloir faire le portrait de madame de Luxembourg ; ce por-
trait était horrible. Elle prétendait qu'il ne lui ressemblait point
du tout, et cela était vrai. Le traître d'abbé me consulta ; et moi,
comme un sot et comme un menteur, je dis que le portrait ressem-
blait. Je voulais cajoler l'abbé ; mais je ne cajolais pas madame la
maréchale, qui mit ce trait sur ses registres ; et l'abbé, ayant fait
son coup, se moqua de moi. J'appris, par ce succès de mon tardif
coup d'essai, à ne plus me mêler de vouloir flagorner et flatter
malgré Minerve.

Mon talent était de dire aux hommes des vérités utiles, mais
dures, avec assez d'énergie et de courage ; il fallait m'y tenir. Je
n'étais point né, je ne dis pas pour flatter, mais pour louer. La
maladresse des louanges que j'ai voulu donner m'a fait plus de
mal que l'âpreté de mes censures. J'en ai à citer ici un exemple si
terrible, que ses suites ont non seulement fait ma destinée pour

le reste de ma vie, mais décideront peut-être de ma réputation dans toute la postérité.

Durant les voyages de Montmorency, M. de Choiseul venait quelquefois souper au château. Il y vint un jour que j'en sortais. On parla de moi : M. de Luxembourg lui conta mon histoire de Venise avec M. de Montaigu. M. de Choiseul dit que c'était dommage que j'eusse abandonné cette carrière, et que si j'y voulais rentrer, il ne demandait pas mieux que de m'occuper. M. de Luxembourg me redit cela : j'y fus d'autant plus sensible, que je n'étais pas accoutumé d'être gâté par les ministres ; et il n'est pas sûr que, malgré mes résolutions, si ma santé m'eût permis d'y songer, j'eusse évité d'en faire de nouveau la folie. L'ambition n'eut jamais chez moi que les courts intervalles où toute autre passion me laissait libre ; mais un de ces intervalles eût suffi pour me rengager. Cette bonne intention de M. de Choiseul, m'affectionnant à lui, accrut l'estime que, sur quelques opérations de son ministère, j'avais conçue pour ses talents ; et le pacte de famille, en particulier, me parut annoncer un homme d'État du premier ordre. Il gagnait encore dans mon esprit au peu de cas que je faisais de ses prédécesseurs, sans excepter madame de Pompadour, que je regardais comme une façon de premier ministre ; et quand le bruit courut que, d'elle ou de lui, l'un des deux expulserait l'autre, je crus faire des vœux pour la gloire de la France, en en faisant pour que M. de Choiseul triomphât. Je m'étais senti de tout temps, pour madame de Pompadour, de de l'antipathie, même quand, avant sa fortune, je l'avais vue chez madame de la Poplinière, portant encore le nom de madame d'Étioles. Depuis lors, j'avais été mécontent de son silence au sujet de Diderot et de tous ses procédés par rapport à moi, tant au sujet des *Fêtes de Ramire* et des *Muses galantes*, qu'au sujet du *Devin du village*, qui ne m'avait valu, dans aucun genre de produit, des avantages proportionnés à ses succès ; et, dans toutes les occasions, je l'avais toujours trouvée très peu disposée à m'obliger, ce qui n'empêcha pas le chevalier de Lorenzy de me proposer de faire quelque chose à la louange de cette dame, en m'insinuant que cela pourrait m'être utile. Cette proposition m'in-

digna d'autant plus, que je vis bien qu'il ne la faisait pas de son
chef, sachant que cet homme, nul par lui-même, ne pense et
n'agit que par l'impulsion d'autrui. Je sais trop peu me con-
traindre pour avoir pu lui cacher mon dédain pour sa proposition,
ni à personne mon peu de penchant pour la favorite; elle le con-
naissait, j'en étais sûr, et tout cela mêlait mon intérêt propre à
mon inclination naturelle, dans les vœux que je faisais pour
M. de Choiseul. Prévenu d'estime pour ses talents, qui étaient
tout ce que je connaissais de lui; plein de reconnaissance pour sa
bonne volonté; ignorant d'ailleurs totalement dans ma retraite ses
goûts et sa manière de vivre, je le regardais d'avance comme le
vengeur du public et le mien; et, mettant alors la dernière main
au *Contrat social*, j'y marquai, dans un seul trait, ce que je pensais
des précédents ministères et de celui qui commençait à les éclip-
ser. Je manquai, dans cette occasion, à ma plus constante
maxime; et, de plus, je ne songeai pas que quand on veut louer
ou blâmer fortement dans un même article, sans nommer les
gens, il faut tellement approprier la louange à ceux qu'elle
regarde, que le plus ombrageux amour-propre ne puisse y trouver
de quiproquo. J'étais là-dessus dans une si folle sécurité, qu'il ne
me vint même pas à l'esprit que quelqu'un pût prendre le change.
On verra bientôt si j'eus raison.

Une de mes chances était d'avoir toujours dans mes liaisons
des femmes auteurs. Je croyais au moins, parmi les grands, éviter
cette chance. Point du tout : elle m'y suivit encore. Madame de
Luxembourg ne fut pourtant jamais, que je sache, atteinte de
cette manie; mais madame la comtesse de Boufflers le fut. Elle fit
une tragédie en prose, qui fut d'abord lue, promenée et prônée
dans la société de M. le prince de Conti, et sur laquelle, non con-
tente de tant d'éloges, elle voulut aussi me consulter pour avoir le
mien. Elle l'eut, mais modéré, tel que le méritait l'ouvrage. Elle
eut, de plus, l'avertissement que je crus lui devoir, que sa pièce,
intitulée *l'Esclave généreux*, avait un très grand rapport à une pièce
anglaise assez peu connue, mais pourtant traduite, intitulée
Oroonoko. Madame de Boufflers me remercia de l'avis, en m'assu-
rant toutefois que sa pièce ne ressemblait point du tout à l'autre.

Je n'ai jamais parlé de ce plagiat à personne au monde qu'à elle seule, et cela pour remplir un devoir qu'elle m'avait imposé. Cela ne m'a pas empêché de me rappeler souvent depuis lors le sort de celui que remplit Gil Blas près de l'archevêque prédicateur.

Outre l'abbé de Boufflers, qui ne m'aimait pas, outre madame de Boufflers, auprès de laquelle j'avais des torts que jamais les femmes ni les auteurs ne pardonnent, tous les autres amis de madame la maréchale m'ont toujours paru peu disposés à être des miens, entre autres M. le président Hénault, lequel, enrôlé parmi les auteurs, n'était pas exempt de leurs défauts ; entre autres aussi madame du Deffand et mademoiselle de Lespinasse, toutes deux en grande liaison avec Voltaire, et intimes amies de d'Alembert, avec lequel la dernière a même fini par vivre, s'entend en tout bien et en tout honneur, et cela ne peut même s'entendre autrement. J'avais d'abord commencé par m'intéresser fort à madame du Deffand, que la perte de ses yeux faisait aux miens un objet de commisération : mais sa manière de vivre, si contraire à la mienne, que l'heure du lever de l'un était presque celle du coucher de l'autre ; sa passion sans bornes pour le petit bel esprit ; l'importance qu'elle donnait, soit en bien, soit en mal, aux moindres torche-culs qui paraissaient ; le despotisme et l'emportement de ses oracles ; son engouement outré pour ou contre toutes choses, qui ne lui permettait de parler de rien qu'avec des convulsions ; ses préjugés incroyables, son invincible obstination, l'enthousiasme de déraison où la portait l'opiniâtreté de ses jugements passionnés, tout cela me rebuta bientôt des soins que je voulais lui rendre. Je la négligeai ; elle s'en aperçut : c'en fut assez pour la mettre en fureur ; et quoique je sentisse assez combien une femme de ce caractère pouvait être à craindre, j'aimai mieux encore m'exposer au fléau de sa haine qu'à celui de son amitié.

Ce n'était pas assez d'avoir si peu d'amis dans la société de madame de Luxembourg, si je n'avais des ennemis dans sa famille. Je n'en eus qu'un, mais qui, par la position où je me trouve aujourd'hui, en vaut cent. Ce n'était assurément pas M. le duc de Villeroy, son frère ; car non seulement il m'était venu voir,

mais il m'avait invité plusieurs fois d'aller à Villeroy ; et comme
j'avais répondu à cette invitation avec autant de respect et d'hon-
nêteté qu'il m'avait été possible, partant de cette réponse vague
comme d'un consentement, il avait arrangé avec M. et ma-
dame de Luxembourg un voyage d'une quinzaine de jours, dont
je devais être, et qui me fut proposé. Comme les soins qu'exi-
geait ma santé ne me permettaient pas alors de me déplacer sans
risque, je priai M. de Luxembourg de vouloir bien me dégager.
On peut voir par sa réponse (liasse D, nº 3) que cela se fit de la
meilleure grâce du monde, et M. le duc de Villeroy ne m'en
témoigna pas moins de bonté qu'auparavant. Son neveu et son
héritier, le jeune marquis de Villeroy, ne participa pas à la bien-
veillance dont m'honorait son oncle, ni aussi, je l'avoue, au res-
pect que j'avais pour lui. Ses airs éventés me le rendirent insup-
portable, et mon air froid m'attira son aversion. Il fit même, un
soir à table, une incartade dont je me tirai mal parce que je suis
bête, sans aucune présence d'esprit, et que la colère, au lieu d'ai-
guiser le peu que j'en ai, me l'ôte. J'avais un chien qu'on m'avait
donné tout jeune, presque à mon arrivée à l'Ermitage, et que
j'avais appelé *Duc*. Ce chien, non beau, mais rare en son espèce,
duquel j'avais fait mon compagnon, mon ami, et qui certaine-
ment méritait mieux ce titre que la plupart de ceux qui l'ont pris,
était devenu célèbre au château de Montmorency par son naturel
aimant, sensible, et par l'attachement que nous avions l'un pour
l'autre. Mais, par une pusillanimité fort sotte, j'avais changé son
nom en celui de *Turc*, comme s'il n'y avait pas des multitudes de
chiens qui s'appellent *Marquis*, sans qu'aucun marquis s'en fâche.
Le marquis de Villeroy, qui sut ce changement de nom, me
poussa tellement là-dessus, que je fus obligé de conter en pleine
table ce que j'avais fait. Ce qu'il y avait d'offensant pour le nom
de duc, dans cette histoire, n'était pas tant de le lui avoir donné,
que de le lui avoir ôté. Le pis fut qu'il y avait là plusieurs ducs:
M. de Luxembourg l'était, son fils l'était. Le marquis de Ville-
roy, fait pour le devenir, et qui l'est aujourd'hui, jouit avec une
cruelle joie de l'embarras où il m'avait mis, et de l'effet qu'avait
produit cet embarras. On m'assura le lendemain que sa tante

l'avait très vivement tancé là-dessus ; et l'on peut juger si cette réprimande, en la supposant réelle, a dû beaucoup raccommoder mes affaires auprès de lui.

Je n'avais pour appui contre tout cela, tant à l'hôtel de Luxembourg qu'au Temple, que le seul chevalier de Lorenzy, qui fît profession d'être mon ami : mais il l'était encore plus de d'Alembert, à l'ombre duquel il passait chez les femmes pour un grand géomètre. Il était d'ailleurs le sigisbée, ou plutôt le complaisant de madame la comtesse de Boufflers, très amie elle-même de d'Alembert ; et le chevalier de Lorenzy n'avait d'existence et ne pensait que par elle. Ainsi, loin que j'eusse au dehors quelque contre-poids à mon ineptie pour me soutenir auprès de madame de Luxembourg, tout ce qui l'approchait semblait concourir à me nuire dans son esprit. Cependant, outre l'*Émile*, dont elle avait voulu se charger, elle me donna dans le même temps une autre marque d'intérêt et de bienveillance, qui me fit croire que, même en s'ennuyant de moi, elle me conservait et me conserverait toujours l'amitié qu'elle m'avait tant de fois promise pour toute la vie.

Sitôt que j'avais cru pouvoir compter sur ce sentiment de sa part, j'avais commencé par soulager mon cœur auprès d'elle de l'aveu de toutes mes fautes ; ayant pour maxime inviolable, avec mes amis, de me montrer à leurs yeux exactement tel que je suis, ni meilleur, ni pire. Je lui avais déclaré mes liaisons avec Thérèse, et tout ce qui en avait résulté, sans omettre de quelle façon j'avais disposé de mes enfants. Elle avait reçu mes confessions très bien, trop bien même, en m'épargnant les censures que je méritais ; et ce qui m'émut surtout vivement, fut de voir les bontés qu'elle prodiguait à Thérèse, lui faisant de petits cadeaux, l'envoyant chercher, l'exhortant à l'aller voir, la recevant avec cent caresses, et l'embrassant très souvent devant tout le monde. Cette pauvre fille était dans des transports de joie et de reconnaissance qu'assurément je partageais bien, les amitiés dont M. et madame de Luxembourg me comblaient en elle me touchant bien plus vivement encore que celles qu'ils me faisaient directement.

Pendant assez longtemps les choses en restèrent là : mais enfin madame la maréchale poussa la bonté jusqu'à vouloir retirer un de mes enfants. Elle savait que j'avais fait mettre un chiffre dans les langes de l'aîné ; elle me demanda le double de ce chiffre ; je le lui donnai. Elle employa pour cette recherche La Roche, son valet de chambre et son homme de confiance, qui fit de vaines perquisitions et ne trouva rien, quoique au bout de douze ou quatorze ans seulement, si les registres des Enfants-Trouvés étaient bien en ordre, ou que la recherche eût été bien faite, ce chiffre n'eût pas dû être introuvable. Quoi qu'il en soit, je fus moins fâché de ce mauvais succès que je ne l'aurais été si j'avais suivi cet enfant dès sa naissance. Si à l'aide du renseignement on m'eût présenté quelque enfant pour le mien, le doute si ce l'était bien en effet, si on ne lui en substituait point un autre, m'eût resserré le cœur par l'incertitude, et je n'aurais point goûté dans tout son charme le vrai sentiment de la nature : il a besoin, pour se soutenir, au moins durant l'enfance, d'être appuyé sur l'habitude. Le long éloignement d'un enfant qu'on ne connaît pas encore affaiblit, anéantit enfin les sentiments paternels et maternels ; et jamais on n'aimera celui qu'on a mis en nourrice comme celui qu'on a nourri sous ses yeux. La réflexion que je fais ici peut exténuer mes torts dans leurs effets, mais c'est en les aggravant dans leur source.

Il n'est peut-être pas inutile de remarquer que, par l'entremise de Thérèse, ce même La Roche fit connaissance avec madame Le Vasseur, que Grimm continuait de tenir à Deuil, à la porte de la Chevrette et tout près de Montmorency. Quand je fus parti, ce fut par M. La Roche que je continuai de faire remettre à cette femme l'argent que je n'ai point cessé de lui envoyer, et je crois qu'il lui portait aussi souvent des présents de la part de madame la maréchale ; ainsi elle n'était sûrement pas à plaindre, quoiqu'elle se plaignît toujours. A l'égard de Grimm, comme je n'aime point à parler des gens que je dois haïr, je n'en parlais jamais à madame de Luxembourg que malgré moi, mais elle me mit plusieurs fois sur son chapitre, sans me dire ce qu'elle en pensait, et sans me laisser pénétrer jamais si cet homme était de sa connais-

sance ou non. Comme la réserve avec les gens qu'on aime, et qui
n'en ont point avec nous, n'est pas de mon goût, surtout en ce
qui les regarde, j'ai depuis lors pensé quelquefois à celle-là,
mais seulement quand d'autres événements ont rendu cette
réflexion naturelle.

Après avoir demeuré longtemps sans entendre parler de l'*Émile*,
depuis que je l'avais remis à madame de Luxembourg, j'appris
enfin que le marché en était conclu à Paris avec le libraire
Duchesne, et par celui-ci avec le libraire Néaulme d'Amsterdam.
Madame de Luxembourg m'envoya les deux doubles de mon
traité avec Duchesne pour les signer. Je reconnus l'écriture pour
être de la même main dont étaient celles des lettres de M. de
Malesherbes qu'il ne m'écrivait pas de sa propre main. Cette cer-
titude que mon traité se faisait de l'aveu et sous les yeux du
magistrat, me le fit signer avec confiance.

Duchesne me donnait de ce manuscrit six mille francs, la moitié
comptant, et, je crois, cent ou deux cents exemplaires. Après
avoir signé les deux doubles, je les renvoyai tous deux à madame
de Luxembourg, qui l'avait ainsi désiré : elle en donna un à
Duchesne, elle garda l'autre, au lieu de me le renvoyer, et je ne
l'ai jamais revu.

La connaissance de M. et de madame de Luxembourg, en fai-
sant quelque diversion à mon projet de retraite, ne m'y avait pas
fait renoncer. Même au temps de ma plus grande faveur auprès
de madame la maréchale, j'avais toujours senti qu'il n'y avait que
mon sincère attachement pour monsieur le maréchal et pour elle
qui pût me rendre leurs entours supportables; et tout mon
embarras était de concilier ce même attachement avec un genre
de vie plus conforme à mon goût et moins contraire à ma santé,
que cette gêne et ces soupers tenaient dans une altération conti-
nuelle, malgré tous les soins qu'on apportait à ne pas m'exposer
à la déranger : car sur ce point, comme sur tout autre, les atten-
tions furent poussées aussi loin qu'il était possible; et, par
exemple, tous les soirs après souper, monsieur le maréchal, qui
s'allait coucher de bonne heure, ne manquait jamais de m'emme-
ner bon gré mal gré, pour m'aller coucher aussi. Ce ne fut que

quelque temps avant ma catastrophe qu'il cessa, je ne sais pour-
quoi, d'avoir cette attention.

Avant même d'apercevoir le refroidissement de madame la
maréchale, je désirais, pour ne m'y pas exposer, d'exécuter mon
ancien projet; mais les moyens me manquant pour cela, je fus
obligé d'attendre la conclusion du traité de l'*Émile*, et en atten-
dant je mis la dernière main au *Contrat social*, et l'envoyai à Rey,
fixant le prix de ce manuscrit à mille francs, qu'il me donna. Je
ne dois peut-être pas omettre un petit fait qui regarde ledit manu-
scrit. Je le remis bien cacheté à Duvoisin, ministre du pays de
Vaud, et chapelain de l'hôtel de Hollande, qui me venait voir
quelquefois, et qui se chargea de l'envoyer à Rey, avec lequel il
était en liaison. Ce manuscrit, écrit en menu caractère, était fort
petit, et ne remplissait pas sa poche. Cependant, en passant la
barrière, son paquet tomba, je ne sais comment, entre les mains
des commis, qui l'ouvrirent, l'examinèrent, et le lui rendirent
ensuite, quand il l'eut réclamé au nom de l'ambassadeur ; ce qui
le mit à portée de le lire lui-même, comme il me marqua naïve-
ment avoir fait, avec force éloges de l'ouvrage, et pas un mot de
critique ni de censure, se réservant sans doute d'être le vengeur
du christianisme lorsque l'ouvrage aurait paru. Il recacheta le
manuscrit et l'envoya à Rey. Tel fut en substance le narré qu'il
me fit dans la lettre où il me rendit compte de cette affaire, et
c'est tout ce que j'en ai su.

Outre ces deux livres et mon *Dictionnaire de musique*, auquel je
travaillais toujours de temps en temps, j'avais quelques autres
écrits de moindre importance, tous en état de paraître, et que je
me proposais de donner encore, soit séparément, soit avec mon
recueil général, si je l'entreprenais jamais. Le principal de ces
écrits, dont la plupart sont encore en manuscrit dans les mains
de du Peyrou, était un *Essai sur l'origine des langues*, que je fis lire
à M. de Malesherbes et au chevalier de Lorenzy, qui m'en dit du
bien. Je comptais que toutes ces productions rassemblées me
vaudraient au moins, tous frais faits, un capital de huit à dix
mille francs, que je voulais placer en rente viagère, tant sur ma
tête que sur celle de Thérèse ; après quoi nous irions, comme je

l'ai dit, vivre ensemble au fond de quelque province, sans plus occuper le public de moi, et sans plus m'occuper moi-même d'autre chose que d'achever paisiblement ma carrière en continuant de faire autour de moi tout le bien qu'il m'était possible, et d'écrire à loisir les Mémoires que je méditais.

Tel était mon projet, dont la générosité de Rey, que je ne dois pas taire, vint faciliter encore l'exécution. Ce libraire, dont on me disait tant de mal à Paris, est cependant, de tous ceux avec qui j'ai eu affaire, le seul dont j'aie eu toujours à me louer. Nous étions à la vérité souvent en querelle sur l'exécution de mes ouvrages ; il était étourdi, j'étais emporté. Mais en matière d'intérêt et de procédés qui s'y rapportent, quoique je n'aie jamais fait avec lui de traité en forme, je l'ai toujours trouvé plein d'exactitude et de probité. Il est même aussi le seul qui m'ait avoué franchement qu'il faisait bien ses affaires avec moi ; et souvent il m'a dit qu'il me devait sa fortune, en m'offrant de m'en faire part. Ne pouvant exercer directement avec moi sa gratitude, il voulut me la témoigner au moins dans ma gouvernante, à laquelle il fit une pension viagère de trois cents francs, exprimant dans l'acte que c'était en reconnaissance des avantages que je lui avais procurés. Il fit cela de lui à moi, sans ostentation, sans prétention, sans bruit ; et si je n'en avais parlé le premier à tout le monde, personne n'en aurait rien su. Je fus si touché de ce procédé, que depuis lors je me suis attaché à Rey d'une amitié véritable. Quelque temps après, il me désira pour parrain d'un de ses enfants : j'y consentis ; et l'un de mes regrets dans la situation où l'on m'a réduit, est qu'on m'ait ôté tout moyen de rendre désormais mon attachement utile à ma filleule et à ses parents. Pourquoi, si sensible à la modeste générosité de ce libraire, le suis-je si peu aux bruyants empressements de tant de gens haut huppés, qui remplissent pompeusement l'univers du bien qu'ils disent m'avoir voulu faire, et dont je n'ai jamais rien senti ? Est-ce leur faute, est-ce la mienne ? Ne sont-ils que vains ? ne suis-je qu'un ingrat ? Lecteur sensé, pesez, décidez ; pour moi, je me tais.

Cette pension fut une grande ressource pour l'entretien de

Thérèse, et un grand soulagement pour moi. Mais, au reste, j'étais bien éloigné d'en tirer un profit direct pour moi-même, non plus que de tous les cadeaux qu'on lui faisait. Elle a toujours disposé de tout elle-même. Quand je gardais son argent, je lui en tenais un fidèle compte, sans jamais en mettre un liard dans notre commune dépense, même quand elle était plus riche que moi. *Ce qui est à moi est à nous*, lui disais-je ; *et ce qui est à toi est à toi.* Je n'ai jamais cessé de me conduire avec elle selon cette maxime, que je lui ai souvent répétée. Ceux qui ont eu la bassesse de m'accuser de recevoir par ses mains ce que je refusais dans les miennes, jugeaient sans doute de mon cœur par les leurs, et me connaissaient bien mal. Je mangerais volontiers avec elle le pain qu'elle aurait gagné, jamais celui qu'elle aurait reçu. J'en appelle sur ce point à son témoignage, et dès à présent, et lorsque, selon le cours de la nature, elle m'aura survécu. Malheureusement elle est peu entendue en économie à tous égards, peu soigneuse et fort dépensière, non par vanité ni par gourmandise, mais par négligence uniquement. Nul n'est parfait ici-bas ; et puisqu'il faut que ses excellentes qualités soient rachetées, j'aime mieux qu'elle ait des défauts que des vices, quoique ces défauts nous fassent peut-être encore plus de mal à tous deux. Les soins que j'ai pris pour elle, comme jadis pour maman, de lui accumuler quelque avance qui pût un jour lui servir de ressource, sont inimaginables ; mais ce furent toujours des soins perdus. Jamais elles n'ont compté ni l'une ni l'autre avec elles-mêmes ; et, malgré tous mes efforts, tout est toujours parti à mesure qu'il est venu. Quelque simplement que Thérèse se mette, jamais la pension de Rey ne lui a suffi pour se nipper, que je n'y aie encore suppléé du mien chaque année. Nous ne sommes pas faits, ni elle ni moi, pour être jamais riches, et je ne compte assurément pas cela parmi nos malheurs.

Le *Contrat social* s'imprimait assez rapidement. Il n'en était pas de même de l'*Émile*, dont j'attendais la publication, pour exécuter la retraite que je méditais. Duchesne m'envoyait de temps à autre des modèles d'impression pour choisir : quand j'avais choisi, au lieu de commencer, il m'en envoyait encore d'autres. Quand enfin

nous fûmes bien déterminés sur le format, sur le caractère, et qu'il avait déjà plusieurs feuilles d'imprimées, sur quelques légers changements que je fis à une épreuve, il recommença tout, et au bout de six mois nous nous trouvâmes moins avancés que le premier jour. Durant tous ces essais, je vis bien que l'ouvrage s'imprimait en France ainsi qu'en Hollande, et qu'il s'en faisait à la fois deux éditions. Que pouvais-je faire? je n'étais plus maître de mon manuscrit. Loin d'avoir trempé dans l'édition de France, je m'y étais toujours opposé ; mais enfin puisque cette édition se faisait bon gré malgré moi, et puisqu'elle servait de modèle à l'autre, il fallait bien y jeter les yeux et voir les épreuves, pour ne pas laisser estropier et défigurer mon livre. D'ailleurs, l'ouvrage s'imprimait tellement de l'aveu du magistrat, que c'était lui qui dirigeait en quelque sorte l'entreprise, qu'il m'écrivait très souvent, et qu'il me vint voir même à ce sujet, dans une occasion dont je vais parler à l'instant.

Tandis que Duchesne avançait à pas de tortue, Néaulme, qu'il retenait, avançait encore plus lentement. On ne lui envoyait pas fidèlement les feuilles à mesure qu'elles s'imprimaient. Il crut apercevoir de la mauvaise foi dans la manœuvre de Duchesne, c'est-à-dire de Guy, qui faisait pour lui ; et voyant qu'on n'exécutait pas le traité, il m'écrivit lettres sur lettres pleines de doléances et de griefs, auxquels je pouvais encore moins remédier qu'à ceux que j'avais pour mon compte. Son ami Guérin, qui me voyait alors fort souvent, me parlait incessamment de ce livre, mais toujours avec la plus grande réserve. Il savait et ne savait pas qu'on l'imprimait en France ; il savait et ne savait pas que le magistrat s'en mêlât : en me plaignant des embarras qu'allait me donner ce livre, il semblait m'accuser d'imprudence, sans vouloir jamais dire en quoi elle consistait ; il biaisait et tergiversait sans cesse ; il semblait ne parler que pour me faire parler. Ma sécurité pour lors était si complète, que je riais du ton circonspect et mystérieux qu'il mettait à cette affaire, comme d'un tic contracté chez les ministres et les magistrats, dont il fréquentait assez les bureaux. Sûr d'être en règle à tous égards sur cet ouvrage, fortement persuadé qu'il avait non seulement l'agrément et la pro-

tection du magistrat, mais même qu'il méritait et qu'il avait de même la faveur du ministre, je me félicitais de mon courage à bien faire, et je riais de mes pusillanimes amis, qui paraissaient s'inquiéter pour moi. Duclos fut de ce nombre, et j'avoue que ma confiance en sa droiture et en ses lumières eût pu m'alarmer à son exemple, si j'en avais eu moins dans l'utilité de l'ouvrage et dans la probité de ses patrons. Il me vint voir de chez M. Baille, tandis que l'*Émile* était sous presse; il m'en parla. Je lui lus la Profession de foi du vicaire savoyard; il l'écouta très paisiblement, et, ce me semble, avec grand plaisir. Il me dit, quand j'eus fini : Quoi, citoyen, cela fait partie d'un livre qu'on imprime à Paris ? — Oui ! lui dis-je, et l'on devrait l'imprimer au Louvre, par ordre du roi. — J'en conviens, me dit-il; mais faites-moi le plaisir de ne dire à personne que vous m'ayez lu ce morceau. Cette frappante manière de s'exprimer me surprit sans m'effrayer. Je savais que Duclos voyait beaucoup M. de Malesherbes. J'eus peine à concevoir comment il pensait si différemment que lui sur le même objet.

Je vivais à Montmorency depuis plus de quatre ans, sans y avoir eu un seul jour de bonne santé. Quoique l'air y soit excellent, les eaux y sont mauvaises; et cela peut très bien être une des causes qui contribuaient à empirer mes maux habituels. Sur la fin de l'automne 1761, je tombai tout à fait malade, et je passai l'hiver entier dans des souffrances presque sans relâche. Le mal physique, augmenté par mille inquiétudes, me les rendit aussi plus sensibles. Depuis quelque temps, de sourds et tristes pressentiments me troublaient sans que je susse à propos de quoi. Je recevais des lettres anonymes assez singulières, et même des lettres signées qui ne l'étaient guère moins. J'en reçus une d'un conseiller au parlement de Paris, qui, mécontent de la présente constitution des choses, et n'augurant pas bien des suites, me consultait sur le choix d'un asile à Genève ou en Suisse, pour s'y retirer avec sa famille. J'en reçus une de M. de..., président à mortier au parlement de..., lequel me proposait de rédiger pour ce parlement, qui pour lors était mal avec la cour, des mémoires et remontrances, offrant de me fournir tous les documents et

matériaux dont j'aurais besoin pour cela. Quand je souffre, je suis sujet à l'humeur. J'en avais en recevant ces lettres; j'en mis dans les réponses que j'y fis, refusant tout à plat ce qu'on me demandait. Ce refus n'est assurément pas ce que je me reproche, puisque ces lettres pouvaient être des pièges de mes ennemis, et ce qu'on me demandait était contraire à des principes dont je voulais moins me départir que jamais : mais pouvant refuser avec aménité, je refusai avec dureté; et voilà en quoi j'eus tort.

On trouvera parmi mes papiers les deux lettres dont je viens de parler. Celle du conseiller ne me surprit pas absolument, parce que je pensais, comme lui et comme beaucoup d'autres, que la constitution déclinante menaçait la France d'un prochain délabrement. Les désastres d'une guerre malheureuse, qui tous venaient de la faute du gouvernement; l'incroyable désordre des finances; les tiraillements continuels de l'administration, partagée jusqu'alors entre deux ou trois ministres en guerre ouverte l'un avec l'autre, et qui, pour se nuire mutuellement, abîmaient le royaume; le mécontentement général du peuple et de tous les ordres de l'État; l'entêtement d'une femme obstinée, qui, sacrifiant toujours à ses goûts ses lumières, si tant est qu'elle en eût, écartait presque toujours des emplois les plus capables, pour placer ceux qui lui plaisaient le plus : tout concourait à justifier la prévoyance du conseiller, et celle du public, et la mienne. Cette prévoyance me mit même plusieurs fois en balance si je ne chercherais pas moi-même un asile hors du royaume, avant les troubles qui semblaient le menacer; mais, rassuré par ma petitesse et mon humeur paisible, je crus que, dans la solitude où je voulais vivre, nul orage ne pouvait pénétrer jusqu'à moi; fâché seulement que, dans cet état de choses, M. de Luxembourg se prêtât à des commissions qui devaient le faire moins bien valoir dans son gouvernement. J'aurais voulu qu'il s'y ménageât, à tout événement, une retraite, s'il arrivait que la grande machine vînt à crouler, comme cela paraissait à craindre dans l'état actuel des choses; et il me paraît encore à présent indubitable que si toutes les rênes du gouvernement ne fussent enfin tombées dans une seule main, la monarchie française serait maintenant aux abois.

ROUSSEAU AVERTI DU DANGER QUI LE MENACE

Tandis que mon état empirait, l'impression de l'*Émile* se ralen-
tissait, et fut enfin tout à fait suspendue sans que je pusse en
apprendre la raison, sans que Guy daignât plus m'écrire ni me
répondre, sans que je pusse avoir des nouvelles de personne ni
rien savoir de ce qui se passait, M. de Malesherbes étant pour
lors à la campagne. Jamais un malheur, quel qu'il soit, ne me
trouble ni ne m'abat, pourvu que je sache en quoi il consiste;
mais mon penchant naturel est d'avoir peur des ténèbres: je
redoute et je hais leur air noir; le mystère m'inquiète toujours, il
est par trop antipathique avec mon naturel ouvert jusqu'à l'impru-
dence. L'aspect du monstre le plus hideux m'effrayerait peu, ce
me semble; mais si j'entrevois de nuit une figure sous un drap
blanc, j'aurai peur. Voilà donc mon imagination, qu'allumait ce
long silence, occupée à me tracer des fantômes. Plus j'avais à
cœur la publication de mon dernier et meilleur ouvrage, plus je
me tourmentais à chercher ce qui pouvait l'accrocher; et toujours
portant tout à l'extrême, dans la suspension de l'impression du
livre j'en croyais voir la suppression. Cependant, n'en pouvant
imaginer ni la cause ni la manière, je restais dans l'incertitude du
monde la plus cruelle. J'écrivais lettres sur lettres à Guy, à M. de
Malesherbes, à madame de Luxembourg; et les réponses ne
venant point, ou ne venant pas quand je les attendais, je me
troublais entièrement, je délirais. Malheureusement j'appris, dans
le même temps, que le P. Griffet, jésuite, avait parlé de l'*Émile*,
et en avait rapporté même des passages. A l'instant mon imagi-
nation part comme un éclair, et me dévoile tout le mystère d'ini-
quité: j'en vis la marche aussi clairement, aussi sûrement que si
elle m'eût été révélée. Je me figurai que les jésuites, furieux du
ton méprisant sur lequel j'avais parlé des collèges, s'étaient
emparés de mon ouvrage; que c'étaient eux qui en accrochaient
l'édition; qu'instruits par Guérin, leur ami, de mon état présent,
et prévoyant ma mort prochaine, dont je ne doutais pas, ils
voulaient retarder l'impression jusqu'alors, dans le dessein de
tronquer, d'altérer mon ouvrage, et de me prêter, pour remplir
leurs vues, des sentiments différents des miens. Il est étonnant
quelle foule de faits et de circonstances vint dans mon esprit se

calquer sur cette folie et lui donner un air de vraisemblance, que dis-je? m'y montrer l'évidence et la démonstration. Guérin était totalement livré aux jésuites, je le savais. Je leur attribuai toutes les avances d'amitié qu'il m'avait faites; je me persuadai que c'était par leur impulsion qu'il m'avait pressé de traiter avec Néaulme; que par ledit Néaulme ils avaient eu les premières feuilles de mon ouvrage; qu'ils avaient ensuite trouvé le moyen d'en arrêter l'impression chez Duchesne, et peut-être de s'emparer de mon manuscrit, pour y travailler à leur aise, jusqu'à ce que ma mort les laissât libres de le publier travesti à leur mode. J'avais toujours senti, malgré le patelinage du P. Berthier, que les jésuites ne m'aimaient pas, non seulement comme encyclopédiste, mais parce que tous mes principes étaient encore plus opposés à leurs maximes et à leur crédit que l'incrédulité de mes confrères, puisque le fanatisme athée et le fanatisme dévot, se touchant par leur commune intolérance, peuvent même se réunir comme ils ont fait à la Chine, et comme ils font contre moi; au lieu que la religion raisonnable et morale, ôtant tout pouvoir humain sur les consciences, ne laisse plus de ressource aux arbitres de ce pouvoir. Je savais que monsieur le chancelier était aussi fort ami des jésuites : je craignais que le fils, intimidé par le père, ne se vît forcé de leur abandonner l'ouvrage qu'il avait protégé. Je croyais même voir l'effet de cet abandon dans les chicanes que l'on commençait à me susciter sur les deux premiers volumes, où l'on exigeait des cartons pour des riens; tandis que les deux autres volumes étaient, comme on ne l'ignorait pas, remplis de choses si fortes, qu'il eût fallu les refondre en entier, en les censurant comme les deux premiers. Je savais de plus, et M. de Malesherbes me le dit lui-même, que l'abbé de Grave, qu'il avait chargé de l'inspection de cette édition, était encore un autre partisan des jésuites. Je ne voyais partout que jésuites, sans songer qu'à la veille d'être anéantis, et tout occupés de leur propre défense, ils avaient autre chose à faire que d'aller tracasser sur l'impression d'un livre où il ne s'agissait pas d'eux. J'ai tort de dire *sans songer*, car j'y songeais très bien; et c'est même une objection que M. de Malesherbes eut soin de me faire sitôt qu'il

fut instruit de ma vision : mais, par un autre de ces travers d'un homme qui du fond de sa retraite veut juger du secret des grandes affaires, dont il ne sait rien, je ne voulus jamais croire que les jésuites fussent en danger, et je regardais le bruit qui s'en répandait comme un leurre de leur part, pour endormir leurs adversaires. Leurs succès passés, qui ne s'étaient jamais démentis, me donnaient une si terrible idée de leur puissance, que je déplorais déjà l'avilissement du parlement. Je savais que M. de Choiseul avait étudié chez les jésuites, que madame de Pompadour n'était point mal avec eux, et que leur ligue avec les favorites et les ministres avait toujours paru avantageuse aux uns et aux autres contre leurs ennemis communs. La cour paraissait ne se mêler de rien ; et, persuadé que si la société recevait un jour quelque rude échec, ce ne serait jamais le parlement qui serait assez fort pour le lui porter, je tirais de cette inaction de la cour le fondement de leur confiance et l'augure de leur triomphe. Enfin, ne voyant dans tous les bruits du jour qu'une feinte et des pièges de leur part, et leur croyant dans leur sécurité du temps pour vaquer à tout, je ne doutais pas qu'ils n'écrasassent dans peu le jansénisme, et le parlement, et les encyclopédistes, et tout ce qui n'aurait pas porté leur joug ; et qu'enfin s'ils laissaient paraître mon livre, ce ne fût qu'après l'avoir transformé au point de s'en faire une arme, en se prévalant de mon nom pour surprendre mes lecteurs.

Je me sentais mourant ; j'ai peine à comprendre comment cette extravagance ne m'acheva pas : tant l'idée de ma mémoire déshonorée après moi, dans mon plus digne et meilleur livre, m'était effroyable. Jamais je n'ai tant craint de mourir ; et je crois que si j'étais mort dans ces circonstances, je serais mort désespéré. Aujourd'hui même, que je vois marcher sans obstacle à son exécution le plus noir, le plus affreux complot qui jamais ait été tramé contre la mémoire d'un homme, je mourrai beaucoup plus tranquille, certain de laisser dans mes écrits un témoignage de moi, qui triomphera tôt ou tard des complots des hommes.

M. de Malesherbes, témoin et confident de mes agitations, se donna, pour les calmer, des soins qui prouvent son inépuisable

bonté de cœur. Madame de Luxembourg concourut à cette bonne
œuvre, et fut plusieurs fois chez Duchesne, pour savoir à quoi en
était cette édition. Enfin, l'impression fut reprise et marcha plus
rondement, sans que jamais j'aie pu savoir pourquoi elle avait été
suspendue. M. de Malesherbes prit la peine de venir à Montmo-
rency pour me tranquilliser : il en vint à bout ; et ma parfaite con-
fiance en sa droiture l'ayant emporté sur l'égarement de ma
pauvre tête, rendit efficace tout ce qu'il fit pour m'en ramener.
Après ce qu'il avait vu de mes angoisses et de mon délire, il était
naturel qu'il me trouvât très à plaindre : aussi fit-il. Les propos
incessamment rebattus de la cabale philosophique qui l'entourait
lui revinrent à l'esprit. Quand j'allai vivre à l'Ermitage, ils
publièrent, comme je l'ai déjà dit, que je n'y tiendrais pas long-
temps. Quand ils virent que je persévérais, ils dirent que c'était
par obstination, par orgueil, par honte de m'en dédire ; mais que
je m'y ennuyais à périr, et que j'y vivais très malheureux. M. de
Malesherbes le crut et me l'écrivit. Sensible à cette erreur, dans
un homme pour qui j'avais tant d'estime, je lui écrivis quatre
lettres consécutives, où, lui exposant les vrais motifs de ma con-
duite, je lui décrivis fidèlement mes goûts, mes penchants, mon
caractère, et tout ce qui se passait dans mon cœur. Ces quatre
lettres, faites sans brouillon, rapidement, à trait de plume, et sans
même avoir été relues, sont peut-être la seule chose que j'aie écrite
avec facilité dans toute ma vie, ce qui est bien étonnant, au
milieu de mes souffrances et de l'extrême abattement où j'étais. Je
gémissais, en me sentant défaillir, de penser que je laissais dans
l'esprit des honnêtes gens une opinion de moi si peu juste ; et, par
l'esquisse tracée à la hâte dans ces quatre lettres, je tâchais de
suppléer en quelque sorte aux Mémoires que j'avais projetés. Ces
lettres, qui plurent à M. de Malesherbes et qu'il montra dans
Paris, sont en quelque façon le sommaire de ce que j'expose ici
plus en détail, et méritent à ce titre d'être conservées. On trou-
vera parmi mes papiers la copie qu'il en fit faire à ma prière, et
qu'il m'envoya quelques années après.

La seule chose qui m'affligeait désormais, dans l'opinion de ma
mort prochaine, était de n'avoir aucun homme lettré de confiance,

entre les mains duquel je pusse déposer mes papiers, pour en faire après moi le triage. Depuis mon voyage de Genève, je m'étais lié d'amitié avec Moultou ; j'avais de l'inclination pour ce jeune homme, et j'aurais désiré qu'il vînt me fermer les yeux. Je lui marquai ce désir ; et je crois qu'il aurait fait avec plaisir cet acte d'humanité, si ses affaires et sa famille le lui eussent permis. Privé de cette consolation, je voulus du moins lui marquer ma confiance en lui envoyant la Profession de foi du vicaire avant la publication. Il en fut content ; mais il ne me parut pas dans sa réponse partager la sécurité avec laquelle j'en attendais pour lors l'effet. Il désira d'avoir de moi quelque morceau que n'eût personne autre. Je lui envoyai une *Oraison funèbre du feu duc d'Orléans*, que j'avais faite pour l'abbé d'Arty, et qui ne fut pas prononcée, parce que, contre son attente, ce ne fut pas lui qui en fut chargé.

L'impression, après avoir été reprise, se continua, s'acheva même assez tranquillement ; et j'y remarquai ceci de singulier, qu'après les cartons qu'on avait sévèrement exigés pour les deux premiers volumes, on passa les deux derniers sans rien dire, et sans que leur contenu fît aucun obstacle à sa publication. J'eus pourtant encore quelque inquiétude que je ne dois pas passer sous silence. Après avoir eu peur des jésuites, j'eus peur des jansénistes et des philosophes. Ennemi de tout ce qui s'appelle parti, faction, cabale, je n'ai jamais rien attendu de bon des gens qui en sont. Les *Commères* avaient, depuis un temps, quitté leur ancienne demeure, et s'étaient établis tout à côté de moi ; en sorte que de leur chambre on entendait tout ce qui se disait dans la mienne et sur ma terrasse, et que de leur jardin on pouvait très aisément escalader le petit mur qui le séparait de mon donjon. J'avais fait de ce donjon mon cabinet de travail, en sorte que j'y avais une table couverte d'épreuves et de feuilles de l'*Émile* et du *Contrat social* ; et brochant ces feuilles à mesure qu'on me les envoyait, j'avais là tous mes volumes longtemps avant qu'on les publiât. Mon étourderie, ma négligence, ma confiance en M. Mathas, dans le jardin duquel j'étais clos, faisaient que souvent, oubliant de fermer le soir mon donjon, je le trouvais le matin tout ouvert ; ce qui ne m'eût guère inquiété, si je n'avais cru

remarquer du dérangement dans mes papiers. Après avoir fait plusieurs fois cette remarque, je devins plus soigneux de fermer le donjon. La serrure était mauvaise, la clef ne fermait qu'à demi-tour. Devenu plus attentif, je trouvai un plus grand dérangement encore que quand je laissais tout ouvert. Enfin, un de mes volumes se trouva éclipsé pendant un jour et deux nuits, sans qu'il me fût possible de savoir ce qu'il était devenu jusqu'au matin du troisième jour, que je le retrouvai sur ma table. Je n'eus ni n'ai jamais eu de soupçon sur M. Mathas, ni sur son neveu M. Dumoulin, sachant qu'ils m'aimaient l'un et l'autre, et prenant en eux toute confiance. Je commençais d'en avoir moins dans les *Commères*. Je savais que, quoique jansénistes, ils avaient quelques liaisons avec d'Alembert et logeaient dans la même maison. Cela me donna quelque inquiétude et me rendit plus attentif. Je retirai mes papiers dans ma chambre, et je cessai tout à fait de voir ces gens-là, ayant su d'ailleurs qu'ils avaient fait parade, dans plusieurs maisons, du premier volume de l'*Émile*, que j'avais eu l'imprudence de leur prêter. Quoiqu'ils continuassent d'être mes voisins jusqu'à mon départ, je n'ai plus eu de communication avec eux depuis lors.

Le *Contrat social* parut un mois ou deux avant l'*Émile*. Rey, dont j'avais toujours exigé qu'il n'introduirait jamais furtivement en France aucun de mes livres, s'adressa au magistrat pour obtenir la permission de faire entrer celui-ci par Rouen, où il fit par mer son envoi. Rey n'eut aucune réponse : ses ballots restèrent à Rouen plusieurs mois, au bout desquels on les lui renvoya, après avoir tenté de les confisquer ; mais il fit tant de bruit, qu'on les lui rendit. Des curieux en tirèrent d'Amsterdam quelques exemplaires qui circulèrent avec peu de bruit. Mauléon, qui en avait ouï parler et qui même en avait vu quelque chose, m'en parla d'un ton mystérieux qui me surprit, et qui m'eût inquiété même, si, certain d'être en règle à tous égards et de n'avoir nul reproche à me faire, je ne m'étais tranquillisé par ma grande maxime. Je ne doutais pas même que M. de Choiseul, déjà bien disposé pour moi, et sensible à l'éloge que mon estime pour lui m'en avait fait faire dans cet ouvrage, ne me soutînt en cette occasion contre la malveillance de madame de Pompadour.

J'avais assurément lieu de compter alors, autant que jamais, sur les bontés de M. de Luxembourg, et sur son appui dans le besoin : car jamais il ne me donna de marques d'amitié ni plus fréquentes, ni plus touchantes. Au voyage de Pâques, mon triste état ne me permettant pas d'aller au château, il ne manqua pas un seul jour de me venir voir ; et enfin, me voyant souffrir sans relâche, il fit tant qu'il me détermina à voir le frère Côme, l'envoya chercher, me l'amena lui-même, et eut le courage, rare certes et méritoire dans un grand seigneur, de rester chez moi durant l'opération, qui fut cruelle et longue. Il n'était pourtant question que d'être sondé ; mais je n'avais jamais pu l'être, même par Morand, qui s'y prit à plusieurs fois, et toujours sans succès. Le frère Côme, qui avait la main d'une adresse et d'une légèreté sans égale, vint à bout enfin d'introduire une très petite algalie, après m'avoir beaucoup fait souffrir pendant plus de deux heures, durant lesquelles je m'efforçai de retenir les plaintes, pour ne pas déchirer le cœur sensible du bon maréchal. Au premier examen, le frère Côme crut trouver une grosse pierre et me le dit ; au second, il ne la trouva plus. Après avoir recommencé une seconde et une troisième fois, avec un soin et une exactitude qui me firent trouver le temps fort long, il déclara qu'il n'y avait point de pierre, mais que la prostate était squirreuse et d'une grosseur surnaturelle ; il trouva la vessie grande et en bon état, et finit par me déclarer que je souffrirais beaucoup, et que je vivrais longtemps. Si la seconde prédiction s'accomplit aussi bien que la première, mes maux ne sont pas prêts à finir.

C'est ainsi qu'après avoir été traité successivement pendant tant d'années pour des maux que je n'avais pas, je finis par savoir que ma maladie, incurable sans être mortelle, durerait autant que moi. Mon imagination, réprimée par cette connaissance, ne me fit plus voir en perspective une mort cruelle dans les douleurs du calcul. Je cessai de craindre qu'un bout de bougie, qui s'était rompu dans l'urètre il y avait longtemps, n'eût fait le noyau d'une pierre. Délivré des maux imaginaires, plus cruels pour moi que les maux réels, j'endurai plus paisiblement ces derniers. Il est constant que depuis ce temps j'ai beaucoup moins souffert de la maladie que je n'avais fait jusqu'alors ; et je ne me rappelle jamais que je dois ce

soulagement à M. de Luxembourg, sans m'attendrir de nouveau sur sa mémoire.

Revenu pour ainsi dire à la vie, et plus occupé que jamais du plan sur lequel j'en voulais passer le reste, je n'attendais, pour l'exécuter, que la publication de l'*Émile*. Je songeais à la Touraine, où j'avais déjà été, et qui me plaisait beaucoup, tant pour la douceur du climat que pour celle des habitants.

> *La terra molle e lieta e dilettosa*
> *Simili a se gli abitator produce.*

J'avais déjà parlé de mon projet à M. de Luxembourg, qui m'en avait voulu détourner; je lui en reparlai derechef, comme d'une chose résolue. Alors il me proposa le château de Merlou, à quinze lieues de Paris, comme un asile qui pouvait me convenir, et dans lequel ils se feraient l'un et l'autre un plaisir de m'établir. Cette proposition me toucha, et ne me déplut pas. Avant toute chose, il fallait voir le lieu; nous convînmes du jour où monsieur le maréchal enverrait son valet de chambre avec une voiture, pour m'y conduire. Je me trouvai ce jour-là fort incommodé; il fallut remettre la partie, et les contre-temps qui survinrent m'empêchèrent de l'exécuter. Ayant appris depuis que la terre de Merlou n'était pas à monsieur le maréchal, mais à madame, je m'en consolai plus aisément de n'y être pas allé.

L'*Émile* parut enfin, sans que j'entendisse plus parler de cartons ni d'aucune difficulté. Avant sa publication, monsieur le maréchal me redemanda toutes les lettres de M. de Malesherbes qui se rapportaient à cet ouvrage. Ma grande confiance en tous les deux, ma profonde sécurité m'empêchèrent de réfléchir à ce qu'il y avait d'extraordinaire et même d'inquiétant dans cette demande. Je rendis les lettres, hors une ou deux, qui, par mégarde, étaient restées dans des livres. Quelque temps auparavant, M. de Malesherbes m'avait marqué qu'il retirait les lettres que j'avais écrites à Duchesne durant mes alarmes au sujet des jésuites, et il faut avouer que ces lettres ne faisaient pas grand honneur à ma raison. Mais je lui marquai qu'en nulle chose je ne voulais passer pour

meilleur que je n'étais, et qu'il pouvait lui laisser les lettres. J'ignore ce qu'il a fait.

La publication de ce livre ne se fit point avec cet éclat d'applaudissements qui suivait celle de tous mes écrits. Jamais ouvrage n'eut de si grands éloges particuliers, ni si peu d'approbation publique. Ce que m'en dirent, ce que m'en écrivirent les gens les plus capables d'en juger me confirma que c'était là le meilleur de mes écrits, ainsi que le plus important. Mais tout cela fut dit avec les précautions les plus bizarres, comme s'il eût importé de garder le secret du bien que l'on en pensait. Madame de Boufflers, qui me marqua que l'auteur de ce livre méritait des statues et les hommages de tous les humains, me pria sans façon, à la fin de son billet, de le lui renvoyer. D'Alembert, qui m'écrivait que cet ouvrage décidait de ma supériorité, et devait me mettre à la tête de tous les gens de lettres, ne signa point sa lettre, quoiqu'il eût signé toutes celles qu'il m'avait écrites jusqu'alors. Duclos, ami sûr, homme vrai, mais circonspect, et qui faisait cas de ce livre, évita de m'en parler par écrit; La Condamine se jeta sur la *Profession de foi*, et battit la campagne; Clairaut se borna, dans sa lettre, au même morceau; mais il ne craignit pas d'exprimer l'émotion que sa lecture lui avait donnée; et il me marqua en propres termes que cette lecture avait réchauffé sa vieille âme: de tous ceux à qui j'avais envoyé mon livre, il fut le seul qui dit hautement et librement à tout le monde tout le bien qu'il en pensait.

Mathas, à qui j'en avais aussi donné un exemplaire avant qu'il fût en vente, le prêta à M. de Blaire, conseiller au parlement, père de l'intendant de Strasbourg. M. de Blaire avait une maison de campagne à Saint-Gratien, et Mathas, son ancienne connaissance, l'y allait voir quelquefois quand il pouvait aller. Il lui fit lire l'*Émile* avant qu'il fût public. En le lui rendant, M. de Blaire lui dit ces propres mots, qui me furent rendus le même jour: « Monsieur Mathas, voilà un fort beau livre, mais dont il sera parlé dans peu, plus qu'il ne serait à désirer pour l'auteur. » Quand il me rapporta ce propos, je ne fis qu'en rire, et je n'y vis que l'importance d'un homme de robe, qui met du mystère à tout. Tous

les propos inquiétants qui me revinrent ne me firent pas plus d'impression ; et loin de prévoir en aucune sorte la catastrophe à laquelle je touchais, certain de l'utilité, de la beauté de mon ouvrage ; certain d'être en règle à tous égards ; certain, comme je croyais l'être, de tout le crédit de madame de Luxembourg et même de la faveur du ministère, je m'applaudissais du parti que j'avais pris de me retirer au milieu de mes triomphes, et lorsque je venais d'écraser tous mes envieux.

Une seule chose m'alarmait dans la publication de ce livre, et cela, moins pour ma sûreté que pour l'acquit de mon cœur. A l'Ermitage, à Montmorency, j'avais vu de près et avec indignation les vexations qu'un soin jaloux des plaisirs des princes fait exercer sur les malheureux paysans forcés de souffrir le dégât que le gibier fait dans leurs champs, sans oser se défendre qu'à force de bruit, et forcés de passer les nuits dans leurs fèves et leurs pois, avec des chaudrons, des tambours, des sonnettes, pour écarter les sangliers. Témoin de la dureté barbare avec laquelle M. le comte de Cha-rolois faisait traiter ces pauvres gens, j'avais fait, vers la fin de l'*Émile*, une sortie contre cette cruauté. Autre infraction à mes maximes, qui n'est pas restée impunie. J'appris que les officiers de M. le prince de Conti n'en usaient guère moins durement sur ses terres ; je tremblais que ce prince, pour lequel j'étais pénétré de respect et de reconnaissance, ne prît pour lui ce que l'huma-nité révoltée m'avait fait dire pour son oncle, et ne s'en tînt offensé. Cependant, comme ma conscience me rassurait plei-nement sur cet article, je me tranquillisai sur son témoignage, et je fis bien. Du moins je n'ai jamais appris que ce grand prince ait fait la moindre attention à ce passage, écrit longtemps avant que j'eusse l'honneur d'être connu de lui.

Peu de jours avant ou après la publication de mon livre, car je ne me rappelle pas bien exactement le temps, parut un autre ouvrage sur le même sujet, tiré mot à mot de mon premier volume, hors quelques platises dont on avait entremêlé cet extrait. Ce livre portait le nom d'un Genevois appelé Balexsert ; et il était dit, dans le titre, qu'il avait remporté le prix à l'Académie de Harlem. Je compris aisément que cette Académie et ce prix étaient

d'une création toute nouvelle, pour déguiser le plagiat aux yeux du public ; mais je vis aussi qu'il y avait à cela quelque intrigue antérieure, à laquelle je ne comprenais rien ; soit par la communication de mon manuscrit, sans quoi ce vol n'aurait pu se faire ; soit pour bâtir l'histoire de ce prétendu prix, à laquelle il avait bien fallu donner quelque fondement. Ce n'est que bien des années après que, sur un mot échappé à d'Ivernois, j'ai pénétré le mystère, et entrevu ceux qui avaient mis en jeu le sieur Balexsert.

Les sourds mugissements qui précèdent l'orage commençaient à se faire entendre, et tous les gens un peu pénétrants virent bien qu'il se couvait, au sujet de mon livre et de moi, quelque complot qui ne tarderait pas d'éclater. Pour moi, ma sécurité, ma stupidité fut telle, que, loin de prévoir mon malheur, je n'en soupçonnai pas même la cause, après en avoir ressenti l'effet. On commença par répandre avec assez d'adresse qu'en sévissant contre les jésuites, on ne pouvait marquer une indulgence partiale pour les livres et les auteurs qui attaquaient la religion. On me reprochait d'avoir mis mon nom à l'*Émile*, comme si je ne l'avais pas mis à tous mes autres écrits, auxquels on n'avait rien dit. Il semblait qu'on craignît de se voir forcé à quelques démarches qu'on ferait à regret, mais que les circonstances rendaient nécessaires, auxquelles mon imprudence avait donné lieu. Ces bruits me parvinrent et ne m'inquiétèrent guère : il ne me vint pas même à l'esprit qu'il pût y avoir dans toute cette affaire la moindre chose qui me regardât personnellement, moi qui me sentais si parfaitement irréprochable, si bien appuyé, si bien en règle à tous égards, et qui ne craignais pas que madame de Luxembourg me laissât dans l'embarras, pour un tort qui, s'il existait, était tout entier à elle seule. Mais sachant en pareil cas comme les choses se passent, et que l'usage est de sévir contre les libraires en ménageant les auteurs, je n'étais pas sans inquiétude pour le pauvre Duchesne, si M. de Malesherbes venait à l'abandonner.

Je restai tranquille. Les bruits augmentèrent et changèrent bientôt de ton. Le public, et surtout le parlement, semblaient s'irriter par ma tranquillité. Au bout de quelques jours la fermen-

tation devint terrible; et les menaces, changeant d'objet, s'adressèrent directement à moi. On entendait dire tout ouvertement aux parlementaires qu'on n'avançait rien à brûler les livres, et qu'il fallait brûler les auteurs. Pour les libraires, on n'en parlait point. La première fois que ces propos, plus dignes d'un inquisiteur de Goa que d'un sénateur, me revinrent, je ne doutai point que ce ne fût une invention des holbachiens pour tâcher de m'effrayer et de m'exciter à fuir. Je ris de cette puérile ruse, et je me disais, en me moquant d'eux, que s'ils avaient su la vérité des choses, ils auraient cherché quelque autre moyen de me faire peur : mais la rumeur enfin devint telle, qu'il fut clair que c'était tout de bon. M. et madame de Luxembourg avaient cette année avancé leur second voyage de Montmorency, de sorte qu'ils y étaient au commencement de juin. J'y entendis très peu parler de mes nouveaux livres, malgré le bruit qu'ils faisaient à Paris ; et les maîtres de la maison ne m'en parlaient point du tout. Un matin cependant que j'étais seul avec M. de Luxembourg, il me dit : Avez-vous parlé mal de M. de Choiseul dans le *Contrat social* ? Moi, lui dis-je, en reculant de surprise, non, je vous jure ; mais j'en ai fait en revanche, et d'une plume qui n'est point louangeuse, le plus bel éloge que jamais ministre ait reçu. Et tout de suite je lui rapportai le passage. Et dans l'*Émile* ? reprit-il. Pas un mot, répondis-je ; il n'y a pas un seul mot qui le regarde. Ah ! dit-il avec plus de vivacité qu'il n'en avait d'ordinaire, il fallait faire la même chose dans l'autre livre, ou être plus clair. J'ai cru l'être, ajoutai-je ; je l'estimais assez pour cela. Il allait reprendre la parole ; je le vis prêt à s'ouvrir ; il se retint, et se tut. Malheureuse politique de courtisan, qui dans les meilleurs cœurs domine l'amitié même !

Cette conversation, quoique courte, m'éclaira sur ma situation, du moins à certain égard, et me fit comprendre que c'était bien à moi qu'on en voulait. Je déplorai cette inouïe fatalité qui tournait à mon préjudice tout ce que je disais et faisais de bien. Cependant me sentant pour plastron dans cette affaire madame de Luxembourg et M. de Malesherbes, je ne voyais pas comment on pouvait s'y prendre pour les écarter et venir jusqu'à moi : car d'ailleurs je sentis bien dès lors qu'il ne serait plus question d'équité ni de

justice, et qu'on ne s'embarrasserait pas d'examiner si j'avais réel-
lement tort ou non. L'orage cependant grondait de plus en plus.
Il n'y avait pas jusqu'à Néaulme qui, dans la diffusion de son
bavardage, ne me montrât du regret de s'être mêlé de cet ouvrage,
et la certitude où il paraissait être du sort qui menaçait le livre et
l'auteur. Une chose pourtant me rassurait toujours : je voyais
madame de Luxembourg si tranquille, si contente, si riante même,
qu'il fallait bien qu'elle fût sûre de son fait, pour n'avoir pas la
moindre inquiétude à mon sujet, pour ne pas me dire un seul mot
de commisération ni d'excuse, pour voir le tour que prendrait
cette affaire avec autant de sang-froid que si elle ne s'en fût pas
mêlée, et qu'elle n'eût pas pris à moi le moindre intérêt. Ce qui
me surprenait, était qu'elle ne me disait rien du tout. Il me
semblait qu'elle aurait dû me dire quelque chose. Madame de
Boufflers paraissait moins tranquille. Elle allait et venait avec un
air d'agitation, se donnant beaucoup de mouvement, et m'assurant
que M. le prince de Conti s'en donnait beaucoup aussi pour parer
le coup qui m'était préparé, et qu'elle attribuait toujours aux cir-
constances présentes, dans lesquelles il importait au parlement de
ne pas se laisser accuser par les jésuites d'indifférence sur la reli-
gion. Elle paraissait cependant peu compter sur le succès des
démarches du prince et des siennes. Ses conversations, plus alar-
mantes que rassurantes, tendaient toutes à m'engager à la retraite,
et elle me conseillait toujours l'Angleterre, où elle m'offrait beau-
coup d'amis, entre autres le célèbre Hume, qui était le sien depuis
longtemps. Voyant que je persistais à rester tranquille, elle prit
un tour plus capable de m'ébranler. Elle me fit entendre que si
j'étais arrêté et interrogé, je me mettais dans la nécessité de nom-
mer madame de Luxembourg, et que son amitié pour moi méritait
bien que je ne m'exposasse pas à la compromettre. Je répondis
qu'en pareil cas elle pouvait rester tranquille, et que je ne la com-
promettrais point. Elle répliqua que cette résolution était plus
facile à prendre qu'à exécuter ; et en cela elle avait raison, surtout
pour moi, bien déterminé à ne jamais me parjurer ni mentir devant
les juges, quelque risque qu'il pût y avoir à dire la vérité.

Voyant que cette réflexion m'avait fait quelque impression,

sans cependant que je pusse me résoudre à fuir, elle me parla de la Bastille pour quelques semaines, comme d'un moyen de me soustraire à la juridiction du parlement, qui ne se mêle pas des prisonniers d'État. Je n'objectai rien contre cette singulière grâce, pourvu qu'elle ne fût pas sollicitée en mon nom. Comme elle ne m'en parla plus, j'ai jugé dans la suite qu'elle n'avait proposé cette idée que pour me sonder, et qu'on n'avait point voulu d'un expédient qui finissait tout.

Peu de jours après, monsieur le maréchal reçut du curé de Deuil, ami de Grimm et de madame d'Épinay, une lettre portant l'avis, qu'il disait avoir eu de bonne part, que le parlement devait procéder contre moi avec la dernière sévérité, et que tel jour, qu'il marqua, je serais décrété de prise de corps. Je jugeai cet avis de fabrique holbachique ; je savais que le parlement était très attentif aux formes, et que c'était toutes les enfreindre que de commencer en cette occasion par un décret de prise de corps, avant de savoir juridiquement si j'avouais le livre, et si réellement j'en étais l'auteur. Il n'y a, disais-je à madame de Boufflers, que les crimes qui portent atteinte à la sûreté publique, dont sur le simple indice on décrète les accusés de prise de corps, de peur qu'ils n'échappent au châtiment. Mais quand on veut punir un délit tel que le mien, qui mérite des honneurs et des récompenses, on procède contre le livre, et l'on évite autant qu'on peut de s'en prendre à l'auteur. Elle me fit à cela une distinction subtile, que j'ai oubliée, pour me prouver que c'était par faveur qu'on me décrétait de prise de corps, au lieu de m'assigner pour être ouï. Le lendemain je reçus une lettre de Guy, qui me marquait que, s'étant trouvé le même jour chez M. le procureur général, il avait vu sur son bureau le brouillon d'un réquisitoire contre l'*Émile* et son auteur. Notez que ledit Guy était l'associé de Duchesne, qui avait imprimé l'ouvrage ; lequel, fort tranquille pour son propre compte, donnait par charité cet avis à l'auteur. On peut juger combien tout cela me parut croyable. Il était si simple, si naturel qu'un libraire admis à l'audience de monsieur le procureur général lût tranquillement les manuscrits et brouillons épars sur le bureau de ce magistrat ! Madame de Boufflers et d'autres me confirmèrent

la même chose. Sur les absurdités dont on me rebattait inces-
samment les oreilles, j'étais tenté de croire que tout le monde était
devenu fou.

Sentant bien qu'il y avait sous tout cela quelque mystère qu'on
ne voulait pas me dire, j'attendais tranquillement l'événement,
me reposant sur ma droiture et mon innocence en toute cette
affaire, et trop heureux, quelque persécution qui dût m'atteindre,
d'être appelé à l'honneur de souffrir pour la vérité. Loin de
craindre et de me tenir caché, j'allais tous les jours au château, et
je faisais les après-midi ma promenade ordinaire. Le 8 juin, veille
du décret, je la fis avec deux professeurs oratoriens, le P. Ala-
manni et le P. Mandard. Nous portâmes aux Champeaux un petit
goûter, que nous mangeâmes de grand appétit. Nous avions
oublié des verres : nous y suppléâmes par des chalumeaux de
seigle, avec lesquels nous aspirions le vin dans la bouteille, nous
piquant de choisir des tuyaux bien larges, pour pomper à qui
mieux mieux. Je n'ai de ma vie été si gai.

J'ai conté comment je perdis le sommeil dans ma jeunesse.
Depuis lors j'avais bien l'habitude de lire tous les soirs dans mon
lit jusqu'à ce que je sentisse mes yeux s'appesantir. Alors
j'éteignais ma bougie, et je tâchais de m'assoupir quelques
instants, qui ne duraient guère. Ma lecture ordinaire du soir était
la Bible, et je l'ai lue entière au moins cinq ou six fois de suite
de cette façon. Ce soir-là, me trouvant plus éveillé qu'à l'ordi-
naire, je prolongeai plus longtemps ma lecture, et je lus tout
entier le livre qui finit par le Lévite d'Éphraïm, et qui, si je ne me
trompe, est le livre des Juges ; car je ne l'ai pas revu depuis ce
temps-là. Cette histoire m'affecta beaucoup, et j'en étais occupé
dans une espèce de rêve, quand tout à coup j'en fus tiré par du
bruit et de la lumière. Thérèse, qui la portait, éclairait M. La
Roche, qui, me voyant lever brusquement sur mon séant, me dit :
Ne vous alarmez pas ; c'est de la part de madame la maréchale,
qui vous écrit et vous envoie une lettre de M. le prince de Conti.
En effet, dans la lettre de madame de Luxembourg je trouvai celle
qu'un exprès de ce prince venait de lui apporter, portant avis que,
malgré tous ses efforts, on était déterminé à procéder contre moi à

toute rigueur. La fermentation, lui marquait-il, est extrême; rien ne peut parer le coup; la cour l'exige, le parlement le veut; à sept heures du matin il sera décrété de prise de corps, et l'on enverra sur-le-champ le saisir. J'ai obtenu qu'on ne le poursuivra pas, s'il s'éloigne; mais s'il persiste à vouloir se laisser prendre, il sera pris. La Roche me conjura, de la part de madame la maréchale, de me lever, et d'aller conférer avec elle. Il était deux heures; elle venait de se coucher. Elle vous attend, ajouta-t-il, et ne veut pas s'endormir sans vous avoir vu. Je m'habillai à la hâte, et j'y courus.

Elle me parut agitée. C'était la première fois. Son trouble me toucha. Dans ce moment de surprise, au milieu de la nuit, je n'étais pas moi-même exempt d'émotion; mais en la voyant je m'oubliai moi-même pour ne penser qu'à elle, et au triste rôle qu'elle allait jouer si je me laissais prendre : car me sentant assez de courage pour ne dire jamais que la vérité, dût-elle me nuire et me perdre, je ne me sentais ni assez de présence d'esprit, ni assez d'adresse, ni peut-être assez de fermeté, pour éviter de la compromettre, si j'étais vivement pressé. Cela me décida à sacrifier ma gloire à sa tranquillité, à faire pour elle, en cette occasion, ce que rien ne m'eût fait faire pour moi. Dans l'instant que ma résolution fut prise, je la lui déclarai, ne voulant point gâter le prix de mon sacrifice en le lui faisant acheter. Je suis certain qu'elle ne put se tromper sur mon motif; cependant elle ne me dit pas un mot qui marquât qu'elle y fût sensible. Je fus choqué de cette indifférence, au point de balancer à me rétracter : mais monsieur le maréchal survint; madame de Boufflers arriva de Paris quelques moments après. Ils firent ce qu'aurait dû faire madame de Luxembourg. Je me laissai flatter. J'eus honte de me dédire, et il ne fut plus question que du lieu de ma retraite, et du temps de mon départ. M. de Luxembourg me proposa de rester chez lui quelques jours incognito, pour délibérer, et prendre nos mesures plus à loisir; je n'y consentis point, non plus qu'à la proposition d'aller secrètement au Temple. Je m'obstinai à vouloir partir dès le même jour, plutôt que de rester caché où que ce pût être.

Sentant que j'avais des ennemis secrets et puissants dans le

royaume, je jugeai que, malgré mon attachement pour la France, j'en devais sortir pour assurer ma tranquillité. Mon premier mouvement fut de me retirer à Genève ; mais un instant de réflexion suffit pour me dissuader de faire cette sottise. Je savais que le ministère de France, encore plus puissant à Genève qu'à Paris, ne me laisserait pas plus en paix dans une de ces villes que dans l'autre, s'il avait résolu de me tourmenter. Je savais que le *Discours sur l'inégalité* avait excité contre moi, dans le conseil, une haine d'autant plus dangereuse qu'il n'osait la manifester. Je savais qu'en dernier lieu, quand la *Nouvelle Héloïse* parut, il s'était pressé de la défendre, à la sollicitation du docteur Tronchin ; mais voyant que personne ne l'imitait, pas même à Paris, il eut honte de cette étourderie, et retira la défense. Je ne doutais pas que, trouvant ici l'occasion plus favorable, il n'eût grand soin d'en profiter. Je savais que, malgré tous les beaux semblants, il régnait contre moi, dans tous les cœurs genevois, une secrète jalousie qui n'attendait que l'occasion de s'assouvir. Néanmoins, l'amour de la patrie me rappelait dans la mienne ; et si j'avais pu me flatter d'y vivre en paix, je n'aurais pas balancé : mais l'honneur ni la raison ne me permettant pas de m'y réfugier comme un fugitif, je pris le parti de m'en rapprocher seulement, et d'aller attendre, en Suisse, celui qu'on prendrait à Genève à mon égard. On verra bientôt que cette incertitude ne dura pas longtemps.

Madame de Boufflers désapprouva beaucoup cette résolution, et fit de nouveaux efforts pour m'engager à passer en Angleterre. Elle ne m'ébranla pas. Je n'ai jamais aimé l'Angleterre ni les Anglais ; et toute l'éloquence de madame de Boufflers, loin de vaincre ma répugnance, semblait l'augmenter, sans que je susse pourquoi.

Décidé à partir le même jour, je fus dès le matin parti pour tout le monde ; et La Roche, par qui j'envoyai chercher mes papiers, ne voulut pas dire à Thérèse elle-même si je l'étais ou ne l'étais pas. Depuis que j'avais résolu d'écrire un jour mes Mémoires, j'avais accumulé beaucoup de lettres et autres papiers ; de sorte qu'il fallut plusieurs voyages. Une partie de ces papiers déjà triés furent mis à part, et je m'occupai le reste de la matinée à trier les autres,

afin de n'emporter que ce qui pouvait m'être utile, et brûler le reste. M. de Luxembourg voulut bien m'aider à ce travail, qui se trouva si long que nous ne pûmes achever dans la matinée, et je n'eus le temps de rien brûler. Monsieur le maréchal m'offrit de se charger du reste du triage, de brûler le rebut lui-même, sans s'en rapporter à qui que ce fût, et de m'envoyer tout ce qui aurait été mis à part. J'acceptai l'offre, fort aise d'être délivré de ce soin, pour pouvoir passer le peu d'heures qui me restaient avec des personnes si chères, que j'allais quitter pour jamais. Il prit la clef de la chambre où je laissais ces papiers, et, à mon instante prière, il envoya chercher ma pauvre tante qui se consumait dans la perplexité mortelle de ce que j'étais devenu, et de ce qu'elle allait devenir, et attendant à chaque instant les huissiers, sans savoir comment se conduire et que leur répondre. La Roche l'amena au château, sans lui rien dire; elle me croyait déjà bien loin : en m'apercevant, elle perça l'air de ses cris, et se précipita dans mes bras. O amitié, rapport des cœurs, habitude, intimité ! Dans ce doux et cruel moment se rassemblèrent tous les jours de bonheur, de tendresse et de paix passés ensemble, pour mieux me faire sentir le déchirement d'une première séparation, après nous être à peine perdus de vue un seul jour pendant près de dix-sept ans. Le maréchal, témoin de cet embrassement, ne put retenir ses larmes. Il nous laissa. Thérèse ne voulait plus me quitter. Je lui fis sentir l'inconvénient qu'elle me suivît en ce moment, et la nécessité qu'elle restât pour liquider mes effets et recueillir mon argent. Quand on décrète un homme de prise de corps, l'usage est de saisir ses papiers, de mettre le scellé sur ses effets, ou d'en faire l'inventaire, et d'y nommer un gardien. Il fallait bien qu'elle restât pour veiller à ce qui se passerait, et tirer de tout le meilleur parti possible. Je lui promis qu'elle me rejoindrait dans peu : monsieur le maréchal confirma ma promesse; mais je ne voulus jamais lui dire où j'allais, afin que, interrogée par ceux qui viendraient me saisir, elle pût protester avec vérité de son ignorance sur cet article. En l'embrassant au moment de nous quitter, je sentis en moi-même un mouvement très extraordinaire, et je lui dis, dans un transport, hélas! trop prophétique : Mon enfant, il

SÉPARATION DE ROUSSEAU ET DE THÉRÈSE

faut t'armer de courage. Tu as partagé la prospérité de mes beaux jours; il te reste, puisque tu le veux, à partager mes misères. N'attends plus qu'affronts et calamités à ma suite. Le sort que ce triste jour commence pour moi me poursuivra jusqu'à ma dernière heure.

Il ne me restait plus qu'à songer au départ. Les huissiers avaient dû venir à dix heures. Il en était quatre après-midi quand je partis, et ils n'étaient pas encore arrivés. Il avait été décidé que je prendrais la poste. Je n'avais point de chaise; monsieur le maréchal me fit présent d'un cabriolet, et me prêta des chevaux et un postillon jusqu'à la première poste, où, par les mesures qu'il avait prises, on ne fit aucune difficulté de me fournir des chevaux.

Comme je n'avais point dîné à table, et ne m'étais pas montré dans le château, les dames vinrent me dire adieu dans l'entre-sol, où j'avais passé la journée. Madame la maréchale m'embrassa plusieurs fois d'un air assez triste; mais je ne sentis plus dans ces embrassements les étreintes de ceux qu'elle m'avait prodigués il y avait deux ou trois ans. Madame de Boufflers m'embrassa aussi, et me dit de fort belles choses. Un embrassement qui me surprit davantage fut celui de madame de Mirepoix; car elle était aussi là. Madame la maréchale de Mirepoix est une personne extrêmement froide, décente et réservée, et ne me paraît pas tout à fait exempte de la hauteur naturelle à la maison de Lorraine. Elle ne m'avait jamais témoigné beaucoup d'attention. Soit que, flatté d'un honneur auquel je ne m'attendais pas, je cherchasse à m'en augmenter le prix, soit qu'en effet elle eût mis dans cet embrassement un peu de cette commisération naturelle aux cœurs généreux, je trouvai dans son mouvement et dans son regard je ne sais quoi d'énergique qui me pénétra. Souvent, en y repensant, j'ai soupçonné dans la suite que, n'ignorant pas à quel sort j'étais condamné, elle n'avait pu se défendre d'un mouvement d'attendrissement sur ma destinée.

Monsieur le maréchal n'ouvrait pas la bouche; il était pâle comme un mort. Il voulut absolument m'accompagner jusqu'à ma chaise qui m'attendait à l'abreuvoir. Nous traversâmes tout le jardin sans dire un seul mot. J'avais une clef du parc, dont je me

servis pour ouvrir la porte; après quoi, au lieu de remettre la clef dans ma poche, je la lui rendis sans mot dire. Il la prit avec une vivacité surprenante, à laquelle je n'ai pu m'empêcher de penser souvent depuis ce temps-là. Je n'ai guère eu dans ma vie d'instant plus amer que celui de cette séparation. L'embrassement fut long et muet : nous sentîmes l'un et l'autre que cet embrassement était un dernier adieu.

Entre la Barre et Montmorency, je rencontrai dans un carrosse de remise quatre hommes en noir, qui me saluèrent en me souriant. Sur ce que Thérèse m'a rapporté dans la suite de la figure des huissiers, de l'heure de leur arrivée, et de la façon dont ils se comportèrent, je n'ai point douté que ce ne fussent eux; surtout ayant appris dans la suite qu'au lieu d'être décrété à sept heures, comme on me l'avait annoncé, je ne l'avais été qu'à midi. Il fallut traverser tout Paris. On n'est pas fort caché dans un cabriolet tout ouvert. Je vis dans les rues plusieurs personnes qui me saluèrent d'un air de connaissance, mais je n'en reconnus aucune. Le même soir je me détournai pour passer à Villeroy. A Lyon, les courriers doivent être menés au commandant. Cela pouvait être embarrassant pour un homme qui ne voulait ni mentir, ni changer son nom. J'allai, avec une lettre de madame de Luxembourg, prier M. de Villeroy de faire en sorte que je fusse exempté de cette corvée. M. de Villeroy me donna une lettre dont je ne fis point usage, parce que je ne passai pas à Lyon. Cette lettre est restée encore cachetée parmi mes papiers. M. le duc me pressa beaucoup de coucher à Villeroy; mais j'aimai mieux reprendre la grande route, et je fis encore deux postes le même jour. Ma chaise était rude, et j'étais trop incommodé pour pouvoir marcher à grandes journées. D'ailleurs je n'avais pas l'air assez imposant pour me faire bien servir; et l'on sait qu'en France les chevaux de poste ne sentent la gaule que sur les épaules du postillon. En payant grassement les guides, je crus suppléer à la mine et au propos; ce fut encore pis. Ils me prirent pour un pied-plat, qui marchait par commission, et qui courait la poste pour la première fois de sa vie. Dès lors je n'eus plus que des rosses, et je devins le jouet des postillons. Je finis comme j'aurais dû commencer, par prendre

Adieux de Rousseau au Maréchal

patience, ne rien dire, et aller comme il leur plut. J'avais de quoi
ne pas m'ennuyer en route, en me livrant aux réflexions qui se
présentaient sur tout ce qui venait de m'arriver; mais ce n'était là
ni mon tour d'esprit, ni la pente de mon cœur.

Il est étonnant avec quelle facilité j'oublie le mal passé, quelque
récent qu'il puisse être. Autant sa prévoyance m'effraye et me
trouble tant que je la vois dans l'avenir, autant son souvenir me
revient faiblement et s'éteint sans peine aussitôt qu'il est arrivé.
Ma cruelle imagination, qui se tourmente sans cesse à prévenir les
maux qui ne sont point encore, fait diversion à ma mémoire, et
m'empêche de me rappeler ceux qui ne sont plus. Contre ce qui
est fait, il n'y a plus de précautions à prendre, et il est inutile de
s'en occuper. J'épuise en quelque façon mon malheur d'avance :
plus j'ai souffert à le prévoir, plus j'ai de facilité à l'oublier; tandis
qu'au contraire, sans cesse occupé de mon bonheur passé, je le
rappelle et le rumine pour ainsi dire, au point d'en jouir derechef
quand je veux. C'est à cette heureuse disposition, je le sens, que
je dois de n'avoir jamais connu cette humeur rancunière qui
fermente dans un cœur vindicatif par le souvenir continuel des
offenses reçues, et qui le tourmente lui-même de tout le mal qu'il
voudrait faire à son ennemi. Naturellement emporté, j'ai senti la
colère, la fureur même dans les premiers mouvements; mais jamais
un désir de vengeance ne prit racine au dedans de moi. Je m'oc-
cupe trop peu de l'offense pour m'occuper beaucoup de l'offenseur.
Je ne pense au mal que j'en ai reçu qu'à cause de celui que j'en
peux recevoir encore; et si j'étais sûr qu'il ne m'en fît plus, celui
qu'il m'a fait serait à l'instant oublié. On nous prêche beaucoup
le pardon des offenses : c'est une fort belle vertu sans doute, mais
qui n'est pas à mon usage. J'ignore si mon cœur saurait dominer
sa haine, car il n'en a jamais senti; et je pense trop peu à mes
ennemis, pour avoir le mérite de leur pardonner. Je ne dirai pas à
quel point, pour me tourmenter, ils se tourmentent eux-mêmes.
Je suis à leur merci, ils ont tout pouvoir, ils en usent. Il n'y a
qu'une seule chose au-dessus de leur puissance, et dont je les
défie : c'est, en se tourmentant de moi, de me forcer à me tour-
menter d'eux.

Dès le lendemain de mon départ, j'oubliai si parfaitement tout ce qui venait de se passer, et le parlement, et madame de Pompadour, et M. de Choiseul, et Grimm, et d'Alembert, et leurs complots, et leurs complices, que je n'y aurais pas même repensé de tout mon voyage, sans les précautions dont j'étais obligé d'user. Un souvenir qui me vint au lieu de tout cela fut celui de ma dernière lecture, la veille de mon départ. Je me rappelai aussi les Idylles de Gessner, que son traducteur Hubert m'avait envoyées, il y avait quelque temps. Ces deux idées me revinrent si bien, et se mêlèrent de telle sorte dans mon esprit, que je voulus essayer de les réunir, en traitant à la manière de Gessner le sujet du *Lévite d'Éphraïm*. Ce style champêtre et naïf ne paraissait guère propre à un sujet si atroce, et il n'était guère à présumer que ma situation présente me fournît des idées bien riantes pour l'égayer. Je tentai toutefois la chose, uniquement pour m'amuser dans ma chaise, et sans aucun espoir de succès. A peine eus-je essayé, que je fus étonné de l'aménité de mes idées, et de la facilité que j'éprouvais à les rendre. Je fis en trois jours les trois premiers chants de ce petit poëme, que j'achevai dans la suite à Motiers; et je suis sûr de n'avoir rien fait en ma vie où règne une douceur de mœurs plus attendrissante, un coloris plus frais, des peintures plus naïves, un costume plus exact, une plus antique simplicité en toutes choses, et tout cela malgré l'horreur du sujet, qui dans le fond est abominable; de sorte qu'outre tout le reste, j'eus encore le mérite de la difficulté vaincue. Le *Lévite d'Éphraïm*, s'il n'est pas le meilleur de mes ouvrages, en sera toujours le plus chéri. Jamais je ne l'ai relu, jamais je ne le relirai, sans sentir en dedans l'applaudissement d'un cœur sans fiel, qui, loin de s'aigrir par ses malheurs, s'en console avec lui-même, et trouve en soi de quoi s'en dédommager. Qu'on rassemble tous ces grands philosophes, si supérieurs dans leurs livres à l'adversité qu'ils n'éprouvèrent jamais; qu'on les mette dans une position pareille à la mienne, et que, dans la première indignation de l'honneur outragé, on leur donne un pareil ouvrage à faire : on verra comment ils s'en tireront.

En partant de Montmorency pour la Suisse, j'avais pris la résolution d'aller m'arrêter à Yverdun chez mon bon vieux ami M. Ro-

guin, qui s'y était retiré depuis quelques années, et qui m'avait
même invité à l'y aller voir. J'appris en route que Lyon faisait un
détour; cela m'évita d'y passer. Mais en revanche il fallait passer
par Besançon, place de guerre, et par conséquent sujette au même
inconvénient. Je m'avisai de gauchir, et de passer par Salins, sous
prétexte d'aller voir M. de Mairan, neveu de M. Dupin, qui avait
un emploi à la saline, et qui m'avait fait jadis force invitations de
l'y aller voir. L'expédient me réussit; je ne trouvai point M. de
Mairan : fort aise d'être dispensé de m'arrêter, je continuai ma
route sans que personne me dît mot.

En entrant sur le territoire de Berne, je fis arrêter; je descendis,
je me prosternai, j'embrassai, je baisai la terre, et m'écriai dans
mon transport : Ciel, protecteur de la vertu, je te loue! je touche
une terre de liberté. C'est ainsi qu'aveugle et confiant dans mes
espérances, je me suis toujours passionné pour ce qui devait faire
mon malheur. Mon postillon surpris me crut fou; je remontai dans
ma chaise, et peu d'heures après j'eus la joie aussi pure que vive
de me sentir pressé dans les bras du respectable Roguin. Ah!
respirons quelques instants chez ce digne hôte! J'ai besoin d'y
reprendre du courage et des forces; je trouverai bientôt à les
employer.

Ce n'est pas sans raison que je me suis étendu, dans le récit
que je viens de faire, sur toutes les circonstances que j'ai pu me
rappeler. Quoiqu'elles ne paraissent pas fort lumineuses, quand
on tient une fois le fil de la trame, elles peuvent jeter du jour sur
sa marche; et par exemple, sans donner la première idée du pro-
blème que je vais proposer, elles aident beaucoup à le résoudre.

Supposons que, pour l'exécution du complot dont j'étais l'objet,
mon éloignement fût absolument nécessaire, tout devait, pour
l'opérer, se passer à peu près comme il se passa; mais si, sans
me laisser épouvanter par l'ambassade nocturne de madame de
Luxembourg et troubler par ses alarmes, j'avais continué de tenir
ferme comme j'avais commencé, et qu'au lieu de rester au château
je m'en fusse retourné dans mon lit dormir tranquillement la
fraîche matinée, aurais-je également été décrété? Grande question,
d'où dépend la solution de beaucoup d'autres, et pour l'examen

de laquelle l'heure du décret comminatoire et celle du décret réel ne sont pas inutiles à remarquer. Exemple grossier, mais sensible, de l'importance des moindres détails dans l'exposé des faits dont on cherche les causes secrètes, pour les découvrir par induction.

LIVRE XII

LIVRE DOUZIÈME

1762

Ici commence l'œuvre de ténèbres dans lequel, depuis huit ans,
je me trouve enseveli, sans que, de quelque façon que je m'y sois
pu prendre, il m'ait été possible d'en percer l'effrayante obscurité.
Dans l'abîme de maux où je suis submergé, je sens les atteintes
des coups qui me sont portés; j'en aperçois l'instrument immédiat;
mais je ne puis voir ni la main qui les dirige, ni les moyens qu'elle
met en œuvre. L'opprobre et les malheurs tombent sur moi comme
d'eux-mêmes, et sans qu'il y paraisse. Quand mon cœur déchiré
laisse échapper des gémissements, j'ai l'air d'un homme qui se
plaint sans sujet; et les auteurs de ma ruine ont trouvé l'art
inconcevable de rendre le public complice de leur complot, sans

qu'il s'en doute lui-même, et sans qu'il en aperçoive l'effet. En narrant donc les événements qui me regardent, les traitements que j'ai soufferts, et tout ce qui m'est arrivé, je suis hors d'état de remonter à la main motrice, et d'assigner les causes en disant les faits. Ces causes primitives sont toutes marquées dans les trois précédents livres; tous les intérêts relatifs à moi, tous les motifs secrets y sont exposés. Mais dire en quoi ces diverses causes se combinent pour opérer les étranges événements de ma vie, voilà ce qu'il m'est impossible d'expliquer, même par conjecture. Si parmi mes lecteurs il s'en trouve d'assez généreux pour vouloir approfondir ces mystères et découvrir la vérité, qu'ils relisent avec soin les trois précédents livres; qu'ensuite à chaque fait qu'ils liront dans les suivants ils prennent les informations qui seront à leur portée, qu'ils remontent d'intrigue en intrigue et d'agent en agent jusqu'aux premiers moteurs de tout, je sais certainement à quel terme aboutiront leurs recherches; mais je me perds dans la route obscure et tortueuse des souterrains qui les y conduiront.

Durant mon séjour à Yverdun j'y fis connaissance avec toute la famille de M. Roguin, et entre autres avec sa nièce madame Boy de la Tour et ses filles, dont, comme je crois l'avoir dit, j'avais autrefois connu le père à Lyon. Elle était venue à Yverdun voir son oncle et ses sœurs; sa fille aînée, âgée d'environ quinze ans, m'enchanta par son grand sens et son excellent caractère. Je m'attachai de l'amitié la plus tendre à la mère et à la fille. Cette dernière était destinée par M. Roguin au colonel son neveu, déjà d'un certain âge, et qui me témoignait aussi la plus grande affection; mais, quoique l'oncle fût passionné pour ce mariage, que le neveu le désirât fort aussi, et que je prisse un intérêt très vif à la satisfaction de l'un et de l'autre, la grande disproportion d'âge et l'extrême répugnance de la jeune personne me firent concourir avec la mère à détourner ce mariage, qui ne se fit point. Le colonel épousa depuis mademoiselle Dillan, sa parente, d'un caractère et d'une beauté bien selon mon cœur, et qui l'a rendu le plus heureux des maris et des pères. Malgré cela, M. Roguin n'a pu oublier que j'aie en cette occasion contrarié ses désirs. Je m'en suis consolé par la certitude d'avoir rempli, tant envers lui qu'envers sa famille, le devoir de la plus

sainte amitié, qui n'est pas de se rendre toujours agréable, mais de conseiller toujours pour le mieux.

Je ne fus pas longtemps en doute sur l'accueil qui m'attendait à Genève, au cas que j'eusse envie d'y retourner. Mon livre y fut brûlé, et j'y fus décrété le 18 juin, c'est-à-dire neuf jours après l'avoir été à Paris. Tant d'incroyables absurdités était cumulées dans ce second décret, et l'édit ecclésiastique y était si formellement violé, que je refusai d'ajouter foi aux premières nouvelles qui m'en vinrent, et que, quand elles furent bien confirmées, je tremblai qu'une si manifeste et criante infraction de toutes les lois, à commencer par celle du bon sens, ne mît Genève sens dessus dessous. J'eus de quoi me rassurer ; tout resta tranquille. S'il émut quelque rumeur dans la populace, elle ne fut que contre moi, et je fus traité publiquement par toutes les caillettes et par tous les cuistres comme un écolier qu'on menacerait du fouet pour n'avoir pas bien dit son catéchisme.

Ces deux décrets furent le signal du cri de malédiction qui s'éleva contre moi dans toute l'Europe avec une fureur qui n'eut jamais d'exemple. Toutes les gazettes, tous les journaux, toutes les brochures, sonnèrent le plus terrible tocsin. Les Français surtout, ce peuple si doux, si poli, si généreux, qui se pique si fort de bienséance et d'égards pour les malheureux, oubliant tout d'un coup ses vertus favorites, se signala par le nombre et la violence des outrages dont il m'accablait à l'envi. J'étais un impie, un athée, un forcené, un enragé, une bête féroce, un loup. Le continuateur du journal de Trévoux fit sur ma prétendue lycanthropie un écart qui montrait assez bien la sienne. Enfin, vous eussiez dit qu'on craignait à Paris de se faire une affaire avec la police, si, publiant un écrit sur quelque sujet que ce pût être, on manquait d'y larder quelque insulte contre moi. En cherchant vainement la cause de cette unanime animosité, je fus prêt à croire que tout le monde était devenu fou. Quoi ! le rédacteur de la *Paix perpétuelle* souffle la discorde ; l'éditeur du *Vicaire savoyard* est un impie ; l'auteur de la *Nouvelle Héloïse* est un loup ; celui de l'*Émile* est un enragé ! Eh ! mon Dieu, qu'aurais-je donc été, si j'avais publié le livre de l'*Esprit*, ou quelque autre ouvrage semblable ? Et pourtant, dans

l'orage qui s'éleva contre l'auteur de ce livre, le public, loin de joindre sa voix à celle de ses persécuteurs, le vengea d'eux par ses éloges. Que l'on compare son livre et les miens, l'accueil différent qu'ils ont reçu, les traitements faits aux deux auteurs dans les divers États de l'Europe; qu'on trouve à ces différences des causes qui puissent contenter un homme sensé : voilà tout ce que je demande, et je me tais.

Je me trouvai si bien du séjour d'Yverdun, que je pris la résolution d'y rester, à la vive sollicitation de M. Roguin et de toute sa famille. M. de Moiry de Gingins, bailli de cette ville, m'encourageait aussi par ses bontés à rester dans son gouvernement. Le colonel me pressa si fort d'accepter l'habitation d'un petit pavillon qu'il avait dans sa maison, entre cour et jardin, que j'y consentis; et aussitôt il s'empressa de le meubler et garnir de tout ce qui était nécessaire pour mon petit ménage. Le banneret Roguin, des plus empressés autour de moi, ne me quittait pas de la journée. J'étais toujours très sensible à tant de caresses, mais j'en étais quelquefois importuné. Le jour de mon emménagement était déjà marqué, et j'avais écrit à Thérèse de me venir joindre, quand tout à coup j'appris qu'il s'élevait à Berne un orage contre moi, qu'on attribuait aux dévots, et dont je n'ai jamais pu pénétrer la première cause. Le sénat excité, sans qu'on sût par qui, paraissait ne vouloir pas me laisser tranquille dans ma retraite. Au premier avis qu'eut M. le bailli de cette fermentation, il écrivit en ma faveur à plusieurs membres du gouvernement, leur reprochant leur aveugle intolérance, et leur faisant honte de vouloir refuser à un homme de mérite opprimé l'asile que tant de bandits trouvaient dans leurs États. Des gens sensés ont présumé que la chaleur de ses reproches avait plus aigri qu'adouci les esprits. Quoi qu'il en soit, son crédit ni son éloquence ne purent parer le coup. Prévenu de l'ordre qu'il devait me signifier, il m'en avertit d'avance; et, pour ne pas attendre cet ordre, je résolus de partir dès le lendemain. La difficulté était de savoir où aller, voyant que Genève et la France m'étaient fermés, et prévoyant bien que dans cette affaire chacun s'empresserait d'imiter son voisin.

Madame Boy de la Tour me proposa d'aller m'établir dans une

maison vide, mais toute meublée, qui appartenait à son fils, au village de Motiers, dans le Val-de-Travers, comté de Neuchâtel. Il n'y avait qu'une montagne à traverser pour m'y rendre. L'offre venait d'autant plus à propos, que dans les États du roi de Prusse je devais naturellement être à l'abri des persécutions, et qu'au moins la religion n'y pouvait guère servir de prétexte. Mais une secrète difficulté, qu'il ne me convenait pas de dire, avait bien de quoi me faire hésiter. Cet amour inné de la justice, qui dévora toujours mon cœur, joint à mon penchant secret pour la France, m'avait inspiré de l'aversion pour le roi de Prusse, qui me paraissait, par ses maximes et par sa conduite, fouler aux pieds tout respect pour la loi naturelle et pour tous les devoirs humains. Parmi les estampes encadrées dont j'avais orné mon donjon à Montmorency, était un portrait de ce prince, au-dessous duquel était un distique qui finissait ainsi :

Il pense en philosophe, et se conduit en roi.

Ce vers, qui sous toute autre plume eût fait un assez bel éloge, avait sous la mienne un sens qui n'était pas équivoque, et qu'expliquait d'ailleurs trop clairement le vers précédent. Ce distique avait été vu de tous ceux qui venaient me voir, et qui n'étaient pas en petit nombre. Le chevalier de Lorenzy l'avait même écrit pour le donner à d'Alembert, et je ne doutais pas que d'Alembert n'eût pris le soin d'en faire ma cour à ce prince. J'avais encore aggravé ce premier tort par un passage de l'*Émile*, où, sous le nom d'Adraste, roi des Dauniens, on voyait assez qui j'avais en vue ; et la remarque n'avait pas échappé aux épilogueurs, puisque madame de Boufflers m'avait mis plusieurs fois sur cet article. Ainsi j'étais bien sûr d'être inscrit en encre rouge sur les registres du roi de Prusse ; et, supposant d'ailleurs qu'il eût les principes que j'avais osé lui attribuer, mes écrits et leur auteur ne pouvaient par cela seul que lui déplaire : car on sait que les méchants et les tyrans m'ont toujours pris dans la plus mortelle haine, même sans me connaître, et sur la seule lecture de mes écrits.

J'osai pourtant me mettre à sa merci, et je crus courir peu de
risque. Je savais que les passions basses ne subjuguent guère que
les hommes faibles, et ont peu de prise sur les âmes d'une forte
trempe, telles que j'avais toujours reconnu la sienne. Je jugeais
que dans son art de régner il entrait de se montrer magnanime en
pareille occasion, et qu'il n'était pas au-dessus de son caractère
de l'être en effet. Je jugeai qu'une vile et facile vengeance ne
balancerait pas un moment en lui l'amour de la gloire ; et, me
mettant à sa place, je ne crus pas impossible qu'il se prévalût de
la circonstance pour accabler du poids de sa générosité l'homme
qui avait osé mal penser de lui. J'allai donc m'établir à Motiers,
avec une confiance dont je le crus fait pour sentir le prix ; et je me
dis : Quand Jean-Jacques s'élève à côté de Coriolan, Frédéric
sera-t-il au-dessous du général des Volsques ?

Le colonel Roguin voulut absolument passer avec moi la mon-
tagne, et venir m'installer à Motiers. Une belle-sœur de madame
Boy de la Tour, appelée madame Girardier, à qui la maison que
j'allais occuper était très commode, ne me vit pas arriver avec un
certain plaisir ; cependant elle me mit de bonne grâce en pos-
session de mon logement, et je mangeai chez elle en attendant que
Thérèse fût venue, et que mon petit ménage fût établi.

Depuis mon départ de Montmorency, sentant bien que je serais
désormais fugitif sur la terre, j'hésitais à permettre qu'elle vînt me
joindre, et partager la vie errante à laquelle je me voyais con-
damné. Je sentais que par cette catastrophe nos relations allaient
changer, et que ce qui jusqu'alors avait été faveur et bienfait de
ma part le serait désormais de la sienne. Si son attachement
restait à l'épreuve de mes malheurs, elle en serait déchirée, et sa
douleur ajouterait à mes maux. Si ma disgrâce attiédissait son
cœur, elle me ferait valoir sa constance comme un sacrifice ; et, au
lieu de sentir le plaisir que j'avais à partager avec elle mon dernier
morceau de pain, elle ne sentirait que le mérite qu'elle aurait de
vouloir bien me suivre partout où le sort me forçait d'aller.

Il faut tout dire : je n'ai dissimulé ni les vices de ma pauvre
maman, ni les miens ; je ne dois pas faire plus de grâce à Thérèse ;
et, quelque plaisir que je prenne à rendre honneur à une personne

qui m'est si chère, je ne veux pas non plus déguiser ses torts, si tant est même qu'un changement involontaire dans les affections du cœur soit un vrai tort. Depuis longtemps je m'apercevais de l'attiédissement du sien. Je sentais qu'elle n'était plus pour moi ce qu'elle fut dans nos belles années; et je le sentais d'autant mieux que j'étais le même pour elle toujours. Je retombai dans le même inconvénient dont j'avais senti l'effet auprès de maman, et cet effet fut le même auprès de Thérèse. N'allons pas chercher des perfections hors de la nature; il serait le même auprès de quelque femme que ce fût. Le parti que j'avais pris à l'égard de mes enfants, quelque bien raisonné qu'il m'eût paru, ne m'avait pas toujours laissé le cœur tranquille. En méditant mon *Traité de l'éducation*, je sentis que j'avais négligé des devoirs dont rien ne pouvait me dispenser. Le remords enfin devint si vif, qu'il m'arracha presque l'aveu public de ma faute au commencement de l'*Émile* ; et le trait même est si clair, qu'après un tel passage il est surprenant qu'on ait eu le courage de me la reprocher. Ma situation, cependant, était alors la même, et pire encore par l'animosité de mes ennemis, qui ne cherchaient qu'à me prendre en faute. Je craignis la récidive; et n'en voulant pas courir le risque, j'aimai mieux me condamner à l'abstinence que d'exposer Thérèse à se voir derechef dans le même cas. J'avais d'ailleurs remarqué que l'habitation des femmes empirait sensiblement mon état: cette double raison m'avait fait former des résolutions que j'avais quelquefois assez mal tenues, mais dans lesquelles je persistais avec plus de constance depuis trois ou quatre ans ; c'était aussi depuis cette époque que j'avais remarqué du refroidissement dans Thérèse : elle avait pour moi le même attachement par devoir, mais elle n'en avait plus par amour. Cela jetait nécessairement moins d'agrément dans notre commerce, et j'imaginai que, sûre de la continuation de mes soins où qu'elle pût être, elle aimerait peut-être mieux rester à Paris que d'errer avec moi. Cependant elle avait marqué tant de douleur à notre séparation, elle avait exigé de moi des promesses si positives de nous rejoindre, elle en exprimait si vivement le désir depuis mon départ, tant à M. le prince de Conti qu'à M. de Luxembourg, que, loin d'avoir le

courage de lui parler de séparation, j'eus à peine celui d'y penser
moi-même ; et, après avoir senti dans mon cœur combien il m'était
impossible de me passer d'elle, je ne songeai plus qu'à la rappeler
incessamment. Je lui écrivis donc de partir ; elle vint. A peine y
avait-il deux mois que je l'avais quittée ; mais c'était, depuis tant
d'années, notre première séparation. Nous l'avions sentie bien
cruellement l'un et l'autre. Quel saisissement en nous embrassant !
O que les larmes de tendresse et de joie sont douces ! Comme mon
cœur s'en abreuve ! Pourquoi m'a-t-on fait verser si peu de
celles-là !

En arrivant à Motiers, j'avais écrit à milord Keith, maréchal
d'Écosse, gouverneur de Neuchâtel, pour lui donner avis de ma
retraite dans les États de Sa Majesté, et pour lui demander sa
protection. Il me répondit avec la générosité qu'on lui connaît,
et que j'attendais de lui. Il m'invita à l'aller voir. J'y fus avec
M. Martinet, châtelain du Val-de-Travers, qui était en grande
faveur auprès de Son Excellence. L'aspect vénérable de cet
illustre et vertueux Écossais m'émut puissamment le cœur, et dès
l'instant même commença entre lui et moi ce vif attachement qui
de ma part est toujours demeuré le même, et qui le serait toujours
de la sienne, si les traîtres qui m'ont ôté toutes les consolations de
la vie n'eussent profité de mon éloignement pour abuser sa
vieillesse et me défigurer à ses yeux.

George Keith, maréchal héréditaire d'Écosse, et frère du célèbre
général Keith, qui vécut glorieusement et mourut au lit d'honneur,
avait quitté son pays dans sa jeunesse, et y fut proscrit pour
s'être attaché à la maison Stuart, dont il se dégoûta bientôt
par l'esprit injuste et tyrannique qu'il y remarqua, et qui en fit
toujours le caractère dominant. Il demeura longtemps en Espagne,
dont le climat lui plaisait beaucoup, et finit par s'attacher, ainsi
que son frère, au roi de Prusse, qui se connaissait en hommes, et
les accueillit comme ils le méritaient. Il fut bien payé de cet
accueil par les grands services que lui rendit le maréchal Keith,
et par une chose bien plus précieuse encore, la sincère amitié de
milord maréchal. La grande âme de ce digne homme, toute répu-
blicaine et fière, ne pouvait se plier que sous le joug de l'amitié ;

Maurice Leloir inv.

Boulard fils sc.

ROUSSEAU CHEZ MILORD MARÉCHAL

mais elle s'y pliait si parfaitement, qu'avec des maximes bien différentes, il ne vit plus que Frédéric, du moment qu'il lui fut attaché. Le roi le chargea d'affaires importantes, l'envoya à Paris, en Espagne; et enfin le voyant, déjà vieux, avoir besoin de repos, lui donna pour retraite le gouvernement de Neuchâtel, avec la délicieuse occupation d'y passer le reste de sa vie à rendre ce petit peuple heureux.

Les Neuchâtelois, qui n'aiment que la pretintaille et le clinquant, qui ne se connaissent point en véritable étoffe, et mettent l'esprit dans les longues phrases, voyant un homme froid et sans façon, prirent sa simplicité pour de la hauteur, sa franchise pour de la rusticité, son laconisme pour de la bêtise, se cabrèrent contre ses soins bienfaisants, parce que, voulant être utile et non cajoleur, il ne savait point flatter les gens qu'il n'estimait pas. Dans la ridicule affaire du ministre Petitpierre, qui fut chassé par ses confrères pour n'avoir pas voulu qu'ils fussent damnés éternellement, milord, s'étant opposé aux usurpations des ministres, vit soulever contre lui tout le pays, dont il prenait le parti; et quand j'y arrivai, ce stupide murmure n'était pas éteint encore. Il passait au moins pour un homme qui se laissait prévenir; et de toutes les imputations dont il fut chargé, c'était peut-être la moins injuste. Mon premier mouvement, en voyant ce vénérable vieillard, fut de m'attendrir sur la maigreur de son corps, déjà décharné par les ans; mais en levant les yeux sur sa physionomie animée, ouverte et noble, je me sentis saisi d'un respect mêlé de confiance, qui l'emporta sur tout autre sentiment. Au compliment très court que je lui fis en l'abordant, il répondit en parlant d'autre chose, comme si j'eusse été là depuis huit jours. Il ne nous dit pas même de nous asseoir. L'empesé châtelain resta debout. Pour moi, je vis dans l'œil perçant et fin de milord je ne sais quoi de si caressant, que, me sentant d'abord à mon aise, j'allai sans façon partager son sofa, et m'asseoir à côté de lui. Au ton familier qu'il prit à l'instant, je sentis que cette liberté lui faisait plaisir, et qu'il se disait en lui-même : Celui-ci n'est pas un Neuchâtelois.

Effet singulier de la grande convenance des caractères! Dans

un âge où le cœur a déjà perdu sa chaleur naturelle, celui de ce
bon vieillard se réchauffa pour moi d'une façon qui surprit tout le
monde. Il vint me voir à Motiers, sous prétexte de tirer des cailles,
et y passa deux jours sans toucher un fusil. Il s'établit entre nous
une telle amitié, car c'est le mot, que nous ne pouvions nous
passer l'un de l'autre. Le château de Colombier, qu'il habitait
l'été, était à six lieues de Motiers : j'allais tous les quinze jours
au plus tard y passer vingt-quatre heures, puis je revenais de
même en pèlerin, le cœur toujours plein de lui. L'émotion que
j'éprouvais jadis dans mes courses de l'Ermitage à Eaubonne
était bien différente assurément; mais elle n'était pas plus douce
que celle avec laquelle j'approchais de Colombier. Que de larmes
d'attendrissement j'ai souvent versées dans ma route, en pensant
aux bontés paternelles, aux vertus aimables, à la douce philo-
sophie de ce respectable vieillard! Je l'appelais mon père, il
m'appelait son enfant. Ces doux noms rendent en partie l'idée de
l'attachement qui nous unissait, mais ils ne rendent pas encore
celle du besoin que nous avions l'un de l'autre, et du désir con-
tinuel de nous rapprocher. Il voulait absolument me loger au châ-
teau de Colombier, et me pressa longtemps d'y prendre à demeure
l'appartement que j'occupais. Je lui dis enfin que j'étais plus
libre chez moi, et que j'aimais mieux passer ma vie à le venir voir.
Il approuva cette franchise, et ne m'en parla plus. O bon milord!
ô mon digne père! que mon cœur s'émeut encore en pensant à
vous! Ah! les barbares! quel coup ils m'ont porté en vous déta-
chant de moi! Mais non, non, grand homme, vous êtes et serez
toujours le même pour moi, qui suis le même toujours. Ils vous
ont trompé, mais ils ne vous ont pas changé.

Milord maréchal n'est pas sans défaut; c'est un sage, mais c'est
un homme. Avec l'esprit le plus pénétrant, avec le tact le plus fin
qu'il soit possible d'avoir, avec la plus profonde connaissance des
hommes, il se laisse abuser quelquefois, et n'en revient pas. Il a
l'humeur singulière, quelque chose de bizarre et d'étranger dans
son tour d'esprit. Il paraît oublier les gens qu'il voit tous les
jours, et se souvient d'eux au moment qu'ils y pensent le moins :
ses attentions paraissent hors de propos; ses cadeaux sont de fan-

taisie, et non de convenance. Il donne ou envoie à l'instant ce qui lui passe par la tête, de grand prix ou de nulle valeur, indifféremment. Un jeune Genevois, désirant entrer au service du roi de Prusse, se présente à lui : milord lui donne, au lieu de lettre, un petit sachet plein de pois, qu'il le charge de remettre au roi. En recevant cette singulière recommandation, le roi place à l'instant celui qui la porte. Ces génies élevés ont entre eux un langage que les esprits vulgaires n'entendront jamais. Ces petites bizarreries, semblables aux caprices d'une jolie femme, ne me rendaient milord maréchal que plus intéressant. J'étais bien sûr, et j'ai bien éprouvé dans la suite, qu'elles n'influaient pas sur ses sentiments, ni sur les soins que lui prescrit l'amitié dans les occasions sérieuses. Mais il est vrai que dans sa façon d'obliger il met encore la même singularité que dans ses manières. Je n'en citerai qu'un seul trait sur une bagatelle. Comme la journée de Motiers à Colombier était trop forte pour moi, je la partageais d'ordinaire, en partant après dîner et couchant à Brot, à moitié chemin. L'hôte, appelé Sandoz, ayant à solliciter à Berlin une grâce qui lui importait extrêmement, me pria d'engager Son Excellence à la demander pour lui. Volontiers. Je le mène avec moi; je le laisse dans l'antichambre, et je parle de son affaire à milord, qui ne me répond rien. La matinée se passe; en traversant la salle pour aller dîner, je vois le pauvre Sandoz qui se morfondait d'attendre. Croyant que milord l'avait oublié, je lui en reparle avant de nous mettre à table; mot comme auparavant. Je trouvai cette manière de me faire sentir combien je l'importunais un peu dure, et je me tus en plaignant tout bas le pauvre Sandoz. En m'en retournant le lendemain, je fus bien surpris du remercîment qu'il me fit, du bon accueil et du dîner qu'il avait eus chez Son Excellence, qui de plus avait reçu son papier. Trois semaines après, milord lui envoya le rescrit qu'il avait demandé, expédié par le ministre et signé du roi; et cela, sans m'avoir jamais voulu dire ni répondre un seul mot, ni à lui non plus, sur cette affaire, dont je crus qu'il ne voulait pas se charger.

Je voudrais ne pas cesser de parler de George Keith : c'est de lui que me viennent mes derniers souvenirs heureux ; tout le reste

de ma vie n'a plus été qu'afflictions et serrements de cœur. La mémoire en est si triste, et m'en vient si confusément, qu'il ne m'est pas possible de mettre aucun ordre dans mes récits : je serai forcé désormais de les arranger au hasard, et comme ils se présenteront.

Je ne tardai pas d'être tiré d'inquiétude sur mon asile, par la réponse du roi à milord maréchal, en qui, comme on peut croire, j'avais trouvé un bon avocat. Non seulement Sa Majesté approuva ce qu'il avait fait, mais elle le chargea (car il faut tout dire) de me donner douze louis. Le bon milord, embarrassé d'une pareille commission, et ne sachant comment s'en acquitter honnêtement, tâcha d'en exténuer l'insulte en transformant cet argent en nature de provisions, et me marquant qu'il avait ordre de me fournir du bois et du charbon pour commencer mon petit ménage; il ajouta même, et peut-être de son chef, que le roi me ferait volontiers bâtir une petite maison à ma fantaisie, si j'en voulais choisir l'emplacement. Cette dernière offre me toucha fort, et me fit oublier la mesquinerie de l'autre. Sans accepter aucune des deux, je regardai Frédéric comme mon bienfaiteur et mon protecteur, et je m'attachai si sincèrement à lui, que je pris dès lors autant d'intérêt à sa gloire que j'avais trouvé jusqu'alors d'injustice à ses succès. A la paix qu'il fit peu de temps après, je témoignai ma joie par une illumination de très bon goût : c'était un cordon de guirlandes, dont j'ornai la maison que j'habitais, et où j'eus, il est vrai, la fierté vindicative de dépenser presque autant d'argent qu'il m'en avait voulu donner. La paix conclue, je crus que, sa gloire militaire et politique étant au comble, il allait s'en donner une d'une autre espèce, en revivifiant ses États, en y faisant régner le commerce, l'agriculture, en y créant un nouveau sol, en le couvrant d'un nouveau peuple, en maintenant la paix chez tous ses voisins, en se faisant l'arbitre de l'Europe, après en avoir été la terreur. Il pouvait sans risque poser l'épée, bien sûr qu'on ne l'obligerait pas à la reprendre. Voyant qu'il ne désarmait pas, je craignis qu'il ne profitât mal de ses avantages, et qu'il ne fût grand qu'à demi. J'osai lui écrire à ce sujet, et, prenant le ton familier, fait pour plaire aux hommes de sa trempe, porter jusqu'à

lui cette sainte voix de la vérité, que si peu de rois sont faits pour entendre. Ce ne fut qu'en secret, et de moi à lui, que je pris cette liberté. Je n'en fis pas même participant milord maréchal, et je lui envoyai ma lettre au roi, toute cachetée. Milord envoya la lettre sans s'informer de son contenu. Le roi n'y fit aucune réponse; et quelque temps après, milord maréchal étant allé à Berlin, il lui dit seulement que je l'avais bien grondé. Je compris par là que ma lettre avait été mal reçue, et que la franchise de mon zèle avait passé pour la rusticité d'un pédant. Dans le fond, cela pouvait très bien être; peut-être ne dis-je pas ce qu'il fallait dire, et ne pris-je pas le ton qu'il fallait prendre. Je ne puis répondre que du sentiment qui m'avait mis la plume à la main.

Peu de temps après mon établissement à Motiers-Travers, ayant toutes les assurances possibles qu'on m'y laisserait tranquille, je pris l'habit arménien. Ce n'était pas une idée nouvelle; elle m'était venue diverses fois dans le cours de ma vie, et elle me revint souvent à Montmorency, où le fréquent usage des sondes, me condamnant à rester souvent dans ma chambre, me fit mieux sentir tous les avantages de l'habit long. La commodité d'un tailleur arménien, qui venait souvent voir un parent qu'il avait à Montmorency, me tenta d'en profiter pour prendre ce nouvel équipage, au risque du qu'en dira-t-on, dont je me souciais très peu. Cependant, avant d'adopter cette nouvelle parure, je voulus avoir l'avis de madame de Luxembourg, qui me conseilla fort de la prendre. Je me fis donc une petite garde-robe arménienne; mais l'orage excité contre moi m'en fit remettre l'usage à des temps plus tranquilles, et ce ne fut que quelques mois après que, forcé par de nouvelles attaques de recourir aux sondes, je crus pouvoir, sans aucun risque, prendre ce nouvel habillement à Motiers, surtout après avoir consulté le pasteur du lieu, qui me dit que je pouvais le porter au temple même sans scandale. Je pris donc la veste, le cafetan, le bonnet fourré, la ceinture; et, après avoir assisté dans cet équipage au service divin, je ne vis point d'inconvénient à le porter chez milord maréchal. Son Excellence, me voyant ainsi vêtu, me dit, pour tout compliment, *Sala-maleki*; après quoi tout fut fini, et je ne portai plus d'autre habit

Ayant quitté tout à fait la littérature, je ne songeai plus qu'à mener une vie tranquille et douce, autant qu'il dépendrait de moi. Seul je n'ai jamais connu l'ennui, même dans le plus parfait désœuvrement : mon imagination, remplissant tous les vides, suffit seule pour m'occuper. Il n'y a que le bavardage inactif de chambre, assis les uns vis-à-vis des autres à ne mouvoir que la langue, que jamais je n'ai pu supporter. Quand on marche, qu'on se promène, encore passe; les pieds et les yeux font au moins quelque chose; mais rester là, les bras croisés, à parler du temps qu'il fait et des mouches qui volent, ou, qui pis est, à s'entre-faire des compliments, cela m'est un supplice insupportable. Je m'avisai, pour ne pas vivre en sauvage, d'apprendre à faire des lacets. Je portais mon coussin dans mes visites, ou j'allais comme les femmes travailler à ma porte et causer avec les passants. Cela me faisait supporter l'inanité du babillage, et passer mon temps sans ennui chez mes voisines, dont plusieurs étaient assez aimables et ne manquaient pas d'esprit. Une entre autres, appelée Isabelle d'Ivernois, fille du procureur général de Neuchâtel, me parut assez estimable pour me lier avec elle d'une amitié particulière, dont elle ne s'est pas mal trouvée par les conseils utiles que je lui ai donnés, et par les soins que je lui ai rendus dans des occasions essentielles; de sorte que maintenant, digne et vertueuse mère de famille, elle me doit peut-être sa raison, son mari, sa vie et son bonheur. De mon côté, je lui dois des consolations très douces, et surtout durant un bien triste hiver, où, dans le fort de mes maux et de mes peines, elle venait passer avec Thérèse et moi de longues soirées qu'elle savait nous rendre bien courtes par l'agré-ment de son esprit et par les mutuels épanchements de nos cœurs. Elle m'appelait son papa, je l'appelais ma fille; et ces noms, que nous nous donnons encore, ne cesseront point, je l'espère, de lui être aussi chers qu'à moi. Pour rendre mes lacets bons à quelque chose, j'en faisais présent à mes jeunes amies à leur mariage, à condition qu'elles nourriraient leurs enfants. Sa sœur aînée en eut un à ce titre, et l'a mérité; Isabelle en eut un de même, et ne l'a pas moins mérité par l'intention; mais elle n'a pas eu le bonheur de pouvoir faire sa volonté. En leur envoyant

OCCUPATIONS DE ROUSSEAU À MOTIERS

ces lacets, j'écrivis à l'une et à l'autre des lettres dont la première a couru le monde ; mais tant d'éclat n'allait pas à la seconde : l'amitié ne marche pas avec si grand bruit.

Parmi les liaisons que je fis à mon voisinage, et dans le détail desquelles je n'entrerai pas, je dois noter celle du colonel Pury, qui avait une maison sur la montagne, où il venait passer les étés. Je n'étais pas empressé de sa connaissance, parce que je savais qu'il était très mal à la cour et auprès de milord maréchal, qu'il ne voyait point. Cependant, comme il vint me voir et me fit beaucoup d'honnêtetés, il fallut l'aller voir à mon tour ; cela continua ; et nous mangions quelquefois l'un chez l'autre. Je fis chez lui connaissance avec M. du Peyrou, et ensuite une amitié trop intime pour que je puisse me dispenser de parler de lui.

M. du Peyrou était Américain, fils d'un commandant de Surinam, dont le successeur, M. de Chambrier, de Neuchâtel, épousa la veuve. Devenue veuve une seconde fois, elle vint avec son fils s'établir dans le pays de son second mari. Du Peyrou, fils unique, fort riche, et tendrement aimé de sa mère, avait été élevé avec assez de soin, et son éducation lui avait profité. Il avait acquis beaucoup de demi-connaissances, quelque goût pour les arts, et il se piquait surtout d'avoir cultivé sa raison : son air hollandais, froid et philosophe, son teint basané, son humeur silencieuse et cachée, favorisaient beaucoup cette opinion. Il était sourd et goutteux, quoique jeune encore. Cela rendait tous ses mouvements fort posés, fort graves ; et quoiqu'il aimât à disputer, quelquefois même un peu longuement, généralement il parlait peu, parce qu'il n'entendait pas. Tout cet extérieur m'en imposa. Je me dis : Voici un penseur, un homme sage, tel qu'on serait heureux d'avoir un ami. Pour achever de me prendre, il m'adressait souvent la parole, sans jamais me faire aucun compliment. Il me parlait peu de moi, peu de mes livres, très peu de lui ; il n'était pas dépourvu d'idées, et tout ce qu'il disait était assez juste. Cette justesse et cette égalité m'attirèrent. Il n'avait dans l'esprit ni l'élévation, ni la finesse de celui de milord maréchal ; mais il en avait la simplicité : c'était toujours le représenter en quelque chose. Je ne m'engouai pas, mais je m'attachai par

l'estime; et peu à peu cette estime amena l'amitié. J'oubliai totalement avec lui l'objection que j'avais faite au baron d'Holbach, qu'il était trop riche; et je crois que j'eus tort. J'ai appris à douter qu'un homme jouissant d'une grande fortune, quel qu'il puisse être, puisse aimer sincèrement mes principes et leur auteur.

Pendant assez longtemps je vis peu du Peyrou, parce que je n'allais point à Neuchâtel, et qu'il ne venait qu'une fois l'année à la montagne du colonel Pury. Pourquoi n'allais-je point à Neuchâtel? C'est un enfantillage qu'il ne faut pas taire.

Quoique protégé par le roi de Prusse et par milord maréchal, si j'évitai d'abord la persécution dans mon asile, je n'évitai pas du moins les murmures du public, des magistrats municipaux, des ministres. Après le branle donné par la France, il n'était pas du bon air de ne pas me faire au moins quelque insulte : on aurait eu peur de paraître improuver mes persécuteurs, en ne les imitant pas. La classe de Neuchâtel, c'est-à-dire la compagnie des ministres de cette ville, donna le branle, en tentant d'émouvoir contre moi le conseil d'État. Cette tentative n'ayant pas réussi, les ministres s'adressèrent au magistrat municipal, qui fit aussitôt défendre mon livre, et, me traitant en toute occasion peu honnêtement, faisait comprendre et disait même que si j'avais voulu m'établir en ville, on ne m'y aurait pas souffert. Ils remplirent leur *Mercure* d'inepties et du plus plat cafardage, qui, tout en faisant rire les gens censés, ne laissait pas d'échauffer le peuple et de l'animer contre moi. Tout cela n'empêchait pas qu'à les entendre je ne dusse être très reconnaissant de l'extrême grâce qu'ils me faisaient de me laisser vivre à Motiers, où ils n'avaient aucune autorité; ils m'auraient volontiers mesuré l'air à la pinte, à condition que je l'eusse payé bien cher. Ils voulaient que je leur fusse obligé de la protection que le roi m'accordait malgré eux, et qu'ils travaillaient sans relâche à m'ôter. Enfin, n'y pouvant réussir, après m'avoir fait tout le tort qu'ils purent et m'avoir décrié de tout leur pouvoir, ils se firent un mérite de leur impuissance, en me faisant valoir la bonté qu'ils avaient de me souffrir dans leur pays. J'aurais dû leur rire au nez pour toute réponse : je fus assez bête pour me piquer, et j'eus l'ineptie de ne vouloir

point aller à Neuchâtel; résolution que je tins près de deux ans, comme si ce n'était pas trop honorer de pareilles espèces que de faire attention à leurs procédés, qui, bons ou mauvais, ne peuvent leur être imputés, puisqu'ils n'agissent jamais que par impulsion. D'ailleurs, des esprits sans culture et sans lumière, qui ne connaissent d'autre objet de leur estime que le crédit, la puissance et l'argent, sont bien éloignés même de soupçonner qu'on doive quelque égard aux talents, et qu'il y ait du déshonneur à les outrager.

Un certain maire de village, qui pour ses malversations avait été cassé, disait au lieutenant du Val-de-Travers, mari de mon Isabelle : *On dit que ce Rousseau a tant d'esprit : amenez-le-moi, que je voie si cela est vrai.* Assurément, les mécontentements d'un homme qui prend un pareil ton doivent peu fâcher ceux qui les éprouvent.

Sur la façon dont on me traitait à Paris, à Genève, à Berne, à Neuchâtel même, je ne m'attendais pas à plus de ménagement de la part du pasteur du lieu. Je lui avais cependant été recommandé par madame Boy de la Tour, et il m'avait fait beaucoup d'accueil; mais dans ce pays, où l'on flatte également tout le monde, les caresses ne signifient rien. Cependant, après ma réunion à l'Église réformée, vivant en pays réformé, je ne pouvais, sans manquer à mes engagements et à mon devoir de citoyen, négliger la profession du culte où j'étais entré : j'assistais donc au service divin. D'un autre côté, je craignais, en me présentant à la table sacrée, de m'exposer à l'affront d'un refus; et il n'était nullement probable qu'après le vacarme fait à Genève par le conseil, et à Neuchâtel par la classe, il voulût m'administrer tranquillement la cène dans son église. Voyant donc approcher le temps de la communion, je pris le parti d'écrire à M. de Montmollin (c'était le nom du ministre), pour faire acte de bonne volonté, et lui déclarer que j'étais toujours uni de cœur à l'Église protestante; je lui dis en même temps, pour éviter des chicanes sur des articles de foi, que je ne voulais aucune explication particulière sur le dogme. M'étant ainsi mis en règle de ce côté, je restai tranquille, ne doutant pas que M. de Montmollin ne refusât de m'admettre sans la discussion préliminaire, dont je ne voulais

point, et qu'ainsi tout fût fini sans qu'il y eût de ma faute. Point du tout : au moment où je m'y attendais le moins, M. de Montmollin vint me déclarer, non seulement qu'il m'admettait à la communion sous la clause que j'y avais mise, mais, de plus, que lui et ses anciens se faisaient un grand honneur de m'avoir dans son troupeau. Je n'eus de mes jours pareille surprise, ni plus consolante. Toujours vivre isolé sur la terre me paraissait un destin bien triste, surtout dans l'adversité. Au milieu de tant de proscriptions et de persécutions, je trouvais une douceur extrême à pouvoir me dire : Au moins je suis parmi mes frères; et j'allai communier avec une émotion de cœur et des larmes d'attendrissement, qui étaient peut-être la préparation la plus agréable à Dieu qu'on y pût porter.

Quelque temps après, milord m'envoya une lettre de madame de Boufflers (venue, du moins je le présumai) par la voie de d'Alembert, qui connaissait milord maréchal. Dans cette lettre, la première que cette dame m'eût écrite depuis mon départ de Montmorency, elle me tançait vivement de celle que j'avais écrite à M. de Montmollin, et surtout d'avoir communié. Je compris d'autant moins à qui elle en avait avec sa mercuriale, que, depuis mon voyage de Genève, je m'étais toujours déclaré hautement protestant, et que j'avais été très publiquement à l'hôtel de Hollande, sans que personne au monde l'eût trouvé mauvais. Il me paraissait plaisant que madame la comtesse de Boufflers voulût se mêler de diriger ma conscience en fait de religion. Toutefois, comme je ne doutais pas que son intention (quoique je n'y comprisse rien) ne fût la meilleure du monde, je ne m'offensai point de cette singulière sortie, et je lui répondis sans colère, en lui disant mes raisons.

Cependant les injures imprimées allaient leur train, et leurs bénins auteurs reprochaient aux puissances de me traiter trop doucement. Ce concours d'aboiements, dont les moteurs continuaient d'agir sous le voile, avait quelque chose de sinistre et d'effrayant. Pour moi, je laissais dire sans m'émouvoir. On m'assura qu'il y avait une censure de la Sorbonne : je n'en crus rien De quoi pouvait se mêler la Sorbonne dans cette affaire ? Voulait-

elle assurer que je n'étais pas catholique? Tout le monde le
savait. Voulait-elle prouver que je n'étais pas bon calviniste? Que
lui importait! C'était prendre un soin bien singulier; c'était se
faire les substituts de nos ministres. Avant que d'avoir vu cet
écrit, je crus qu'on le faisait courir sous le nom de la Sorbonne,
pour se moquer d'elle; je le crus bien plus encore après l'avoir lu.
Enfin, quand je ne pus plus douter de son authenticité, tout ce
que je me réduisis à croire fut qu'il fallait mettre la Sorbonne aux
Petites-Maisons.

Un autre écrit m'affecta davantage, parce qu'il venait d'un
homme pour qui j'eus toujours de l'estime et dont j'admirais la
constance en plaignant son aveuglement. Je parle du mandement
de l'archevêque de Paris contre moi.

Je crus que je me devais d'y répondre. Je le pouvais sans
m'avilir; c'était un cas à peu près semblable à celui du roi de
Pologne. Je n'ai jamais aimé les disputes brutales à la Voltaire.
Je ne sais me battre qu'avec dignité, et je veux que celui qui
m'attaque ne déshonore pas mes coups, pour que je daigne me
défendre. Je ne doutais point que ce mandement ne fût de la
façon des jésuites; et quoiqu'ils fussent alors malheureux eux-
mêmes, j'y reconnaissais toujours leur ancienne maxime, d'écraser
les malheureux. Je pouvais donc aussi suivre mon ancienne
maxime, d'honorer l'auteur titulaire et de foudroyer l'ouvrage, et
c'est ce que je crois avoir fait avec assez de succès.

Je trouvai le séjour de Motiers fort agréable; et, pour me déter-
miner à y finir mes jours, il ne me manquait qu'une subsistance
assurée : mais on y vit assez chèrement, et j'avais vu renverser
tous mes anciens projets par la dissolution de mon ménage, par
l'établissement d'un nouveau, par la vente ou dissipation de tous
mes meubles, et par les dépenses qu'il m'avait fallu faire depuis
mon départ de Montmorency. Je voyais diminuer journellement
le petit capital que j'avais devant moi. Deux ou trois ans suffi-
saient pour en consumer le reste, sans que je visse aucun moyen
de le renouveler, à moins de recommencer à faire des livres,
métier funeste auquel j'avais déjà renoncé.

Persuadé que tout changerait bientôt à mon égard, et que le

public, revenu de sa frénésie, en ferait rougir les puissances, je ne cherchais qu'à prolonger mes ressources jusqu'à cet heureux changement, qui me laisserait plus en état de choisir parmi celles qui pourraient s'offrir. Pour cela, je repris mon *Dictionnaire de musique*, que dix ans de travail avaient déjà fort avancé, et auquel il ne manquait que la dernière main et d'être mis au net. Mes livres, qui m'avaient été envoyés depuis peu, me fournirent les moyens d'achever cet ouvrage : mes papiers, qui me furent envoyés en même temps, me mirent en état de commencer l'entreprise de mes *Mémoires*, dont je voulais uniquement m'occuper désormais. Je commençai par transcrire des lettres dans un recueil qui pût guider ma mémoire dans l'ordre des faits et des temps. J'avais déjà fait le triage de celles que je voulais conserver pour cet effet, et la suite depuis près de dix ans n'en était point interrompue. Cependant, en les arrangeant pour les transcrire, j'y trouvai une lacune qui me surprit. Cette lacune était de près de six mois, depuis octobre 1756 jusqu'au mois de mars suivant. Je me souvenais parfaitement d'avoir mis dans mon triage nombre de lettres de Diderot, de Deleyre, de madame d'Épinay, de madame de Chenonceaux, etc., qui remplissaient cette lacune et qui ne se trouvèrent plus. Qu'étaient-elles devenues? Quelqu'un avait-il mis la main sur mes papiers, pendant quelques mois qu'ils étaient restés à l'hôtel de Luxembourg? Cela n'était pas concevable, et j'avais vu M. le maréchal prendre la clef de la chambre où je les avais déposés. Comme plusieurs lettres de femmes et toutes celles de Diderot étaient sans dates, et que j'avais été forcé de remplir ces dates de mémoire et en tâtonnant, pour ranger ces lettres dans leur ordre, je crus d'abord avoir fait des erreurs de dates, et je passai en revue toutes les lettres qui n'en avaient point, ou auxquelles je les avais suppléées, pour voir si je n'y trouverais point celles qui devaient remplir ce vide. Cet essai ne réussit point! je vis que le vide était bien réel et que les lettres avaient bien certainement été enlevées. Par qui et pourquoi? Voilà ce qui me passait. Ces lettres, antérieures à mes grandes querelles, et du temps de ma première ivresse de la *Julie*, ne pouvaient intéresser personne. C'étaient tout au plus quelques

tracasseries de Diderot, quelques persiflages de Deleyre; et des
témoignages d'amitié de madame de Chenonceaux, et même de
madame d'Épinay, avec laquelle j'étais alors le mieux du monde.
A qui pouvaient importer ces lettres? Qu'en voulait-on faire?
Ce n'est que sept ans après que j'ai soupçonné l'affreux objet de
ce vol. Ce déficit bien avéré me fit chercher parmi mes brouillons
si j'en découvrirais quelque autre. J'en trouvai quelques-uns qui,
vu mon défaut de mémoire, m'en firent supposer d'autres dans la
multitude de mes papiers. Ceux que je remarquai furent le brouil-
lon de la *Morale sensitive*, et celui de l'extrait des *Aventures de
milord Edouard*. Ce dernier, je l'avoue, me donna des soupçons
sur madame de Luxembourg. C'était La Roche, son valet de
chambre, qui m'avait expédié ces papiers, et je n'imaginai qu'elle
au monde qui pût prendre intérêt à ce chiffon; mais quel intérêt
pouvait-elle prendre à l'autre, et aux lettres enlevées, dont, même
avec de mauvais desseins, on ne pouvait faire aucun usage qui
pût me nuire, à moins de les falsifier? Pour M. le maréchal, dont
je connaissais la droiture invariable et la vérité de son amitié
pour moi, je ne pus le soupçonner un moment. Je ne pus même
arrêter ce soupçon sur madame la maréchale. Tout ce qui me vint
de plus raisonnable à l'esprit, après m'être fatigué longtemps à
chercher l'auteur de ce vol, fut de l'imputer à d'Alembert, qui,
déjà faufilé chez madame de Luxembourg, avait pu trouver le
moyen de fureter ces papiers et d'en enlever ce qu'il lui avait plu,
tant en manuscrits qu'en lettres, soit pour chercher à me
susciter quelque tracasserie, soit pour s'approprier ce qui lui
pouvait convenir. Je supposai qu'abusé par le titre de la *Morale
sensitive*, il avait cru trouver le plan d'un vrai traité de matéria-
lisme, dont il aurait tiré contre moi le parti qu'on peut bien
s'imaginer. Sûr qu'il serait bientôt détrompé par l'examen du
brouillon, et déterminé à quitter tout à fait la littérature, je m'in-
quiétai peu de ces larcins, qui n'étaient pas les premiers de la
même main que j'avais endurés sans m'en plaindre. Bientôt je ne
songeai pas plus à cette infidélité que si l'on ne m'en eût fait
aucune, et je me mis à rassembler les matériaux qu'on m'avait
laissés, pour travailler à mes *Confessions*.

J'avais longtemps cru qu'à Genève la compagnie des ministres, ou du moins les citoyens et bourgeois, réclameraient contre l'infraction de l'édit dans le décret porté contre moi. Tout resta tranquille, du moins à l'extérieur; car il y avait un mécontentement général qui n'attendait qu'une occasion pour se manifester. Mes amis, ou soi-disant tels, m'écrivaient lettres sur lettres pour m'exhorter à venir me mettre à leur tête, m'assurant d'une réparation publique de la part du conseil. La crainte du désordre et des troubles que ma présence pouvait causer m'empêcha d'acquiescer à leurs instances; et, fidèle au serment que j'avais fait autrefois de ne jamais tremper dans aucune dissension civile dans mon pays, j'aimai mieux laisser subsister l'offense et me bannir pour jamais de ma patrie, que d'y rentrer par des moyens violents et dangereux. Il est vrai que je m'étais attendu, de la part de la bourgeoisie, à des représentations légales et paisibles contre une infraction qui l'intéressait extrêmement. Il n'y en eut point. Ceux qui la conduisaient cherchaient moins le vrai redressement des griefs que l'occasion de se rendre nécessaires. On cabalait, mais on gardait le silence, et on laissait clabauder les caillettes et les cafards, ou soi-disant tels, que le conseil mettait en avant pour me rendre odieux à la populace et faire attribuer son incartade au zèle de la religion.

Après avoir attendu vainement plus d'un an que quelqu'un réclamât contre une procédure illégale, je pris enfin mon parti; et me voyant abandonné de mes concitoyens, je me déterminai à renoncer à mon ingrate patrie, où je n'avais jamais vécu, dont je n'avais reçu ni bien ni service, et dont, pour prix de l'honneur que j'avais tâché de lui rendre, je me voyais si indignement traité d'un consentement unanime, puisque ceux qui devaient parler n'avaient rien dit. J'écrivis donc au premier syndic de cette année-là, qui, je crois, était M. Favre, une lettre par laquelle j'abdiquais solennellement mon droit de bourgeoisie, et dans laquelle, au reste, j'observai la décence et la modération que j'ai toujours mises aux actes de fierté que la cruauté de mes ennemis m'a souvent arrachés dans mes malheurs.

Cette démarche ouvrit enfin les yeux aux citoyens : sentant

qu'ils avaient eu tort pour leur propre intérêt d'abandonner ma défense, ils la prirent quand il n'était plus temps. Ils avaient d'autres griefs qu'ils joignirent à celui-là, et ils en firent la matière de plusieurs représentations très bien raisonnées, qu'ils étendirent et renforcèrent, à mesure que les durs et rebutants refus du conseil, qui se sentait soutenu par le ministère de France, leur firent mieux sentir le projet formé de les asservir. Ces altercations produisirent diverses brochures qui ne décidaient rien, jusqu'à ce que parurent tout d'un coup les *Lettres écrites de la campagne*, ouvrage écrit en faveur du conseil, avec un art infini, et par lequel le parti représentant, réduit au silence, fut pour un temps écrasé. Cette pièce, monument durable des rares talents de son auteur, était du procureur général Tronchin, homme d'esprit, homme éclairé, très versé dans les lois et le gouvernement de la république. *Siluit terra.*

Les représentants, revenus de leur premier abattement, entreprirent une réponse et s'en tirèrent passablement avec le temps. Mais tous jetèrent les yeux sur moi, comme le seul qui pût entrer en lice contre un tel adversaire, avec espoir de le terrasser. J'avoue que je pensai de même; et, poussé par mes concitoyens, qui me faisaient un devoir de les aider de ma plume dans un embarras dont j'avais été l'occasion, j'entrepris la réfutation des *Lettres écrites de la campagne*, et j'en parodiai le titre par celui de *Lettres écrites de la montagne*, que je mis aux miennes. Je fis et j'exécutai cette entreprise si secrètement que, dans un rendez-vous que j'eus à Thonon avec les chefs des représentants, pour parler de leurs affaires, et où ils me montrèrent l'esquisse de leur réponse, je ne leur dis pas un mot de la mienne qui était déjà faite, craignant qu'il ne survînt quelque obstacle à l'impression, s'il en parvenait le moindre vent, soit aux magistrats, soit à mes ennemis particuliers. Je n'évitai pourtant pas que cet ouvrage ne fût connu en France avant la publication; mais on aima mieux le laisser paraître que de me faire trop comprendre comment on avait découvert mon secret. Je dirai là-dessus ce que j'ai su, qui se borne à très peu de chose; je me tairai sur ce que j'ai conjecturé.

J'avais à Motiers presque autant de visites que j'en avais à

l'Ermitage et à Montmorency; mais elles étaient la plupart d'une espèce fort différente. Ceux qui m'étaient venus voir jusqu'alors étaient des gens qui, ayant avec moi des rapports de talents, de goûts, de maximes, les alléguaient pour cause de leurs visites et me mettaient d'abord sur des matières dont je pouvais m'entretenir avec eux. A Motiers, ce n'était plus cela, surtout du côté de France. C'étaient des officiers ou d'autres gens qui n'avaient aucun goût pour la littérature; qui même, pour la plupart, n'avaient jamais lu mes écrits, et qui ne laissaient pas, à ce qu'ils disaient, d'avoir fait trente, quarante, soixante, cent lieues pour me venir voir et admirer l'homme illustre, célèbre, très célèbre, le grand homme, etc. Car dès lors on n'a cessé de me jeter grossièrement à la face les plus impudentes flagorneries, dont l'estime de ceux qui m'abordaient m'avait garanti jusqu'alors. Comme la plupart de ces survenants ne daignaient ni se nommer ni me dire leur état, que leurs connaissances et les miennes ne tombaient pas sur les mêmes objets, et qu'ils n'avaient ni lu ni parcouru mes ouvrages, je ne savais de quoi leur parler : j'attendais qu'ils parlassent eux-mêmes, puisque c'était à eux à savoir et à me dire pourquoi ils me venaient voir. On sent que cela ne faisait pas pour moi des conversations bien intéressantes, quoiqu'elles pussent l'être pour eux, selon ce qu'ils voulaient savoir: car, comme j'étais sans défiance, je m'exprimais sans réserve sur toutes les questions qu'ils jugeaient à propos de me faire; et ils s'en retournaient, pour l'ordinaire, aussi savants que moi sur tous les détails de ma situation.

J'eus, par exemple, de cette façon M. de Feins, écuyer de la reine et capitaine de cavalerie dans le régiment de la Reine, lequel eut la constance de passer plusieurs jours à Motiers, et même de me suivre pédestrement jusqu'à la Ferrière, menant son cheval par la bride, sans avoir avec moi d'autre point de réunion, sinon que nous connaissions tous deux mademoiselle Fel, et que nous jouions l'un et l'autre au bilboquet. J'eus, avant et après M. de Feins, une autre visite bien plus extraordinaire. Deux hommes arrivent à pied, conduisant chacun un mulet chargé de son petit bagage, logent à l'auberge, pansent leurs mulets eux-

mêmes, et demandent à me venir voir. A l'équipage de ces mule-
tiers on les prit pour des contrebandiers; et la nouvelle courut
aussitôt que des contrebandiers venaient me rendre visite. Leur
seule façon de m'aborder m'apprit que c'étaient des gens d'une
autre étoffe; mais, sans être des contrebandiers, ce pouvait être des
aventuriers, et ce doute me tint quelque temps en garde. Ils ne
tardèrent pas à me tranquilliser. L'un était M. de Montauban,
appelé le comte de la Tour du Pin, gentilhomme du Dauphiné;
l'autre était M. Dastier, de Carpentras, ancien militaire, qui avait
mis sa croix de Saint-Louis dans sa poche, ne pouvant pas l'étaler.
Ces messieurs, tous deux très aimables, avaient tous deux beau-
coup d'esprit; leur conversation était agréable et intéressante;
leur manière de voyager, si bien dans mon goût et si peu dans
celui des gentilshommes français, me donna pour eux une sorte
d'attachement que leur commerce ne pouvait qu'affermir. Cette
connaissance même ne finit pas là, puisqu'elle dure encore, et
qu'ils me sont revenus voir diverses fois, non plus à pied cepen-
dant, cela était bon pour le début; mais plus j'ai vu ces mes-
sieurs, moins j'ai trouvé de rapports entre leurs goûts et les
miens, moins j'ai senti que leurs maximes fussent les miennes,
que mes écrits leur fussent familiers, qu'il y eût aucune véritable
sympathie entre eux et moi. Que me voulaient-ils donc? Pourquoi
me venir voir dans cet équipage? Pourquoi rester plusieurs
jours? Pourquoi revenir plusieurs fois? Pourquoi désirer si fort
de m'avoir pour hôte? Je ne m'avisai pas alors de me faire ces
questions. Je me les suis faites quelquefois depuis ce temps-là.

Touché de leurs avances, mon cœur se livrait sans raisonner,
surtout à M. Dastier, dont l'air plus ouvert me plaisait davan-
tage. Je demeurai même en correspondance avec lui; et quand je
voulus faire imprimer les *Lettres de la montagne*, je songeai à
m'adresser à lui pour donner le change à ceux qui attendaient
mon paquet sur la route de Hollande. Il m'avait parlé beaucoup,
et peut-être à dessein, de la liberté de la presse à Avignon; il
m'avait offert ses soins, si j'avais quelque chose à y faire impri-
mer. Je me prévalus de cette offre, et je lui adressai successive-
ment, par la poste, mes premiers cahiers. Après les avoir gardés

assez longtemps, il me les renvoya, en me marquant qu'aucun libraire n'avait osé s'en charger ; et je fus contraint de revenir à Rey, prenant soin de n'envoyer mes cahiers que l'un après l'autre, et de ne lâcher les suivants qu'après avoir eu avis de la réception des premiers. Avant la publication de l'ouvrage, je sus qu'il avait été vu dans les bureaux des ministres ; et d'Escherny, de Neuchâtel, me parla d'un livre de *l'Homme de la montagne*, que d'Holbach lui avait dit être de moi. Je l'assurai, comme il était vrai, n'avoir jamais fait de livre qui eût ce titre. Quand les lettres parurent il était furieux, et m'accusa de mensonge, quoique je ne lui eusse dit que la vérité. Voilà comment j'eus l'assurance que mon manuscrit était connu. Sûr de la fidélité de Rey, je fus forcé de porter ailleurs mes conjectures ; et celle à laquelle j'aimai le mieux m'arrêter fut que mes paquets avaient été ouverts à la poste.

Une autre connaissance à peu près du même temps, mais que je fis d'abord seulement par lettres, fut celle d'un M. Laliaud, de Nîmes, lequel m'écrivit de Paris, pour me prier de lui envoyer mon profil à la silhouette, dont il avait, disait-il, besoin pour mon buste en marbre, qu'il faisait faire par Le Moine, pour le placer dans sa bibliothèque. Si c'était une cajolerie inventée pour m'apprivoiser, elle réussit pleinement. Je jugeai qu'un homme qui voulait avoir mon buste en marbre dans sa bibliothèque était plein de mes ouvrages, par conséquent de mes principes, et qu'il m'aimait, parce que son âme était au ton de la mienne. Il était difficile que cette idée ne me séduisît pas. J'ai vu M. Laliaud dans la suite. Je l'ai trouvé très zélé pour me rendre beaucoup de petits services, pour s'entremêler beaucoup dans mes petites affaires. Mais, au reste, je doute qu'aucun de mes écrits ait été du petit nombre des livres qu'il a lus en sa vie. J'ignore s'il a une bibliothèque, et si c'est un meuble à son usage ; et quant au buste, il s'est borné à une mauvaise esquisse en terre, faite par Le Moine, sur laquelle il a fait graver un portrait hideux, qui ne laisse pas de courir sous mon nom, comme s'il avait avec moi quelque ressemblance.

Le seul Français qui parut me venir voir par goût pour mes sentiments et pour mes ouvrages fut un jeune officier du régiment

de Limousin, appelé M. Séguier de Saint-Brisson, qu'on a vu et qu'on voit peut-être encore briller à Paris et dans le monde, par des talents assez aimables, et par des prétentions au bel esprit. Il m'était venu voir à Montmorency l'hiver qui précéda ma catastrophe. Je lui trouvai une vivacité de sentiment qui me plut. Il m'écrivit dans la suite à Motiers; et, soit qu'il voulût me cajoler, ou que réellement la tête lui tournât de l'*Émile*, il m'apprit qu'il quittait le service pour vivre indépendant, et qu'il apprenait le métier de menuisier. Il avait un frère aîné, capitaine dans le même régiment, pour lequel était toute la prédilection de la mère, qui, dévote outrée, et dirigée par je ne sais quel abbé tartufe, en usait très mal avec le cadet, qu'elle accusait d'irréligion, et même du crime irrémissible d'avoir des liaisons avec moi. Voilà les griefs sur lesquels il voulut rompre avec sa mère, et prendre le parti dont je viens de parler; le tout, pour faire le petit Émile.

Alarmé de cette pétulance, je me hâtai de lui écrire pour le faire changer de résolution, et je mis à mes exhortations toute la force dont j'étais capable: elles furent écoutées. Il rentra dans son devoir vis-à-vis de sa mère, et il retira des mains de son colonel sa démission qu'il lui avait donnée, et dont celui-ci avait eu la prudence de ne faire aucun usage, pour lui laisser le temps d'y mieux réfléchir. Saint-Brisson, revenu de ses folies, en fit une un peu moins choquante, mais qui n'était guère plus de mon goût: ce fut de se faire auteur. Il donna coup sur coup deux ou trois brochures qui n'annonçaient pas un homme sans talents, mais sur lesquelles je n'aurai pas à me reprocher de lui avoir donné des éloges bien encourageants pour poursuivre cette carrière.

Quelque temps après il me vint voir, et nous fîmes ensemble le pèlerinage de l'île de Saint-Pierre. Je le trouvai dans ce voyage différent de ce que je l'avais vu à Montmorency. Il avait je ne sais quoi d'affecté, qui d'abord ne me choqua pas beaucoup, mais qui m'est revenu souvent en mémoire depuis ce temps-là. Il me vint voir encore une fois à l'hôtel de Saint-Simon, à mon passage à Paris pour aller en Angleterre. J'appris là (ce qu'il ne m'avait pas dit) qu'il vivait dans les grandes sociétés, et qu'il voyait assez souvent madame de Luxembourg. Il ne me donna

aucun signe de vie à Trye, et ne me fit rien dire par sa parente mademoiselle Séguier, qui était ma voisine, et qui ne m'a jamais paru bien favorablement disposée pour moi. En un mot, l'engouement de M. de Saint-Brisson finit tout d'un coup, comme la liaison de M. de Feins : mais celui-ci ne me devait rien, et l'autre me devait quelque chose; à moins que les sottises que je l'avais empêché de faire n'eussent été qu'un jeu de sa part : ce qui, dans le fond, pourrait très bien être.

J'eus aussi des visites de Genève tant et plus. Les Deluc père et fils me choisirent successivement pour leur garde-malade : le père tomba malade en route; le fils l'était en partant de Genève; tous deux vinrent se rétablir chez moi. Des ministres, des parents, des cagots, des quidams de toute espèce venaient de Genève et de Suisse, non pas, comme ceux de France, pour m'admirer et me persifler, mais pour me tancer et catéchiser. Le seul qui me fit plaisir fut Moultou, qui vint passer trois ou quatre jours avec moi, et que j'y aurais bien voulu retenir davantage. Le plus constant de tous, celui qui s'opiniâtra le plus, et qui me subjugua à force d'importunités, fut un M. d'Ivernois, commerçant de Genève, Français réfugié, et parent du procureur général de Neuchâtel. Ce M. d'Ivernois de Genève passait à Motiers deux fois l'an, tout exprès pour m'y venir voir, restait chez moi du matin au soir plusieurs jours de suite, se mettait de mes promenades, m'apportait mille sortes de petits cadeaux, s'insinuait malgré moi dans ma confidence, se mêlait de toutes mes affaires, sans qu'il y eût entre lui et moi aucune communion d'idées, ni d'inclinations, ni de sentiments, ni de connaissances. Je doute qu'il ait lu dans toute sa vie un livre entier d'aucune espèce, et qu'il sache même de quoi traitent les miens. Quand je commençai d'herboriser, il me suivit dans mes courses de botanique, sans goût pour cet amusement, sans avoir rien à me dire, ni moi à lui. Il eut même le courage de passer avec moi trois jours entiers tête à tête dans un cabaret à Goumoins, d'où j'avais cru le chasser à force de l'ennuyer et de lui faire sentir combien il m'ennuyait; et tout cela sans qu'il m'ait été possible jamais de rebuter son incroyable constance, ni d'en pénétrer le motif.

Parmi toutes ces liaisons, que je ne fis et n'entretins que par force, je ne dois pas omettre la seule qui m'ait été agréable, et à laquelle j'aie mis un véritable intérêt de cœur: c'est celle d'un jeune Hongrois qui vint se fixer à Neuchâtel, et de là à Motiers, quelques mois après que j'y fus établi moi-même. On l'appelait dans le pays le baron de Sauttern, nom sous lequel il avait été recommandé de Zurich. Il était grand et bien fait, d'une figure agréable, d'une société liante et douce. Il dit à tout le monde, et me fit entendre à moi-même, qu'il n'était venu à Neuchâtel qu'à cause de moi, et pour former sa jeunesse à la vertu par mon commerce. Sa physionomie, son ton, ses manières, me parurent d'accord avec ses discours; et j'aurais cru manquer à l'un des plus grands devoirs en éconduisant un jeune homme en qui je ne voyais rien que d'aimable, et qui me recherchait par un si respectable motif. Mon cœur ne sait point se livrer à demi. Bientôt il eut toute mon amitié, toute ma confiance; nous devînmes inséparables. Il était de toutes mes courses pédestres, il y prenait goût. Je le menai chez milord maréchal, qui lui fit mille caresses. Comme il ne pouvait encore s'exprimer en français, il ne me parlait et ne m'écrivait qu'en latin : je lui répondais en français, et ce mélange des deux langues ne rendait nos entretiens ni moins coulants, ni moins vifs à tous égards. Il me parla de sa famille, de ses affaires, de ses aventures, de la cour de Vienne, dont il paraissait bien connaître les détails domestiques. Enfin, pendant près de deux ans que nous passâmes dans la plus grande intimité, je ne lui trouvai qu'une douceur de caractère à toute épreuve, des mœurs non seulement honnêtes, mais élégantes, une grande propreté sur sa personne, une décence extrême dans tous ses discours; enfin toutes les marques d'un homme bien né, qui me le rendirent trop estimable pour ne pas me le rendre cher.

Dans le fort de mes liaisons avec lui, d'Ivernois de Genève m'écrivit que je prisse garde au jeune Hongrois qui était venu s'établir auprès de moi; qu'on l'avait assuré que c'était un espion que le ministère de France avait auprès de moi. Cet avis pouvait paraître d'autant plus inquiétant, que dans le pays où j'étais tout le monde m'avertissait de me tenir sur mes gardes, qu'on me

guettait, et qu'on cherchait à m'attirer sur le territoire de France, pour m'y faire un mauvais parti.

Pour fermer la bouche une fois pour toutes à ces ineptes donneurs d'avis, je proposai à Sauttern, sans le prévenir de rien, une promenade pédestre à Pontarlier; il y consentit. Quand nous fûmes arrivés à Pontarlier, je lui donnai à lire la lettre de d'Ivernois; et puis, l'embrassant avec ardeur, je lui dis : « Sauttern n'a pas besoin que je lui prouve ma confiance, mais le public a besoin que je lui prouve que je la sais bien placer. » Cet embrassement fut bien doux; ce fut un de ces plaisirs de l'âme que les persécuteurs ne sauraient connaître, ni les ôter aux opprimés.

Je ne croirai jamais que Sauttern fût un espion, ni qu'il m'ait trahi; mais il m'a trompé. Quand j'épanchais avec lui mon cœur sans réserve, il eut le courage de me fermer constamment le sien, et de m'abuser par des mensonges. Il me controuva je ne sais quelle histoire, qui me fit juger que sa présence était nécessaire dans son pays. Je l'exhortai de partir au plus vite: il partit; et quand je le croyais déjà en Hongrie, j'appris qu'il était à Strasbourg. Ce n'était pas la première fois qu'il y avait été. Il y avait jeté du désordre dans un ménage: le mari, sachant que je le voyais, m'avait écrit. Je n'avais omis aucun soin pour ramener la jeune femme à la vertu et Sauttern à son devoir. Quand je les croyais parfaitement détachés l'un de l'autre, ils s'étaient rapprochés, et le mari même eut la complaisance de reprendre le jeune homme dans sa maison; dès lors je n'eus plus rien à dire. J'appris que le prétendu baron m'en avait imposé par un tas de mensonges. Il ne s'appelait point Sauttern, il s'appelait Sauttersheim. A l'égard du titre de baron, qu'on lui donnait en Suisse, je ne pouvais le lui reprocher, parce qu'il ne l'avait jamais pris; mais je ne doute pas qu'il ne fût bien gentilhomme; et milord maréchal, qui se connaissait en hommes, et qui avait été dans son pays, l'a toujours regardé et traité comme tel.

Sitôt qu'il fut parti, la servante de l'auberge où il mangeait à Motiers se déclara grosse de son fait. C'était une si vilaine salope, et Sauttern, généralement estimé et considéré dans tout le pays par sa conduite et ses mœurs honnêtes, se piquait si fort de pro-

preté, que cette impudence choqua tout le monde. Les plus aimables personnes du pays, qui lui avaient inutilement prodigué leurs agaceries, étaient furieuses : j'étais outré d'indignation. Je fis tous mes efforts pour faire arrêter cette effrontée, offrant de payer tous les frais et de cautionner Sauttersheim. Je lui écrivis, dans la forte persuasion, non seulement que cette grossesse n'était pas de son fait, mais qu'elle était feinte, et que tout cela n'était qu'un jeu joué par ses ennemis et les miens. Je voulais qu'il revînt dans le pays, pour confondre cette coquine et ceux qui la faisaient parler. Je fus surpris de la mollesse de sa réponse. Il écrivit au pasteur dont la salope était paroissienne, et fit en sorte d'assoupir l'affaire : ce que voyant, je cessai de m'en mêler, fort étonné qu'un homme aussi crapuleux eût pu être assez maître de lui-même pour m'en imposer par sa réserve dans la plus intime familiarité.

De Strasbourg, Sauttersheim fut à Paris chercher fortune, et n'y trouva que de la misère. Il m'écrivit en disant son *Peccavi*. Mes entrailles s'émurent au souvenir de notre ancienne amitié ; je lui envoyai quelque argent. L'année suivante, à mon passage à Paris, je le revis à peu près dans le même état, mais grand ami de M. Laliaud, sans que j'aie pu savoir d'où lui venait cette connaissance, et si elle était ancienne ou nouvelle. Deux ans après, Sauttersheim retourna à Strasbourg, d'où il m'écrivit, et où il est mort. Voilà l'histoire abrégée de nos liaisons, et ce que je sais de ses aventures : mais en déplorant le sort de ce malheureux jeune homme, je ne cesserai jamais de croire qu'il était bien né, et que tout le désordre de sa conduite fut l'effet des situations où il s'est trouvé.

Telles furent les acquisitions que je fis à Motiers, en fait de liaisons et de connaissances. Qu'il en aurait fallu de pareilles pour compenser les cruelles pertes que je fis dans le même temps !

La première fut celle de M. de Luxembourg, qui, après avoir été tourmenté longtemps par les médecins, fut enfin leur victime, traité de la goutte, qu'ils ne voulurent point reconnaître, comme d'un mal qu'ils pouvaient guérir.

Si l'on doit s'en rapporter là-dessus à la relation que m'en écrivit La Roche, l'homme de confiance de madame la maréchale, c'est bien par cet exemple, aussi cruel que mémorable, qu'il faut déplorer les misères de la grandeur.

La perte de ce bon seigneur me fut d'autant plus sensible, que c'était le seul ami vrai que j'eusse en France; et la douceur de son caractère était telle, qu'elle m'avait fait oublier tout à fait son rang, pour m'attacher à lui comme à mon égal. Nos liaisons ne cessèrent point par ma retraite, et il continua de m'écrire comme auparavant. Je crus pourtant remarquer que l'absence ou mon malheur avait attiédi son affection. Il est bien difficile qu'un courtisan garde le même attachement pour quelqu'un qu'il sait être dans la disgrâce des puissances. J'ai jugé d'ailleurs que le grand ascendant qu'avait sur lui madame de Luxembourg ne m'avait pas été favorable, et qu'elle avait profité de mon éloignement pour me nuire dans son esprit. Pour elle, malgré quelques démonstrations affectées et toujours plus rares, elle cacha moins de jour en jour son changement à mon égard. Elle m'écrivit quatre ou cinq fois en Suisse, de temps à autre, après quoi elle ne m'écrivit plus du tout; et il fallait toute la prévention, toute la confiance, tout l'aveuglement où j'étais encore, pour ne pas voir en elle plus que du refroidissement envers moi.

Le libraire Guy, associé de Duchesne, qui depuis moi fréquentait beaucoup l'hôtel de Luxembourg, m'écrivit que j'étais sur le testament de M. le maréchal. Il n'y avait rien là que de très naturel et de très croyable; ainsi je n'en doutai pas. Cela me fit délibérer en moi-même comment je me comporterais sur le legs. Tout bien pesé, je résolus de l'accepter, quel qu'il pût être, et de rendre cet honneur à un honnête homme qui, dans un rang où l'amitié ne pénètre guère, en avait eu une véritable pour moi. J'ai été dispensé de ce devoir, n'ayant plus entendu parler de ce legs vrai ou faux; et en vérité j'aurais été peiné de blesser une des grandes maximes de ma morale, en profitant de quelque chose à la mort de quelqu'un qui m'avait été cher. Durant la dernière maladie de notre ami Mussard, Lenieps me proposa de profiter de la sensibilité qu'il marquait à nos soins, pour lui insinuer

quelques dispositions en notre faveur. « Ah ! cher Lenieps, lui
dis-je, ne souillons pas par des idées d'intérêt les tristes mais
sacrés devoirs que nous rendons à notre ami mourant. J'espère
n'être jamais dans le testament de personne, et jamais du moins
dans celui d'aucun de mes amis. » Ce fut à peu près dans ce
même temps-ci que milord maréchal me parla du sien, de ce qu'il
avait dessein d'y faire pour moi, et que je lui fis la réponse dont
j'ai parlé dans ma première Partie.

Ma seconde perte, plus sensible encore et bien plus irréparable,
fut celle de la meilleure des femmes et des mères, qui, déjà char-
gée d'ans et surchargée d'infirmités et de misères, quitta cette
vallée de larmes pour passer dans le séjour des bons, où l'aimable
souvenir du bien que l'on a fait ici-bas en fait l'éternelle récom-
pense. Allez, âme douce et bienfaisante, auprès des Fénelon,
des Bernex, des Catinat, et de ceux qui, dans un état plus
humble, ont ouvert, comme eux, leurs cœurs à la charité véri-
table ; allez goûter le fruit de la vôtre, et préparer à votre élève la
place qu'il espère un jour occuper près de vous ! Heureuse, dans
vos infortunes, que le ciel en les terminant vous ait épargné le
cruel spectacle des siennes ! Craignant de contrister son cœur
par le récit de mes premiers désastres, je ne lui avais point écrit
depuis mon arrivée en Suisse ; mais j'écrivis à M. de Conzié pour
m'informer d'elle, et ce fut lui qui m'apprit qu'elle avait cessé de
soulager ceux qui souffraient, et de souffrir elle-même. Bientôt je
cesserai de souffrir aussi ; mais si je croyais ne pas la revoir dans
l'autre vie, ma faible imagination se refuserait à l'idée du bonheur
parfait que je m'y promets.

Ma troisième perte et la dernière, car depuis lors il ne m'est
plus resté d'amis à perdre, fut celle de milord maréchal. Il ne
mourut pas ; mais, las de servir des ingrats, il quitta Neuchâtel,
et depuis lors je ne l'ai pas revu. Il vit, et me survivra, je l'es-
père : il vit, et, grâce à lui, tous mes attachements ne sont pas
rompus sur la terre : il y reste encore un homme digne de mon
amitié ; car son vrai prix est encore plus dans celle qu'on sent
que dans celle qu'on inspire : mais j'ai perdu les douceurs que la
sienne me prodiguait, et je ne peux plus le mettre qu'au rang de

ceux que j'aime encore, mais avec qui je n'ai plus de liaison. Il allait en Angleterre recevoir sa grâce du roi, et racheter ses biens jadis confisqués. Nous ne nous séparâmes point sans des projets de réunion, qui paraissaient presque aussi doux pour lui que pour moi. Il voulait se fixer à son château de Keith-Hall, près d'Aberdeen, et je devais m'y rendre auprès de lui ; mais ce projet me flattait trop pour que j'en pusse espérer le succès. Il ne resta point en Écosse. Les tendres sollicitations du roi de Prusse le rappelèrent à Berlin, et l'on verra bientôt comment je fus empêché de l'y aller joindre.

Avant son départ, prévoyant l'orage que l'on commençait à susciter contre moi, il m'envoya de son propre mouvement des lettres de naturalité qui semblaient être une précaution très sûre pour qu'on ne pût pas me chasser du pays. La communauté de Couvet dans le Val-de-Travers imita l'exemple du gouverneur, et me donna des lettres de *communier* gratuites, comme les premières. Ainsi, devenu de tout point citoyen du pays, j'étais à l'abri de toute expulsion légale, même de la part du prince : mais ce n'a jamais été par des voies légitimes qu'on a pu persécuter celui de tous les hommes qui a toujours le plus respecté les lois.

Je ne crois pas devoir compter au nombre des pertes que je fis en ce même temps celle de l'abbé de Mably. Ayant demeuré chez son frère, j'avais eu quelques liaisons avec lui, mais jamais bien intimes ; et j'ai quelque lieu de croire que ses sentiments à mon égard avaient changé de nature depuis que j'avais acquis plus de célébrité que lui. Mais ce fut à la publication des *Lettres de la montagne* que j'eus le premier signe de sa mauvaise volonté pour moi. On fit courir dans Genève une lettre à madame Saladin, qui lui était attribuée, et dans laquelle il parlait de cet ouvrage comme des clameurs séditieuses d'un démagogue effréné. L'estime que j'avais pour l'abbé de Mably et le cas que je faisais de ses lumières ne me permirent pas un instant de croire que cette extravagante lettre fût de lui. Je pris là-dessus le parti que m'inspira la franchise. Je lui envoyai une copie de la lettre, en l'avertissant qu'on la lui attribuait. Il ne me fit aucune réponse. Ce silence m'étonna ; mais qu'on juge de ma surprise quand madame

de Chenonceaux me manda que la lettre était réellement de l'abbé, et que la mienne l'avait fort embarrassé ! Car enfin, quand il aurait eu raison, comment pouvait-il excuser une démarche éclatante et publique, faite de gaieté de cœur, sans obligation, sans nécessité, à l'unique fin d'accabler au plus fort de ses malheurs un homme auquel il avait toujours marqué de la bienveillance, et qui n'avait jamais démérité de lui ! Quelque temps après parurent les *Dialogues de Phocion*, où je ne vis qu'une compilation de mes écrits, faite sans retenue et sans honte. Je sentis, à la lecture de ce livre, que l'auteur avait pris son parti à mon égard, et que je n'aurais point désormais de pire ennemi. Je crois qu'il ne m'a pardonné ni le *Contrat social*, trop au-dessus de ses forces, ni la *Paix perpétuelle*, et qu'il n'avait paru désirer que je fisse un extrait de l'abbé de Saint-Pierre qu'en supposant que je ne m'en tirerais pas si bien.

Plus j'avance dans mes récits, moins j'y puis mettre d'ordre et de suite. L'agitation du reste de ma vie n'a pas laissé aux événements le temps de s'arranger dans ma tête. Ils ont été trop nombreux, trop mêlés, trop désagréables, pour pouvoir être narrés sans confusion. La seule impression forte qu'ils m'ont laissée est celle de l'horrible mystère qui couvre leur cause, et de l'état déplorable où ils m'ont réduit. Mon récit ne peut plus marcher qu'à l'aventure, et selon que les idées me reviendront dans l'esprit. Je me rappelle que, dans le temps dont je parle, tout occupé de mes *Confessions*, j'en parlais très imprudemment à tout le monde, n'imaginant pas même que personne eût intérêt, ni volonté, ni pouvoir, de mettre obstacle à cette entreprise; et quand je l'aurais cru, je n'en aurais guère été plus discret, par l'impossibilité totale où je suis par mon naturel de tenir caché rien de ce que je sens et de ce que je pense. Cette entreprise connue fut, autant que j'en puis juger, la véritable cause de l'orage qu'on excita pour m'expulser de la Suisse, et me livrer entre des mains qui m'empêchassent de l'exécuter.

J'en avais une autre qui n'était guère vue de meilleur œil par ceux qui craignaient la première : c'était celle d'une édition générale de mes écrits. Cette édition me paraissait nécessaire pour

constater ceux des livres portant mon nom qui étaient véritable-
ment de moi, et mettre le public en état de les distinguer de ces
écrits pseudonymes que mes ennemis me prêtaient pour me
discréditer et m'avilir. Outre cela, cette édition était un moyen
simple et honnête de m'assurer du pain : et c'était le seul, puisque,
ayant renoncé à faire des livres, mes Mémoires ne pouvant
paraître de mon vivant, ne gagnant pas un sou d'aucune autre
manière, et dépensant toujours, je voyais la fin de mes ressources
dans celle du produit de mes derniers écrits. Cette raison m'avait
pressé de donner mon *Dictionnaire de musique*, encore informe. Il
m'avait valu cent louis comptants et cent écus de rente viagère;
mais encore devait-on voir bientôt la fin de cent louis, quand on
en dépensait annuellement plus de soixante; et cent écus de
rente étaient comme rien pour un homme sur qui les quidams
et les gueux venaient incessamment fondre comme des étour-
neaux.

Il se présenta une compagnie de négociants de Neuchâtel pour
l'entreprise de mon édition générale, et un imprimeur ou libraire
de Lyon, appelé Reguillat, vint je ne sais comment se fourrer
parmi eux pour la diriger. L'accord se fit sur un pied raisonnable
et suffisant pour bien remplir mon objet. J'avais, tant en ouvrages
imprimés qu'en pièces encore manuscrites, de quoi fournir six
volumes in-quarto; je m'engageai de plus à veiller sur l'édition :
au moyen de quoi ils devaient me faire une pension viagère de
seize cents livres de France, et un présent de mille écus une fois
payés.

Le traité était conclu, non encore signé, quand les *Lettres écrites
de la montagne* parurent. La terrible explosion qui se fit contre cet
infernal ouvrage et contre son abominable auteur épouvanta la
compagnie, et l'entreprise s'évanouit. Je comparerais l'effet de ce
dernier ouvrage à celui de la *Lettre sur la musique française*, si cette
lettre, en m'attirant la haine et m'exposant au péril, ne m'eût
laissé du moins la considération et l'estime. Mais après ce dernier
ouvrage, on parut s'étonner à Genève et à Versailles qu'on laissât
respirer un monstre tel que moi. Le petit conseil, excité par le
résident de France, et dirigé par le procureur général, donna une

déclaration sur mon ouvrage, par laquelle, avec les qualifications
les plus atroces, il le déclare indigne d'être brûlé par le bourreau,
et ajoute, avec une adresse qui tient du burlesque, qu'on ne peut,
sans se déshonorer, y répondre, ni même en faire aucune men-
tion. Je voudrais pouvoir transcrire ici cette curieuse pièce; mais
malheureusement je ne l'ai pas, et ne m'en souviens pas d'un seul
mot. Je désire ardemment que quelqu'un de mes lecteurs, animé
du zèle de la vérité et de l'équité, veuille relire en entier les
Lettres écrites de la montagne; il sentira, j'ose le dire, la stoïque
modération qui règne dans cet ouvrage, après les sensibles et
cruels outrages dont on venait à l'envi d'accabler l'auteur. Mais
ne pouvant répondre aux injures parce qu'il n'y en avait point, ni
aux raisons parce qu'elles étaient sans réponse, ils prirent le parti
de paraître trop courroucés pour vouloir répondre; et il est vrai
que s'ils prenaient les arguments invincibles pour des injures, ils
devaient se tenir fort injuriés.

Les représentants, loin de faire aucune plainte sur cette odieuse
déclaration, suivirent la route qu'elle leur traçait; et, au lieu de
faire trophée des *Lettres de la montagne*, qu'ils voilèrent pour s'en
faire un bouclier, ils eurent la lâcheté de ne rendre ni honneur ni
justice à cet écrit fait pour leur défense et à leur sollicitation, ni
le citer, ni le nommer, quoiqu'ils en tirassent tacitement tous
leurs arguments, et que l'exactitude avec laquelle ils ont suivi le
conseil par lequel finit cet ouvrage ait été la seule cause de leur
salut et de leur victoire. Ils m'avaient imposé ce devoir; je l'avais
rempli, j'avais jusqu'au bout servi la patrie et leur cause. Je les
priai d'abandonner la mienne, et de ne songer qu'à eux dans leurs
démêlés. Ils me prirent au mot, et je ne me suis plus mêlé de
leurs affaires que pour les exhorter sans cesse à la paix, ne dou-
tant pas que, s'ils s'obstinaient, ils ne fussent écrasés par la
France. Cela n'est pas arrivé; j'en comprends la raison, mais
ce n'est pas ici le lieu de la dire.

L'effet des *Lettres de la montagne*, à Neuchâtel, fut d'abord très
paisible. J'en envoyai un exemplaire à M. de Montmollin; il le
reçut bien, et le lut sans objection. Il était malade, aussi bien
que moi; il me vint voir amicalement quand il fut rétabli, et ne

me parla de rien. Cependant la rumeur commençait; on brûla le livre je ne sais où. De Genève, de Berne, et de Versailles peut-être, le foyer de l'effervescence passa bientôt à Neuchâtel, et surtout au Val-de-Travers, où, avant même que la classe eût fait aucun mouvement apparent, on avait commencé d'ameuter le peuple par des pratiques souterraines. Je devais, j'ose le dire, être aimé du peuple dans ce pays-là, comme je l'ai été dans tous ceux où j'ai vécu, versant les aumônes à pleines mains, ne laissant sans assistance aucun indigent autour de moi, ne refusant à personne aucun service que je pusse rendre et qui fût dans la justice, me familiarisant trop peut-être avec tout le monde, et me dérobant de tout mon pouvoir à toute distinction qui pût exciter la jalousie. Tout cela n'empêcha pas que la populace, soulevée secrètement je ne sais par qui, ne s'animât contre moi par degrés jusqu'à la fureur, qu'elle ne m'insultât publiquement en plein jour, non seulement dans la campagne et dans les chemins, mais en pleine rue. Ceux à qui j'avais fait le plus de bien étaient les plus acharnés; et des gens même à qui je continuais d'en faire, n'osant se montrer, excitaient les autres, et semblaient vouloir se venger ainsi de l'humiliation de m'être obligés. Montmollin paraissait ne rien voir, et ne se montrait pas encore; mais comme on approchait d'un temps de communion, il vint chez moi pour me conseiller de m'abstenir de m'y présenter; m'assurant que du reste il ne m'en voulait point, et qu'il me laisserait tranquille. Je trouvai le compliment bizarre; il me rappelait la lettre de madame de Boufflers, et je ne pouvais concevoir à qui donc il importait si fort que je communiasse ou non. Comme je regardais cette condescendance de ma part comme un acte de lâcheté, et que d'ailleurs je ne voulais pas donner au peuple ce nouveau prétexte de crier à l'impie, je refusai net le ministre; et il s'en retourna mécontent, me faisant entendre que je m'en repentirais.

Il ne pouvait pas m'interdire la communion de sa seule autorité; il fallait celle du consistoire qui m'avait admis; et tant que le consistoire n'avait rien dit, je pouvais me présenter hardiment, sans crainte de refus. Montmollin se fit donner par la classe la commission de me citer au consistoire pour y rendre compte de

ma foi, et de m'excommunier en cas de refus. Cette excommunication ne pouvait non plus se faire que par le consistoire et à la pluralité des voix. Mais les paysans qui, sous le nom d'anciens, composaient cette assemblée, présidés, et, comme on comprend bien, gouvernés par leur ministre, ne devaient pas naturellement être d'un autre avis que le sien, principalement sur des matières théologiques, qu'ils entendaient encore moins que lui. Je fus donc cité, et je résolus de comparaître.

Quelle circonstance heureuse, et quel triomphe pour moi, si j'avais su parler, et que j'eusse eu, pour ainsi dire, ma plume dans ma bouche ! Avec quelle supériorité, avec quelle facilité j'aurais terrassé ce pauvre ministre au milieu de ses six paysans ! L'avidité de dominer ayant fait oublier au clergé protestant tous les principes de la réformation, je n'avais, pour l'y rappeler et le réduire au silence, qu'à commenter mes premières *Lettres de la montagne*, sur lesquelles ils avaient la bêtise de m'épiloguer. Mon texte était tout fait, je n'avais qu'à l'étendre, et mon homme était confondu. Je n'aurais pas été assez sot pour me tenir sur la défensive ; il m'était aisé de devenir agresseur sans même qu'il s'en aperçût, ou qu'il pût s'en garantir. Les prestolets de la classe, non moins étourdis qu'ignorants, m'avaient mis eux-mêmes dans la position la plus heureuse que j'aurais pu désirer, pour les écraser à plaisir. Mais quoi ! il fallait parler, et parler sur-le-champ, trouver les idées, les tours, les mots au moment du besoin, avoir toujours l'esprit présent, être toujours de sang-froid, ne jamais me troubler un moment. Que pouvais-je espérer de moi, qui sentais si bien mon inaptitude à m'exprimer impromptu ? J'avais été réduit au silence le plus humiliant à Genève, devant une assemblée tout en ma faveur, et déjà résolue de tout approuver. Ici, c'était tout le contraire : j'avais affaire à un tracassier, qui mettait l'astuce à la place du savoir, qui me tendrait cent pièges avant que j'en aperçusse un, et tout déterminé à me prendre en faute à quelque prix que ce fût. Plus j'examinai cette position, plus elle me parut périlleuse ; et sentant l'impossibilité de m'en tirer avec succès, j'imaginai un autre expédient. Je méditai un discours à prononcer devant le consistoire, pour le récuser

et me dispenser de répondre. La chose était très facile : j'écrivis
ce discours, et me mis à l'étudier par cœur avec une ardeur sans
égale. Thérèse se moquait de moi, en m'entendant marmotter et
répéter incessamment les mêmes phrases, pour tâcher de les
fourrer dans ma tête. J'espérais tenir enfin mon discours ; je savais
que le châtelain, comme officier du prince, assisterait au consis-
toire ; que, malgré les manœuvres et les bouteilles de Montmollin,
la plupart des anciens étaient bien disposés pour moi : j'avais en
ma faveur la raison, la vérité, la justice, la protection du roi,
l'autorité du conseil d'État, les vœux de tous les bons patriotes,
qu'intéressait l'établissement de cette inquisition : tout contri-
buait à m'encourager.

La veille du jour marqué, je savais mon discours par cœur ; je
le récitai sans faute. Je le remémorai toute la nuit dans ma tête ; le
matin je ne le savais plus ; j'hésite à chaque mot, je me crois déjà
dans l'illustre assemblée, je me trouble, je balbutie, ma tête se
perd ; enfin, presque au moment d'aller, le courage me manque
totalement ; je reste chez moi, et je prends le parti d'écrire au
consistoire, en disant mes raisons à la hâte, et prétextant mes
incommodités, qui véritablement dans l'état où j'étais alors,
m'auraient difficilement laissé soutenir la séance entière.

Le ministre, embarrassé de ma lettre, remit l'affaire à une autre
séance. Dans l'intervalle, il se donna par lui-même et par ses
créatures mille mouvements pour séduire ceux des anciens qui,
suivant les inspirations de leur conscience plutôt que les siennes,
n'opinaient pas au gré de la classe et au sien. Quelque puissants
que ses arguments tirés de sa cave dussent être sur ces sortes de
gens, il n'en put gagner aucun autre que les deux ou trois qui lui
étaient déjà dévoués, et qu'on appelait ses âmes damnées. L'offi-
cier du prince et le colonel de Pury, qui se porta dans cette
affaire avec beaucoup de zèle, maintinrent les autres dans leur
devoir ; et quand ce Montmollin voulut procéder à l'excommuni-
cation, son consistoire, à la pluralité des voix, le refusa tout à
plat. Réduit alors au dernier expédient d'ameuter la populace, il
se mit avec ses confrères et d'autres gens à y travailler ouverte-
ment, et avec un tel succès, que, malgré les forts et fréquents

Maurice Leloir, inv. Boulard fils, sc.

JEAN JACQUES MENACÉ

rescrits du roi, malgré tous les ordres du conseil d'État, je fus enfin forcé de quitter le pays, pour ne pas exposer l'officier du prince à s'y faire assassiner lui-même en me défendant.

Je n'ai qu'un souvenir si confus de toute cette affaire, qu'il m'est impossible de mettre aucun ordre, aucune liaison dans les idées qui m'en reviennent, et que je ne les puis rendre qu'éparses et isolées, comme elles se présentent à mon esprit. Je me rappelle qu'il y avait eu avec la classe quelque espèce de négociation, dont Montmollin avait été l'entremetteur. Il avait feint qu'on craignait que par mes écrits je ne troublasse le repos du pays, à qui l'on s'en prendrait de ma liberté d'écrire. Il m'avait fait entendre que, si je m'engageais à quitter la plume, on serait coulant sur le passé. J'avais déjà pris cet engagement avec moi-même; je ne balançai point à le prendre avec la classe, mais conditionnel, et seulement quant aux matières de religion. Il trouva le moyen d'avoir cet écrit à double, sur quelque changement qu'il exigea. La condition ayant été rejetée par la classe, je redemandai mon écrit : il me rendit un des doubles et garda l'autre, prétextant qu'il l'avait égaré. Après cela, le peuple, ouvertement excité par les ministres, se moqua des rescrits du roi, des ordres du conseil d'État, et ne connut plus de frein. Je fus prêché en chaire, nommé l'Antechrist, et poursuivi dans la campagne comme un loup-garou. Mon habit d'Arménien servait de renseignement à la populace : j'en sentais cruellement l'inconvénient; mais le quitter dans ces circonstances me semblait une lâcheté. Je ne pus m'y résoudre, et je me promenais tranquillement dans le pays avec mon cafetan et mon bonnet fourré, entouré des huées de la canaille et quelquefois de ses cailloux. Plusieurs fois, en passant devant des maisons, j'entendais dire à ceux qui les habitaient : Apportez-moi mon fusil, que je lui tire dessus. Je n'en allais pas plus vite : ils n'en étaient que plus furieux, mais ils s'en tinrent toujours aux menaces, du moins pour l'article des armes à feu.

Durant toute cette fermentation, je ne laissai pas d'avoir deux fort grands plaisirs auxquels je fus bien sensible. Le premier fut de pouvoir faire un acte de reconnaissance par le canal de milord maréchal. Tous les honnêtes gens de Neuchâtel, indignés des

traitements que j'essuyais et des manœuvres dont j'étais la victime, avaient les ministres en exécration, sentant bien qu'ils suivaient des impulsions étrangères, et qu'ils n'étaient que les satellites d'autres gens qui se cachaient en les faisant agir, et craignant que mon exemple ne tirât à conséquence pour l'établissement d'une véritable inquisition. Les magistrats, et surtout M. Meuron, qui avait succédé à M. d'Ivernois dans la charge de procureur général, faisaient tous leurs efforts pour me défendre. Le colonel de Pury, quoique simple particulier, en fit davantage et réussit mieux. Ce fut lui qui trouva le moyen de faire bouquer Montmollin dans son consistoire, en retenant les anciens dans leur devoir. Comme il avait du crédit, il l'employa tant qu'il put pour arrêter la sédition; mais il n'avait que l'autorité des lois, de la justice et de la raison, à opposer à celle de l'argent et du vin. La partie n'était pas égale, et dans ce point Montmollin triompha de lui. Cependant, sensible à ses soins et à son zèle, j'aurais voulu pouvoir lui rendre bon office pour bon office, et pouvoir m'acquitter envers lui de quelque façon. Je savais qu'il convoitait fort une place de conseiller d'État; mais s'étant mal conduit au gré de la cour dans l'affaire du ministre Petitpierre, il était en disgrâce auprès du prince et du gouverneur. Je risquai pourtant d'écrire en sa faveur à milord maréchal; j'osai même parler de l'emploi qu'il désirait, et si heureusement, que, contre l'attente de tout le monde, il lui fut presque aussitôt conféré par le roi. C'est ainsi que le sort, qui m'a toujours mis en même temps trop haut et trop bas, continuait à me ballotter d'une extrémité à l'autre; et tandis que la populace me couvrait de fange, je faisais un conseiller d'État.

Mon autre grand plaisir fut une visite que vint me faire madame de Verdelin avec sa fille, qu'elle avait menée aux bains de Bourbonne, d'où elle poussa jusqu'à Motiers, et logea chez moi deux ou trois jours. A force d'attention et de soins, elle avait enfin surmonté ma longue répugnance; et mon cœur, vaincu par ses caresses, lui rendait toute l'amitié qu'elle m'avait si longtemps témoignée. Je fus touché de ce voyage, surtout dans la circonstance où je me trouvais, et où j'avais grand besoin, pour soutenir

mon courage, des consolations de l'amitié. Je craignais qu'elle ne s'affectât des insultes que je recevais de la populace, et j'aurais voulu lui en dérober le spectacle, pour ne pas contrister son cœur; mais cela ne me fut pas possible; et quoique sa présence contînt un peu les insolents dans nos promenades, elle en vit assez pour juger de ce qui se passait dans les autres temps. Ce fut même durant son séjour chez moi que je commençai d'être attaqué dans ma propre habitation. Sa femme de chambre trouva ma fenêtre couverte, un matin, des pierres qu'on y avait jetées pendant la nuit. Un banc très massif, qui était dans la rue à côté de ma porte et fortement attaché, fut détaché, enlevé, et posé debout contre la porte, de sorte que, si l'on ne s'en fût aperçu, le premier qui, pour sortir, aurait ouvert la porte d'entrée, devait naturellement être assommé. Madame de Verdelin n'ignorait rien de ce qui se passait; car, outre ce qu'elle voyait elle-même, son domestique, homme de confiance, était très répandu dans le village, y accostait tout le monde, et on le vit même en conférence avec Montmollin. Cependant elle ne parut faire aucune attention à rien de ce qui m'arrivait, ne me parla ni de Montmollin ni de personne, et répondit peu de chose à ce que je lui en dis quelquefois. Seulement, paraissant persuadée que le séjour de l'Angleterre me convenait plus qu'aucun autre, elle me parla beaucoup de M. Hume, qui était alors à Paris, de son amitié pour moi, du désir qu'il avait de m'être utile dans son pays. Il est temps de dire quelque chose de M. Hume.

Il s'était acquis une grande réputation en France, et surtout parmi les encyclopédistes, par ses traités de commerce et de politique, et en dernier lieu par son histoire de la maison Stuart, le seul de ses écrits dont j'avais lu quelque chose dans la traduction de l'abbé Prévost. Faute d'avoir lu ses autres ouvrages, j'étais persuadé, sur ce qu'on m'avait dit de lui, que M. Hume associait une âme très républicaine aux paradoxes anglais en faveur du luxe. Sur cette opinion, je regardais toute son apologie de Charles I[er] comme un prodige d'impartialité, et j'avais une aussi grande idée de sa vertu que de son génie. Le désir de connaître cet homme rare et d'obtenir son amitié avait beaucoup augmenté

les tentations de passer en Angleterre que me donnaient les solli-
citations de madame de Boufflers, intime amie de M. Hume.
Arrivé en Suisse, j'y reçus de lui, par la voie de cette dame, une
lettre extrêmement flatteuse, dans laquelle, aux plus grandes
louanges sur mon génie, il joignait la pressante invitation de
passer en Angleterre, et l'offre de tout son crédit et de tous ses
amis pour m'en rendre le séjour agréable. Je trouvai sur les lieux
milord maréchal, le compatriote et l'ami de M. Hume, qui me con-
firma tout le bien que j'en pensais, et qui m'apprit même à son
sujet une anecdote littéraire qui l'avait beaucoup frappé, et qui
me frappa de même. Vallace, qui avait écrit contre Hume au
sujet de la population des anciens, était absent tandis qu'on
imprimait son ouvrage. Hume se chargea de revoir les épreuves
et de veiller à l'édition. Cette conduite était dans mon tour
d'esprit. C'est ainsi que j'avais débité des copies, à six sous pièce,
d'une chanson qu'on avait faite contre moi. J'avais donc toute
sorte de préjugés en faveur de Hume, quand madame de Verdelin
vint me parler vivement de l'amitié qu'il disait avoir pour moi, et
de son empressement à me faire les honneurs de l'Angleterre; car
c'est ainsi qu'elle s'exprimait. Elle me pressa beaucoup de pro-
fiter de ce zèle et d'écrire à M. Hume. Comme je n'avais pas natu-
rellement de penchant pour l'Angleterre, et que je ne voulais
prendre ce parti qu'à l'extrémité, je refusai d'écrire et de pro-
mettre; mais je la laissai la maîtresse de faire tout ce qu'elle
jugerait à propos pour maintenir M. Hume dans ses bonnes dis-
positions. En quittant Motiers, elle me laissa persuadé, par tout
ce qu'elle m'avait dit de cet homme illustre, qu'il était de mes
amis, et qu'elle était encore plus de ses amies.

Après son départ, Montmollin poussa ses manœuvres, et la
populace ne connut plus de frein. Je continuai cependant à me
promener tranquillement au milieu des huées; et le goût de la
botanique, que j'avais commencé de prendre auprès du docteur
d'Ivernois, donnant un nouvel intérêt à mes promenades, me
faisait parcourir le pays en herborisant, sans m'émouvoir des cla-
meurs de toute cette canaille, dont ce sang-froid ne faisait
qu'irriter la fureur. Une des choses qui m'affectèrent le plus, fut

de voir les familles de mes amis, ou des gens qui portaient ce nom, entrer assez ouvertement dans la ligue de mes persécuteurs, comme les d'Ivernois, sans en excepter même le père et le frère de mon Isabelle, Boy de la Tour, parent de l'amie chez qui j'étais logé, et madame Girardier, sa belle-sœur. Ce Pierre Boy était si butor, si bête, et se comporta si brutalement, que, pour ne pas me mettre en colère, je me permis de le plaisanter ; et je fis, dans le goût du petit prophète, une petite brochure de quelques pages, intitulée *la Vision de Pierre de la montagne, dit le Voyant*, dans laquelle je trouvai le moyen de tirer assez plaisamment sur des miracles qui faisaient alors le grand prétexte de ma persécution. Du Peyrou fit imprimer à Genève ce chiffon qui n'eut dans le pays qu'un succès médiocre ; les Neuchâtelois, avec tout leur esprit, ne sentent guère le sel attique ni la plaisanterie, sitôt qu'elle est un peu fine.

Je mis un peu plus de soin à un autre écrit du même temps, dont on trouvera le manuscrit parmi mes papiers, et dont il faut dire ici le sujet.

Dans la plus grande fureur des décrets et de la persécution, les Genevois s'étaient particulièrement signalés en criant haro de toute leur force ; et mon ami Vernes, entre autres, avec une générosité vraiment théologique, choisit précisément ce temps-là pour publier contre moi des lettres où il prétendait prouver que je n'étais pas chrétien. Ces lettres, écrites avec un ton de suffisance, n'en étaient pas meilleures, quoiqu'on assurât que le naturaliste Bonnet y avait mis la main : car ledit Bonnet, quoique matérialiste, ne laisse pas d'être d'une orthodoxie très intolérante sitôt qu'il s'agit de moi. Je ne fus assurément pas tenté de répondre à cet ouvrage ; mais l'occasion s'étant présentée d'en dire un mot dans les *Lettres de la montagne*, j'y insérai une petite note assez dédaigneuse qui mit Vernes en fureur. Il remplit Genève des cris de sa rage, et d'Ivernois me marqua qu'il ne se possédait pas. Quelque temps après parut une feuille anonyme, qui semblait écrite, au lieu d'encre, avec l'eau du Phlégéton. On m'accusait, dans cette lettre, d'avoir exposé mes enfants dans les rues, de traîner après moi une coureuse de corps de garde, d'être usé de

débauche, pourri de vérole, et d'autres gentillesses semblables. Il ne me fut pas difficile de reconnaître mon homme. Ma première idée, à la lecture de ce libelle, fut de mettre à son vrai prix tout ce qu'on appelle renommée et réputation parmi les hommes, en voyant traiter de coureur de bordels un homme qui n'y fut de sa vie, et dont le plus grand défaut fut toujours d'être timide et honteux comme une vierge, et en me voyant passer pour être pourri de vérole, moi qui non seulement n'eus de mes jours la moindre atteinte d'aucun mal de cette espèce, mais que des gens de l'art ont même cru conformé de manière à n'en pouvoir contracter. Tout bien pesé, je crus ne pouvoir mieux réfuter ce libelle qu'en le faisant imprimer dans la ville où j'avais le plus vécu; et je l'envoyai à Duchesne pour le faire imprimer tel qu'il était, avec un avertissement où je nommais M. Vernes, et quelques courtes notes pour l'éclaircissement des faits. Non content d'avoir fait imprimer cette feuille, je l'envoyai à plusieurs personnes, et entre autres à M. le prince Louis de Wirtemberg, qui m'avait fait des avances très honnêtes, et avec lequel j'étais alors en correspondance. Ce prince, du Peyrou et d'autres, parurent douter que Vernes fût l'auteur du libelle, et me blâmèrent de l'avoir nommé trop légèrement. Sur leurs représentations, le scrupule me prit, et j'écrivis à Duchesne de supprimer cette feuille. Guy m'écrivit l'avoir supprimée; je ne sais pas s'il l'a fait; je l'ai trouvé menteur en tant d'occasions, que celle-là de plus ne serait pas une merveille; et dès lors j'étais enveloppé de ces profondes ténèbres, à travers lesquelles il m'est impossible de pénétrer aucune sorte de vérité.

M. Vernes supporta cette imputation avec une modération plus qu'étonnante dans un homme qui ne l'aurait pas méritée, après la fureur qu'il avait montrée auparavant. Il m'écrivit deux ou trois lettres très mesurées, dont le but parut être de tâcher de pénétrer, par mes réponses, à quel point j'étais instruit, et si j'avais quelque preuve contre lui. Je lui fis deux réponses courtes, sèches, dures dans le sens, mais sans malhonnêteté dans les termes, et dont il ne se fâcha point. A sa troisième lettre, voyant qu'il voulait lier une espèce de correspondance, je ne répondis plus : il me fit

parler par d'Ivernois. Madame Cramer écrivit à du Peyrou qu'elle était sûre que le libelle n'était pas de Vernes. Tout cela n'ébranla point ma persuasion ; mais comme enfin je pouvais me tromper, et qu'en ce cas je devais à Vernes une réparation authentique, je lui fis dire par d'Ivernois que je la lui ferais telle qu'il en serait content, s'il pouvait m'indiquer le véritable auteur du libelle, ou me prouver du moins qu'il ne l'était pas. Je fis plus : sentant bien qu'après tout, s'il n'était pas coupable, je n'avais pas droit d'exiger qu'il me prouvât rien, je pris le parti d'écrire, dans un Mémoire assez ample, les raisons de ma persuasion, et de les soumettre au jugement d'un arbitre que Vernes ne pût récuser. On ne devinerait pas quel fut cet arbitre que je choisis : le conseil de Genève. Je déclarai à la fin du Mémoire que si, après l'avoir examiné et fait les perquisitions qu'il jugerait nécessaires et qu'il était bien à portée de faire avec succès, le conseil prononçait que M. Vernes n'était pas l'auteur du libelle, dès l'instant je cesserais sincèrement de croire qu'il l'est, je partirais pour m'aller jeter à ses pieds, et lui demander pardon jusqu'à ce que je l'eusse obtenu. J'ose le dire, jamais mon zèle ardent pour l'équité, jamais la droiture, la générosité de mon âme, jamais ma confiance dans cet amour de la justice, inné dans tous les cœurs, ne se montrèrent plus pleinement, plus sensiblement, que dans ce sage et touchant Mémoire, où je prenais sans hésiter mes plus implacables ennemis pour arbitres entre mon calomniateur et moi. Je lus cet écrit à du Peyrou : il fut d'avis de le supprimer, et je le supprimai. Il me conseilla d'attendre les preuves que Vernes promettait. Je les attendis, et je les attends encore ; il me conseilla de me taire en attendant, je me tus, et me tairai le reste de ma vie, blâmé d'avoir chargé Vernes d'une imputation grave, fausse et sans preuve, quoique je reste intérieurement persuadé, convaincu, comme de ma propre existence, qu'il est l'auteur du libelle. Mon Mémoire est entre les mains de M. du Peyrou. Si jamais il voit le jour, on y trouvera mes raisons, et l'on y connaîtra, je l'espère, l'âme de Jean-Jacques, que mes contemporains ont si peu voulu connaître.

Il est temps d'en venir à ma catastrophe de Motiers, et à mon départ du Val-de-Travers, après deux ans et demi de séjour, et

huit mois d'une constance inébranlable à souffrir les plus indignes traitements. Il m'est impossible de me rappeler nettement les détails de cette désagréable époque; mais on les trouvera dans la relation qu'en publia du Peyrou, et dont j'aurai à parler dans la suite.

Depuis le départ de madame de Verdelin, la fermentation devenait plus vive; et malgré les rescrits réitérés du roi, malgré les ordres fréquents du conseil d'État, malgré les soins du châtelain et des magistrats du lieu, le peuple, me regardant tout de bon comme l'Antechrist, et voyant toutes ses clameurs inutiles, parut enfin vouloir en venir aux voies de fait; déjà dans les chemins les cailloux commençaient à rouler auprès de moi, lancés cependant encore d'un peu trop loin pour pouvoir m'atteindre. Enfin, la nuit de la foire de Motiers, qui est au commencement de septembre, je fus attaqué dans ma demeure, de manière à mettre en danger la vie de ceux qui l'habitaient.

A minuit, j'entendis un grand bruit dans la galerie qui régnait sur le derrière de la maison. Une grêle de cailloux, lancés contre la fenêtre et la porte qui donnait sur cette galerie, y tombèrent avec tant de fracas, que mon chien, qui couchait dans la galerie, et qui avait commencé par aboyer, se tut de frayeur, et se sauva dans un coin, rongeant et grattant les planches pour tâcher de fuir. Je me lève au bruit; j'allais sortir de ma chambre pour passer dans la cuisine, quand un caillou lancé d'une main vigoureuse traversa la cuisine après en avoir cassé la fenêtre, vint ouvrir la porte de ma chambre et tomber au pied de mon lit; de sorte que, si je m'étais pressé d'une seconde, j'avais le caillou dans l'estomac. Je jugeai[1] que le bruit avait été fait pour m'attirer, et le caillou lancé pour m'accueillir à ma sortie. Je saute dans la cuisine. J'y trouve Thérèse, qui s'était aussi levée, et qui toute tremblante accourait à moi. Nous nous rangeons contre un mur, hors de la direction de la fenêtre, pour éviter l'atteinte des pierres et délibérer sur ce que nous avions à faire : car sortir pour appeler du secours était le moyen de nous faire assommer. Heureusement la servante d'un vieux bonhomme qui logeait au-dessous de moi se leva au bruit, et courut après M. le châtelain, dont nous étions porte à porte. Il

saute de son lit, prend sa robe de chambre à la hâte, et vient à l'instant avec la garde qui, à cause de la foire, faisait la ronde cette nuit-là et se trouva à sa portée. Le châtelain vit le dégât avec un tel effroi, qu'il en pâlit ; et, à la vue des cailloux dont la galerie était pleine, il s'écria : Mon Dieu ! c'est une carrière ! En visitant le bas, on trouva que la porte d'une petite cour avait été forcée, et qu'on avait tenté de pénétrer dans la maison par la galerie. En recherchant pourquoi la garde n'avait point aperçu ou empêché le désordre, il se trouva que ceux de Motiers s'étaient obstinés à vouloir faire cette garde hors de leur rang, quoique ce fût le tour d'un autre village. Le lendemain, le châtelain envoya son rapport au conseil d'État, qui, deux jours après, lui envoya l'ordre d'informer sur cette affaire, de promettre une récompense et le secret à ceux qui dénonceraient les coupables, et de mettre en attendant, aux frais du prince, des gardes à ma maison et à celle du châtelain, qui la touchait. Le lendemain, le colonel de Pury, le procureur général Meuron, le châtelain Martinet, le receveur Guyenet, le trésorier d'Ivernois et son père, en un mot tout ce qu'il y avait de gens distingués dans le pays, vinrent me voir, et réunirent leurs sollicitations pour m'engager à céder à l'orage, et à sortir au moins pour un temps d'une paroisse où je ne pouvais plus vivre en sûreté ni avec honneur. Je m'aperçus même que le châtelain, effrayé des fureurs de ce peuple forcené, et craignant qu'elles ne s'étendissent jusqu'à lui, aurait été bien aise de m'en voir partir au plus vite, pour n'avoir plus l'embarras de m'y protéger, et pouvoir la quitter lui-même, comme il fit après mon départ. Je cédai donc, et même avec un peu de peine ; car le spectacle de la haine du peuple me causait un déchirement de cœur que je ne pouvais plus supporter.

J'avais plus d'une retraite à choisir. Depuis le retour de madame de Verdelin à Paris, elle m'avait parlé dans plusieurs lettres d'un M. Walpole qu'elle appelait milord, lequel, pris d'un grand zèle en ma faveur, me proposait, dans une de ses terres, un asile dont elle me faisait les descriptions les plus agréables, entrant, par rapport au logement et à la subsistance, dans des détails qui marquaient à quel point ledit milord Walpole s'occupait

avec elle de ce projet. Milord maréchal m'avait toujours conseillé l'Angleterre ou l'Écosse, et m'y offrait un asile aussi dans ses terres, mais il m'en offrait un qui me tentait beaucoup davantage à Potsdam, auprès de lui. Il venait de me faire part d'un propos que le roi lui avait tenu à mon sujet, et qui était une espèce d'invitation à m'y rendre; et madame la duchesse de Saxe-Gotha comptait si bien sur ce voyage, qu'elle m'écrivit pour me presser d'aller la voir en passant, et de m'arrêter quelque temps auprès d'elle : mais j'avais un tel attachement pour la Suisse, que je ne pouvais me résoudre à la quitter tant qu'il me serait possible d'y vivre, et je pris ce temps pour exécuter un projet dont j'étais occupé depuis quelques mois, et dont je n'ai pu parler encore, pour ne pas couper le fil de mon récit.

Ce projet consistait à m'aller établir dans l'île de Saint-Pierre, domaine de l'hôpital de Berne, au milieu du lac de Bienne. Dans un pèlerinage pédestre que j'avais fait l'été précédent avec du Peyrou, nous avions visité cette île, et j'en avais été tellement enchanté, que je n'avais cessé depuis ce temps-là de songer aux moyens d'y faire ma demeure. Le plus grand obstacle était que l'île appartenait aux Bernois, qui, trois ans auparavant, m'avaient vilainement chassé de chez eux; et outre que ma fierté pâtissait à retourner chez des gens qui m'avaient si mal reçu, j'avais lieu de craindre qu'ils ne me laissassent pas plus en repos dans cette île qu'ils n'avaient fait à Yverdun. J'avais consulté là-dessus milord maréchal, qui, pensant comme moi que les Bernois seraient bien aises de me voir relégué dans cette île et de m'y tenir en otage, pour les écrits que je pourrais être tenté de faire, avait fait sonder là-dessus leurs dispositions par un M. Sturler, son ancien voisin de Colombier. M. Sturler s'adressa à des chefs de l'État, et, sur leur réponse, assura milord maréchal que les Bernois, honteux de leur conduite passée, ne demandaient pas mieux que de me voir domicilié dans l'île de Saint-Pierre, et de m'y laisser tranquille. Pour surcroît de précaution, avant de risquer d'y aller résider, je fis prendre de nouvelles informations par le colonel Chaillet, qui me confirma les mêmes choses ; et le receveur de l'île ayant reçu de ses maîtres la permission de m'y loger, je crus ne rien risquer

d'aller m'établir chez lui, avec l'agrément tacite tant du souverain que des propriétaires ; car je ne pouvais espérer que MM. de Berne reconnussent ouvertement l'injustice qu'ils m'avaient faite, et péchassent ainsi contre la plus inviolable maxime de tous les souverains.

L'île de Saint-Pierre, appelée à Neuchâtel l'île de la Motte, au milieu du lac de Bienne, a environ une demi-lieue de tour ; mais dans ce petit espace elle fournit toutes les principales productions nécessaires à la vie. Elle a des champs, des prés, des vergers, des bois, des vignes ; et le tout, à la faveur d'un terrain varié et montagneux, forme une distribution d'autant plus agréable, que ses parties, ne se découvrant pas toutes ensemble, se font valoir mutuellement, et font juger l'île plus grande qu'elle n'est en effet. Une terrasse fort élevée en forme la partie occidentale, qui regarde Gleresse et Bonneville. On a planté cette terrasse d'une longue allée qu'on a coupée dans son milieu par un grand salon, où, durant les vendanges, on se rassemble les dimanches de tous les rivages voisins, pour danser et se réjouir. Il n'y a dans l'île qu'une seule maison, mais vaste et commode, où loge le receveur, et située dans un enfoncement qui la tient à l'abri des vents.

A cinq ou six cents pas de l'île, est, du côté du sud, une autre île beaucoup plus petite, inculte et déserte, qui paraît avoir été détachée autrefois de la grande par les orages, et ne produit parmi ses graviers que des saules et des persicaires, mais où est cependant un tertre élevé, bien gazonné et très agréable. La forme de ce lac est un ovale presque régulier. Ses rives, moins riches que celles des lacs de Genève et de Neuchâtel, ne laissent pas de former une assez belle décoration, surtout dans la partie occidentale, qui est très peuplée, et bordée de vignes au pied d'une chaîne de montagnes, à peu près comme à Côte-Rôtie, mais qui ne donnent pas d'aussi bons vins. On y trouve, en allant du sud au nord, le bailliage de Saint-Jean, Bonneville, Bienne et Nidau à l'extrémité du lac ; le tout entremêlé de villages très agréables.

Tel était l'asile que je m'étais ménagé, et où je résolus d'aller m'établir en quittant le Val-de-Travers. Ce choix était si conforme à mon goût pacifique, à mon humeur solitaire et paresseuse, que

je le compte parmi les douces rêveries dont je me suis le plus vive-
ment passionné. Il me semblait que dans cette île je serais plus
séparé des hommes, plus à l'abri de leurs outrages, plus oublié
d'eux, plus livré, en un mot, aux douceurs du désœuvrement et
de la vie contemplative. J'aurais voulu être tellement confiné
dans cette île, que je n'eusse plus de commerce avec les mortels;
et il est certain que je pris toutes les mesures imaginables pour
me soustraire à la nécessité d'en entretenir.

Il s'agissait de subsister; et tant par la cherté des denrées
que par la difficulté des transports, la subsistance est chère dans
cette île, où d'ailleurs on est à la discrétion du receveur. Cette
difficulté fut levée par un arrangement que du Peyrou voulut bien
prendre avec moi, en se substituant à la place de la compagnie
qui avait entrepris et abandonné mon édition générale. Je lui
remis tous les matériaux de cette édition. J'en fis l'arrangement
et la distribution. J'y joignis l'engagement de lui remettre les
mémoires de ma vie, et je le fis dépositaire généralement de tous
mes papiers, avec la condition expresse de n'en faire usage
qu'après ma mort, ayant à cœur d'achever tranquillement ma car-
rière, sans plus faire souvenir le public de moi. Au moyen de
cela, la pension viagère qu'il se chargeait de me payer suffisait
pour ma subsistance. Milord maréchal, ayant recouvré tous ses
biens, m'en avait offert une de 1 200 francs, que je n'avais
acceptée qu'en la réduisant à la moitié. Il m'en voulut envoyer le
capital, que je refusai, par l'embarras de le placer. Il fit passer ce
capital à du Peyrou, entre les mains de qui il est resté, et qui
m'en paye la rente viagère sur le pied convenu avec le constituant.
Joignant donc mon traité avec du Peyrou, la pension de milord
maréchal, dont les deux tiers étaient reversibles à Thérèse après
ma mort, et la rente de 300 francs que j'avais sur Duchesne, je
pouvais compter sur une subsistance honnête, et pour moi, et
après moi pour Thérèse, à qui je laissais 700 francs de rente, tant
de la pension de Rey que de celle de milord maréchal : ainsi je
n'avais plus à craindre que le pain lui manquât, non plus qu'à
moi. Mais il était écrit que l'honneur me forcerait à repousser
toutes les ressources que la fortune et mon travail mettraient à

ma portée, et que je mourrais aussi pauvre que j'ai vécu. On jugera si, à moins d'être le dernier des infâmes, j'ai pu tenir des arrangements qu'on a toujours pris soin de me rendre ignominieux, en m'ôtant avec soin toute autre ressource, pour me forcer de consentir à mon déshonneur. Comment se seraient-ils doutés du parti que je prendrais dans cette alternative? Ils ont toujours jugé de mon cœur par les leurs.

En repos du côté de la subsistance, j'étais sans souci de tout autre. Quoique j'abandonnasse dans le monde le champ libre à mes ennemis, je laissais dans le noble enthousiasme qui avait dicté mes écrits, et dans la constante uniformité de mes principes, un témoignage de mon âme qui répondait à celui que toute ma conduite rendait de mon naturel. Je n'avais pas besoin d'une autre défense contre mes calomniateurs. Ils pouvaient peindre sous mon nom un autre homme; mais ils ne pouvaient tromper que ceux qui voulaient être trompés. Je pouvais leur donner ma vie à épiloguer d'un bout à l'autre : j'étais sûr qu'à travers mes fautes et mes faiblesses, à travers mon inaptitude à supporter aucun joug, on trouverait toujours un homme juste, bon, sans fiel, sans haine, sans jalousie, prompt à reconnaître ses propres torts, plus prompt à oublier ceux d'autrui, cherchant toute sa félicité dans les passions aimantes et douces, et portant en toute chose la sincérité jusqu'à l'imprudence, jusqu'au plus incroyable désintéressement.

Je prenais donc en quelque sorte congé de mon siècle et de mes contemporains, et je faisais mes adieux au monde en me confinant dans cette île pour le reste de mes jours; car telle était ma résolution, et c'était là que je comptais exécuter enfin le grand projet de cette vie oiseuse, auquel j'avais inutilement consacré jusqu'alors tout le peu d'activité que le ciel m'avait départie. Cette île allait devenir pour moi celle de Papimanie, ce bienheureux pays où l'on dort :

> On y fait plus, on n'y fait nulle chose.

Ce *plus* était tout pour moi, car j'ai toujours peu regretté le

sommeil; l'oisiveté me suffit; et pourvu que je ne fasse rien, j'aime encore mieux rêver éveillé qu'en songe. L'âge des projets romanesques étant passé, et la fumée de la gloriole m'ayant plus étourdi que flatté, il ne me restait, pour dernière espérance, que celle de vivre sans gêne, dans un loisir éternel. C'est la vie des bienheureux dans l'autre monde, et j'en faisais désormais mon bonheur suprême dans celui-ci.

Ceux qui me reprochent tant de contradictions ne manqueront pas ici de m'en reprocher encore une. J'ai dit que l'oisiveté des cercles me les rendait insupportables, et me voilà recherchant la solitude uniquement pour m'y livrer à l'oisiveté. C'est pourtant ainsi que je suis; s'il y a là de la contradiction, elle est du fait de la nature et non pas du mien : mais il y en a si peu, que c'est par là précisément que je suis toujours moi. L'oisiveté des cercles est tuante, parce qu'elle est de nécessité; celle de la solitude est charmante, parce qu'elle est libre et de volonté. Dans une compagnie il m'est cruel de ne rien faire, parce que j'y suis forcé. Il faut que je reste là cloué sur une chaise ou debout, planté comme un piquet, sans remuer ni pied ni patte, n'osant ni courir, ni sauter, ni chanter, ni crier, ni gesticuler quand j'en ai envie, n'osant pas même rêver; ayant à la fois tout l'ennui de l'oisiveté et tout le tourment de la contrainte; obligé d'être attentif à toutes les sottises qui se disent et à tous les compliments qui se font, et de fatiguer incessamment ma Minerve, pour ne pas manquer de placer à mon tour mon rébus et mon mensonge. Et vous appelez cela de l'oisiveté! C'est un travail de forçat.

L'oisiveté que j'aime n'est pas celle d'un fainéant qui reste là les bras croisés dans une inaction totale, et ne pense pas plus qu'il n'agit. C'est à la fois celle d'un enfant qui est sans cesse en mouvement pour ne rien faire, et celle d'un radoteur qui bat la campagne, tandis que ses bras sont en repos. J'aime à m'occuper à faire des riens, à commencer cent choses, et n'en achever aucune, à aller et venir comme la tête me chante, à changer à chaque instant de projet, à suivre une mouche dans toutes ses allures, à vouloir déraciner un rocher pour voir ce qui est dessous, à entreprendre avec ardeur un travail de dix ans, et à l'aban-

donner sans regret au bout de dix minutes, à muser enfin toute la journée sans ordre et sans suite, et à ne suivre en toute chose que le caprice du moment.

La botanique, telle que je l'ai toujours considérée, et telle qu'elle commençait à devenir passion pour moi, était précisément une étude oiseuse, propre à remplir tout le vide de mes loisirs, sans y laisser place au délire de l'imagination, ni à l'ennui d'un désœuvrement total. Errer nonchalamment dans les bois et dans la campagne, prendre machinalement çà et là, tantôt une fleur, tantôt un rameau, brouter mon foin presque au hasard, observer mille et mille fois les mêmes choses, et toujours avec le même intérêt, parce que je les oubliais toujours, était de quoi passer l'éternité sans pouvoir m'ennuyer un moment. Quelque élégante, quelque admirable, quelque diverse que soit la structure des végétaux, elle ne frappe pas assez un œil ignorant pour l'intéresser. Cette constante analogie, et pourtant cette variété prodigieuse qui règne dans leur organisation, ne transporte que ceux qui ont déjà quelque idée du système végétal. Les autres n'ont, à l'aspect de tous ces trésors de la nature, qu'une admiration stupide et monotone. Ils ne voient rien en détail, parce qu'ils ne savent pas même ce qu'il faut regarder; et ils ne voient plus l'ensemble, parce qu'ils n'ont aucune idée de cette chaîne de rapports et de combinaisons qui accable de ses merveilles l'esprit de l'observateur. J'étais, et mon défaut de mémoire me devait tenir toujours, dans cet heureux point d'en savoir assez peu pour que tout me fût nouveau, et assez pour que tout me fût sensible. Les divers sols dans lesquels l'île, quoique petite, était partagée, m'offraient une suffisante variété de plantes pour l'étude et pour l'amusement de toute ma vie. Je n'y voulais pas laisser un poil d'herbe sans analyse, et je m'arrangeais déjà pour faire, avec un recueil immense d'observations curieuses, la *Flora Petrinsularis*.

Je fis venir Thérèse avec mes livres et mes effets. Nous nous mîmes en pension chez le receveur de l'île. Sa femme avait à Nidau ses sœurs, qui la venaient voir tour à tour, et qui faisaient à Thérèse une compagnie. Je fis là l'essai d'une douce vie dans laquelle j'aurais voulu passer la mienne, et dont le goût que j'y

pris ne servit qu'à me faire mieux sentir l'amertume de celle qui devait si promptement y succéder.

J'ai toujours aimé l'eau passionnément, et sa vue me jette dans une rêverie délicieuse, quoique souvent sans objet déterminé. Je ne manquais point à mon lever, lorsqu'il faisait beau, de courir sur la terrasse humer l'air salubre et frais du matin, et planer des yeux sur l'horizon de ce beau lac, dont les rives et les montagnes qui le bordent enchantaient ma vue. Je ne trouve point de plus digne hommage à la Divinité que cette admiration muette qu'excite la contemplation de ses œuvres, et qui ne s'exprime point par des actes développés. Je comprends comment les habitants des villes, qui ne voient que des murs, des rues et des crimes, ont peu de foi; mais je ne puis comprendre comment des campagnards, et surtout des solitaires, peuvent n'en point avoir. Comment leur âme ne s'élève-t-elle pas cent fois le jour avec extase à l'auteur des merveilles qui les frappent? Pour moi, c'est surtout à mon lever, affaissé par mes insomnies, qu'une longue habitude me porte à ces élévations de cœur qui n'imposent point la fatigue de penser. Mais il faut pour cela que mes yeux soient frappés du ravissant spectacle de la nature. Dans ma chambre, je prie plus rarement et plus sèchement : mais à l'aspect d'un beau paysage, je me sens ému sans pouvoir dire de quoi. J'ai lu qu'un sage évêque, dans la visite de son diocèse, trouva une vieille femme qui, pour toute prière, ne savait dire que O! Il lui dit: Bonne mère, continuez de prier toujours ainsi; votre prière vaut mieux que les nôtres. Cette meilleure prière est aussi la mienne.

Après le déjeuner, je me hâtais d'écrire en rechignant quelques malheureuses lettres, aspirant avec ardeur à l'heureux moment de n'en plus écrire du tout. Je tracassais quelques instants autour de mes livres et papiers, pour les déballer et arranger, plutôt que pour les lire : et cet arrangement, qui devenait pour moi l'œuvre de Pénélope, me donnait le plaisir de muser quelques moments, après quoi je m'en ennuyais et le quittais, pour passer les trois ou quatre heures qui me restaient de la matinée à l'étude de la botanique, et surtout au système de Linnæus, pour lequel je pris une passion dont je n'ai pu bien me guérir, même après en avoir senti

le vide. Ce grand observateur est, à mon gré, le seul, avec Ludwig, qui ait vu jusqu'ici la botanique en naturaliste et en philosophe; mais il l'a trop étudiée dans des herbiers et dans des jardins, et pas assez dans la nature elle-même. Pour moi, qui prenais pour jardin l'île entière, sitôt que j'avais besoin de faire ou vérifier quelque observation, je courais dans les bois ou dans les prés, mon livre sous le bras : là, je me couchais par terre auprès de la plante en question, pour l'examiner sur pied tout à mon aise. Cette méthode m'a beaucoup servi pour connaître les végétaux dans leur état naturel, avant qu'ils aient été cultivés et dénaturés par la main des hommes. On dit que Fagon, premier médecin de Louis XIV, qui nommait et connaissait parfaitement toutes les plantes du Jardin Royal, était d'une telle ignorance dans la campagne, qu'il n'y connaissait plus rien. Je suis précisément le contraire : je connais quelque chose à l'ouvrage de la nature, mais rien à celui du jardinier.

Pour les après-dînées, je les livrais totalement à mon humeur oiseuse et nonchalante, et à suivre sans règle l'impulsion du moment. Souvent, quand l'air était calme, j'allais immédiatement en sortant de table me jeter seul dans un petit bateau, que le receveur m'avait appris à mener avec une seule rame; je m'avançais en pleine eau. Le moment où je dérivais me donnait une joie qui allait jusqu'au tressaillement, et dont il m'est impossible de dire ni de bien comprendre la cause, si ce n'était peut-être une félicitation secrète d'être en cet état hors de l'atteinte des méchants. J'errais ensuite seul dans ce lac, approchant quelquefois du rivage, mais n'y abordant jamais. Souvent, laissant aller mon bateau à la merci de l'air et de l'eau, je me livrais à des rêveries sans objet, et qui, pour être stupides, n'en étaient pas moins douces. Je m'écriais parfois avec attendrissement : O nature! ô ma mère! me voici sous ta seule garde; il n'y a point ici d'homme adroit et fourbe qui s'interpose entre toi et moi. Je m'éloignais ainsi jusqu'à demi-lieue de terre; j'aurais voulu que ce lac eût été l'Océan. Cependant, pour complaire à mon pauvre chien, qui n'aimait pas autant que moi de si longues stations sur l'eau, je suivais d'ordinaire un but de promenade; c'était d'aller débarquer

à la petite île, de m'y promener une heure ou deux, ou de m'éten-
dre au sommet du tertre sur le gazon, pour m'assouvir du plaisir
d'admirer ce lac et ses environs, pour examiner et disséquer toutes
les herbes qui se trouvaient à ma portée, et pour me bâtir, comme
un autre Robinson, une demeure imaginaire dans cette petite île.
Je m'affectionnai fortement à cette butte. Quand j'y pouvais mener
promener Thérèse avec la receveuse et ses sœurs, comme j'étais
fier d'être leur pilote et leur guide ! Nous y portâmes en pompe des
lapins pour la peupler; autre fête pour Jean-Jacques. Cette peu-
plade me rendit la petite île encore plus intéressante. J'y allais
plus souvent et avec plus de plaisir depuis ce temps-là, pour
rechercher des traces du progrès des nouveaux habitants.

A ces amusements, j'en joignais un qui me rappelait la douce
vie des Charmettes, et auquel la saison m'invitait particulièrement.
C'était un détail de soins rustiques pour la récolte des légumes et
des fruits, et que nous nous faisions un plaisir, Thérèse et moi,
de partager avec la receveuse et sa famille. Je me souviens qu'un
Bernois, nommé Kirchberger, m'étant venu voir, me trouva perché
sur un grand arbre, un sac attaché autour de ma ceinture, et déjà
si plein de pommes, que je ne pouvais plus me remuer. Je ne fus
pas fâché de cette rencontre et de plusieurs autres pareilles.
J'espérais que les Bernois, témoins de l'emploi de mes loisirs, ne
songeraient plus à en troubler la tranquillité, et me laisseraient en
paix dans ma solitude. J'aurais bien mieux aimé y être confiné
par leur volonté que par la mienne : j'aurais été plus assuré de
n'y point voir troubler mon repos.

Voici encore un de ces aveux sur lesquels je suis sûr d'avance
de l'incrédulité des lecteurs, obstinés à juger toujours de moi par
eux-mêmes, quoiqu'ils aient été forcés de voir dans tout le cours
de ma vie mille affections internes qui ne ressemblaient point
aux leurs. Ce qu'il y a de plus bizarre est qu'en me refusant tous
les sentiments bons ou indifférents qu'ils n'ont pas, ils sont tou-
jours prêts à m'en prêter de si mauvais, qu'ils ne sauraient même
entrer dans un cœur d'homme : ils trouvent alors tout simple de
me mettre en contradiction avec la nature, et de faire de moi un
monstre tel qu'il n'en peut même exister. Rien d'absurde ne leur

RÉCEPTION DANS L'ILE S^T PIERRE

paraît incroyable dès qu'il tend à me noircir : rien d'extraordinaire
ne leur paraît possible, dès qu'il tend à m'honorer.

Mais quoi qu'ils en puissent croire ou dire, je n'en continuerai
pas moins d'exposer fidèlement ce que fut, fit et pensa J.-J. Rous-
seau, sans expliquer ni justifier les singularités de ses sentiments
et de ses idées, ni rechercher si d'autres ont pensé comme lui. Je
pris tant de goût à l'île de Saint-Pierre, et son séjour me conve-
nait si fort, qu'à force d'inscrire tous mes désirs dans cette île,
je formai celui de n'en point sortir. Les visites que j'avais à rendre
au voisinage, les courses qu'il me faudrait faire à Neuchâtel, à
Bienne, à Yverdun, à Nidau, fatiguaient déjà mon imagination.
Un jour à passer hors de l'île me paraissait retranché de mon
bonheur ; et sortir de l'enceinte de ce lac était pour moi sortir de
mon élément. D'ailleurs, l'expérience du passé m'avait rendu
craintif. Il suffisait que quelque bien flattât mon cœur, pour que
je dusse m'attendre à le perdre ; et l'ardent désir de finir mes jours
dans cette île était inséparable de la crainte d'être forcé d'en
sortir. J'avais pris l'habitude d'aller les soirs m'asseoir sur la
grève, surtout quand le lac était agité. Je sentais un plaisir sin-
gulier à voir les flots se briser à mes pieds. Je m'en faisais l'image
du tumulte du monde, et de la paix de mon habitation ; et je
m'attendrissais quelquefois à cette douce idée, jusqu'à sentir
couler des larmes de mes yeux. Ce repos, dont je jouissais avec
passion, n'était troublé que par l'inquiétude de le perdre ; mais
cette inquiétude allait au point d'en altérer la douceur. Je sentais
ma situation si précaire, que je n'osais y compter. Ah ! que je
changerais volontiers, me disais-je, la liberté de sortir d'ici, dont
je ne me soucie point, avec l'assurance d'y pouvoir rester toujours !
Au lieu d'être souffert par grâce, que n'y suis-je détenu par force !
Ceux qui ne font que m'y souffrir peuvent à chaque instant m'en
chasser ; et puis-je espérer que mes persécuteurs, m'y voyant
heureux, m'y laissent continuer de l'être ? Ah ! c'est peu qu'on
me permette d'y vivre ; je voudrais qu'on m'y condamnât, et je
voudrais être contraint d'y rester, pour ne l'être pas d'en sortir. Je
jetais un œil d'envie sur l'heureux Micheli Ducret, qui, tranquille
au château d'Arberg, n'avait eu qu'à vouloir être heureux, pour

l'être. Enfin, à force de me livrer à ces réflexions et aux pressentiments inquiétants des nouveaux orages toujours prêts à fondre sur moi, j'en vins à désirer, mais avec une ardeur incroyable, qu'au lieu de tolérer seulement mon habitation dans cette île, on me la donnât pour prison perpétuelle; et je puis jurer que s'il n'eût tenu qu'à moi de m'y faire condamner, je l'aurais fait avec la plus grande joie, préférant mille fois la nécessité d'y passer le reste de ma vie, au danger d'en être expulsé.

Cette crainte ne demeura pas longtemps vaine. Au moment où je m'y attendais le moins, je reçus une lettre de M. le bailli de Nidau, dans le gouvernement duquel était l'île de Saint-Pierre : par cette lettre, il m'intimait, de la part de Leurs Excellences, l'ordre de sortir de l'île et de leurs États. Je crus rêver en la lisant. Rien de moins naturel, de moins raisonnable, de moins prévu qu'un pareil ordre : car j'avais plutôt regardé mes pressentiments comme les inquiétudes d'un homme effarouché par ses malheurs que comme une prévoyance qui pût avoir le moindre fondement. Les mesures que j'avais prises pour m'assurer de l'agrément tacite du souverain, la tranquillité avec laquelle on m'avait laissé faire mon établissement, les visites de plusieurs Bernois et du bailli lui-même, qui m'avait comblé d'amitiés et de prévenances, la rigueur de la saison, dans laquelle il était barbare d'expulser un homme infirme, tout me fit croire avec beaucoup de gens qu'il y avait quelque malentendu dans cet ordre, et que les malintentionnés avaient pris exprès le temps des vendanges et de l'infréquence du sénat pour me porter brusquement ce coup.

Si j'avais écouté ma première indignation, je serais parti sur-le-champ. Mais où aller? Que devenir à l'entrée de l'hiver, sans but, sans préparatif, sans conducteur, sans voiture? A moins de laisser tout à l'abandon, mes papiers, mes effets, toutes mes affaires, il me fallait du temps pour y pourvoir, et il n'était pas dit dans l'ordre si on m'en laissait ou non. La continuité des malheurs commençait d'affaisser mon courage. Pour la première fois je sentis ma fierté habituelle fléchir sous le joug de la nécessité; et, malgré les murmures de mon cœur, il fallut m'abaisser à demander un délai. C'était à M. de Graffenried, qui m'avait envoyé

l'ordre, que je m'adressai pour le faire interpréter. Sa lettre portait une très vive improbation de ce même ordre, qu'il ne m'intimait qu'avec le plus grand regret; et les témoignages de douleur et d'estime dont elle était remplie me semblaient autant d'invitations bien douces de lui parler à cœur ouvert; je le fis. Je ne doutais pas même que ma lettre ne fît ouvrir les yeux à ces hommes iniques sur leur barbarie, et que, si l'on ne révoquait pas un ordre si cruel, on ne m'accordât du moins un délai raisonnable, et peut-être l'hiver entier, pour me préparer à la retraite et pour en choisir le lieu.

En attendant la réponse, je me mis à réfléchir sur ma situation, et à délibérer sur le parti que j'avais à prendre. Je vis tant de difficultés de toutes parts, le chagrin m'avait si fort affecté, et ma santé en ce moment était si mauvaise, que je me laissai tout à fait abattre, et que l'effet de mon découragement fut de m'ôter le peu de ressources qui pouvaient me rester dans l'esprit, pour tirer le meilleur parti possible de ma triste situation. En quelque asile que je voulusse me réfugier, il était clair que je ne pouvais m'y soustraire à aucune des deux manières qu'on avait prises pour m'expulser : l'une, en soulevant contre moi la populace par des manœuvres souterraines; l'autre, en me chassant à force ouverte, sans en dire aucune raison. Je ne pouvais donc compter sur aucune retraite assurée, à moins de l'aller chercher plus loin que mes forces et la saison ne semblaient me le permettre. Tout cela me ramenant aux idées dont je venais de m'occuper, j'osai désirer et proposer qu'on voulût plutôt disposer de moi dans une captivité perpétuelle, que de me faire errer incessamment sur la terre, en m'expulsant successivement de tous les asiles que j'aurais choisis. Deux jours après ma première lettre, j'en écrivis une seconde à M. de Graffenried, pour le prier d'en faire la proposition à Leurs Excellences. La réponse de Berne à l'une et à l'autre fut un ordre conçu dans les termes les plus formels et les plus durs, de sortir de l'île et de tout le terriroire médiat et immédiat de la république, dans l'espace de vingt-quatre heures, et de n'y rentrer jamais, sous les plus grièves peines.

Ce moment fut affreux. Je me suis trouvé depuis dans de pires

angoisses, jamais dans un plus grand embarras. Mais ce qui m'affligea le plus fut d'être forcé de renoncer au projet qui m'avait fait désirer de passer l'hiver dans l'île. Il est temps de rapporter l'anecdote fatale qui a mis le comble à mes désastres, et qui a entraîné dans ma ruine un peuple infortuné, dont les naissantes vertus promettaient déjà d'égaler un jour celles de Sparte et de Rome. J'avais parlé des Corses, dans le *Contrat social*, comme d'un peuple neuf, le seul de l'Europe qui ne fût pas usé pour la législation; et j'avais marqué la grande espérance qu'on devait avoir d'un tel peuple, s'il avait le bonheur de trouver un sage instituteur. Mon ouvrage fut lu par quelques Corses, qui furent sensibles à la manière honorable dont je parlais d'eux; et le cas où ils se trouvaient de travailler à l'établissement de leur république fit penser à leurs chefs de me demander mes idées sur cet important ouvrage. Un M. Buttafuoco, d'une des premières familles du pays, et capitaine en France dans Royal-Italien, m'écrivit à ce sujet, et me fournit plusieurs pièces que je lui avais demandées pour me mettre au fait de l'histoire de la nation et de l'état du pays. M. Paoli m'écrivit aussi plusieurs fois; et quoique je sentisse une pareille entreprise au-dessus de mes forces, je crus ne pouvoir les refuser pour concourir à une si grande et belle œuvre, lorsque j'aurais pris toutes les instructions dont j'avais besoin pour cela. Ce fut dans ce sens que je répondis à l'un et à l'autre, et cette correspondance continua jusqu'à mon départ.

Précisément dans le même temps, j'appris que la France envoyait des troupes en Corse, et qu'elle avait fait un traité avec les Génois. Ce traité, cet envoi de troupes m'inquiétèrent; et, sans m'imaginer encore avoir aucun rapport à tout cela, je jugeais impossible et ridicule de travailler à un ouvrage qui demande un aussi profond repos que l'institution d'un peuple, au moment où il allait peut-être être subjugué. Je ne cachai pas mes inquiétudes à M. Buttafuoco, qui me rassura par la certitude que, s'il y avait dans ce traité des choses contraires à la liberté de sa nation, un aussi bon citoyen que lui ne resterait pas, comme il le faisait, au service de France. En effet, son zèle pour la législation des

Corses, et ses étroites liaisons avec M. Paoli, ne pouvaient me laisser aucun soupçon sur son compte ; et quand j'appris qu'il faisait de fréquents voyages à Versailles et à Fontainebleau, et qu'il avait des relations avec M. de Choiseul, je n'en conclus autre chose, sinon qu'il avait sur les véritables intentions de la cour de France des sûretés qu'il me laissait entendre, mais sur lesquelles il ne voulait pas s'expliquer ouvertement par lettres.

Tout cela me rassurait en partie. Cependant, ne comprenant rien à cet envoi de troupes françaises, ne pouvant raisonnablement penser qu'elles fussent là pour protéger la liberté des Corses, qu'ils étaient très en état de défendre seuls contre les Génois, je ne pouvais me tranquilliser parfaitement, ni me mêler tout de bon de la législation proposée, jusqu'à ce que j'eusse des preuves solides que tout cela n'était pas un jeu pour me persifler. J'aurais extrêmement désiré une entrevue avec M. Buttafuoco : c'était le vrai moyen d'en tirer les éclaircissements dont j'avais besoin. Il me la fit espérer, et je l'attendais avec la plus grande impatience. Pour lui, je ne sais s'il en avait véritablement le projet ; mais quand il l'aurait eu, mes désastres m'auraient empêché d'en profiter.

Plus je méditais sur l'entreprise proposée, plus j'avançais dans l'examen des pièces que j'avais entre les mains, et plus je sentais la nécessité d'étudier de près, et le peuple à instituer, et le sol qu'il habitait, et tous les rapports par lesquels il lui fallait approprier cette institution. Je comprenais chaque jour davantage qu'il m'était impossible d'acquérir de loin toutes les lumières nécessaires pour me guider. Je l'écrivis à Buttafuoco : il le sentit lui-même ; et si je ne formai pas précisément la résolution de passer en Corse, je m'occupai beaucoup des moyens de faire ce voyage. J'en parlai à M. Dastier, qui, ayant autrefois servi dans cette île sous M. de Maillebois, devait la connaître. Il n'épargna rien pour me détourner de ce dessein ; et j'avoue que la peinture affreuse qu'il me fit des Corses et de leur pays refroidit beaucoup le désir que j'avais d'aller vivre au milieu d'eux.

Mais quand les persécutions de Motiers me firent songer à quitter la Suisse, ce désir se ranima par l'espoir de trouver enfin

chez ces insulaires ce repos qu'on ne voulait me laisser nulle part.
Une chose seulement m'effarouchait sur ce voyage : c'était l'inap-
titude et l'aversion que j'eus toujours pour la vie active à laquelle
j'allais être condamné. Fait pour méditer à loisir dans la solitude,
je ne l'étais point pour parler, agir, traiter d'affaires parmi les
hommes. La nature, qui m'avait donné le premier talent, m'avait
refusé l'autre. Cependant je sentais que, sans prendre part direc-
tement aux affaires publiques, je serais nécessité, sitôt que je
serais en Corse, de me livrer à l'empressement du peuple, et de
conférer très souvent avec les chefs. L'objet même de mon voyage
exigeait qu'au lieu de chercher la retraite, je cherchasse, au sein
de la nation, les lumières dont j'avais besoin. Il était clair que je
ne pourrais plus disposer de moi-même; qu'entraîné malgré moi
dans un tourbillon pour lequel je n'étais point né, j'y mènerais une
vie toute contraire à mon goût, et ne m'y montrerais qu'à mon
désavantage. Je prévoyais que, soutenant mal par ma présence
l'opinion de capacité qu'avaient pu leur donner mes livres, je me
décréditerais chez les Corses, et perdrais, autant à leur préjudice
qu'au mien, la confiance qu'ils m'avaient donnée, et sans laquelle
je ne pouvais faire avec succès l'œuvre qu'ils attendaient de moi.
J'étais sûr qu'en sortant ainsi de ma sphère, je leur deviendrais
inutile et me rendrais malheureux.

Tourmenté, battu d'orages de toute espèce, fatigué de voyages
et de persécutions depuis plusieurs années, je sentais vivement le
besoin du repos, dont mes barbares ennemis se faisaient un jeu
de me priver; je soupirais plus que jamais après cette aimable
oisiveté, après cette douce quiétude d'esprit et de corps que j'avais
tant convoitée, et à laquelle, revenu des chimères de l'amour et
de l'amitié, mon cœur bornait sa félicité suprême. Je n'envisageais
qu'avec effroi les travaux que j'allais entreprendre, la vie tumul-
tueuse à laquelle j'allais me livrer; et si la grandeur, la beauté,
l'utilité de l'objet animaient mon courage, l'impossibilité de payer
de ma personne avec succès me l'ôtait absolument. Vingt ans de
méditation profonde, à part moi, m'auraient moins coûté que six
mois d'une vie active, au milieu des hommes et des affaires, et
certain d'y mal réussir.

Je m'avisai d'un expédient qui me parut propre à tout concilier. Poursuivi dans tous mes refuges par les menées souterraines de mes secrets persécuteurs, et ne voyant plus que la Corse où je pusse espérer pour mes vieux jours le repos qu'ils ne voulaient me laisser nulle part, je résolus de m'y rendre, avec les directions de Buttafuoco, aussitôt que j'en aurais la possibilité; mais, pour y vivre tranquille, de renoncer, du moins en apparence, au travail de la législation, et de me borner, pour payer en quelque sorte à mes hôtes leur hospitalité, à écrire sur les lieux leur histoire, sauf à prendre sans bruit les instructions nécessaires pour leur devenir plus utile, si je voyais jour à y réussir. En commençant ainsi par ne m'engager à rien, j'espérais être en état de méditer en secret et plus à mon aise un plan qui pût leur convenir, et cela sans renoncer beaucoup à ma chère solitude, ni me soumettre à un genre de vie qui m'était insupportable, et dont je n'avais pas le talent.

Mais ce voyage, dans ma situation, n'était pas une chose aisée à exécuter. A la manière dont M. Dastier m'avait parlé de la Corse, je n'y devais trouver, des plus simples commodités de la vie, que celles que j'y porterais : linge, habits, vaisselle, batterie de cuisine, papiers, livres, il fallait tout porter avec soi. Pour m'y transporter avec ma gouvernante, il fallait franchir les Alpes, et dans un trajet de deux cents lieues traîner à ma suite tout un bagage; il fallait passer à travers les États de plusieurs souverains; et, sur le ton donné par toute l'Europe, je devais naturellement m'attendre, après mes malheurs, à trouver partout des obstacles, et à voir chacun se faire un honneur de m'accabler de quelque nouvelle disgrâce, et violer avec moi tous les droits des gens et de l'humanité. Les frais immenses, les fatigues, les risques d'un pareil voyage, m'obligeaient d'en prévoir d'avance et d'en bien peser toutes les difficultés. L'idée de me trouver enfin seul, sans ressource à mon âge, et loin de toutes mes connaissances, à la merci de ce peuple barbare et féroce, tel que me le peignait M. Dastier, était bien propre à me faire rêver sur une pareille résolution avant de l'exécuter. Je désirais passionnément l'entrevue que Buttafuoco m'avait fait espérer, et j'en attendais l'effet pour prendre tout à fait mon parti.

Tandis que je balançais ainsi, vinrent les persécutions de Motiers, qui me forcèrent à la retraite. Je n'étais pas prêt pour un long voyage, et surtout pour celui de Corse. J'attendais des nouvelles de Buttafuoco; je me réfugiai dans l'île de Saint-Pierre, d'où je fus chassé à l'entrée de l'hiver, comme j'ai dit ci-devant. Les Alpes couvertes de neige rendaient alors pour moi cette émigration impraticable, surtout avec la précipitation qu'on me prescrivait. Il est vrai que l'extravagance d'un pareil ordre le rendait impossible à exécuter: car du milieu de cette solitude enfermée au milieu des eaux, n'ayant que vingt-quatre heures depuis l'intimation de l'ordre pour me préparer au départ, pour trouver bateaux et voitures pour sortir de l'île et de tout le territoire; quand j'aurais eu des ailes, j'aurais eu peine à pouvoir obéir. Je l'écrivis à M. le bailli de Nidau en répondant à sa lettre, et je m'empressai de sortir de ce pays d'iniquité. Voilà comment il fallut renoncer à mon projet chéri, et comment, n'ayant pu dans mon découragement obtenir qu'on disposât de moi, je me déterminai, sur l'invitation de milord maréchal, au voyage de Berlin, laissant Thérèse hiverner à l'île de Saint-Pierre avec mes effets et mes livres, et déposant mes papiers dans les mains de du Peyrou. Je fis une telle diligence, que dès le lendemain matin je partis de l'île, et me rendis à Bienne encore avant midi. Peu s'en fallut que je n'y terminasse mon voyage par un incident dont le récit ne doit pas être omis.

Sitôt que le bruit s'était répandu que j'avais ordre de quitter mon asile, j'eus une affluence de visites du voisinage, et surtout de Bernois qui venaient avec la plus détestable fausseté me flagorner, m'adoucir, et me protester qu'on avait pris le moment des vacances et de l'infréquence du sénat pour minuter et m'intimer cet ordre, contre lequel, disaient-ils, tout le Deux-Cents était indigné. Parmi ce tas de consolateurs, il en vint quelques-uns de la ville de Bienne, petit État libre, enclavé dans celui de Berne, et entre autres un jeune homme, appelé Wildremet, dont la famille tenait le premier rang et avait le principal crédit dans cette petite ville. Wildremet me conjura vivement, au nom de ses concitoyens, de choisir ma retraite au milieu d'eux, m'assurant qu'ils désiraient avec empressement de m'y recevoir; qu'ils se feraient une gloire

et un devoir de m'y faire oublier les persécutions que j'avais
souffertes; que je n'avais à craindre chez eux aucune influence
des Bernois; que Bienne était une ville libre, qui ne recevait des
lois de personne, et que tous les citoyens étaient unanimement
déterminés à n'écouter aucune sollicitation qui me fût contraire.

Wildremet, voyant qu'il ne m'ébranlait pas, se fit appuyer de
plusieurs autres personnes, tant de Bienne et des environs que de
Berne même, et entre autres du même Kirchberger dont j'ai parlé,
qui m'avait recherché depuis ma retraite en Suisse, et que ses
talents et ses principes me rendaient intéressant. Mais des solli-
citations moins prévues et plus pondérantes furent celles de
M. Barthès, secrétaire d'ambassade de France, qui vint me voir
avec Wildremet, m'exhorta fort de me rendre à son invitation, et
m'étonna par l'intérêt vif et tendre qu'il paraissait prendre à moi.
Je ne connaissais point du tout M. Barthès; cependant je le voyais
mettre à ses discours la chaleur, le zèle de l'amitié, et je voyais
qu'il lui tenait véritablement au cœur de me persuader de m'établir
à Bienne. Il me fit l'éloge le plus pompeux de cette ville et de ses
habitants, avec lesquels il se montrait si intimement lié, qu'il les
appela plusieurs fois devant moi ses patrons et ses pères.

Cette démarche de Barthès me dérouta dans toutes mes conjec-
tures. J'avais toujours soupçonné M. de Choiseul d'être l'auteur
caché de toutes les persécutions que j'éprouvais en Suisse. La
conduite du résident de France à Genève, celle de l'ambassadeur
à Soleure, ne confirmaient que trop ces soupçons; je voyais la
France influer en secret sur tout ce qui m'arrivait à Berne, à
Genève, à Neuchâtel, et je ne croyais avoir en France aucun
ennemi puissant que le seul duc de Choiseul. Que pouvais-je donc
penser de la visite de Barthès, et du tendre intérêt qu'il paraissait
prendre à mon sort ? Mes malheurs n'avaient pas encore détruit
cette confiance naturelle à mon cœur, et l'expérience ne m'avait
pas encore appris à voir partout des embûches sous les caresses.
Je cherchais avec surprise la raison de cette bienveillance de
Barthès : je n'étais pas assez sot pour croire qu'il fît cette démarche
de son chef, j'y voyais une publicité, et même une affectation qui
marquait une intention cachée, et j'étais bien éloigné d'avoir

jamais trouvé dans tous ces petits agents subalternes cette intré-
pidité généreuse qui, dans un poste semblable, avait souvent fait
bouillonner mon cœur.

J'avais autrefois un peu connu le chevalier de Beauteville chez
M. de Luxembourg ; il m'avait témoigné quelque bienveillance :
depuis son ambassade, il m'avait encore donné quelques signes de
souvenir, et m'avait même fait inviter à l'aller voir à Soleure, invi-
tation dont, sans m'y rendre, j'avais été touché, n'ayant pas
accoutumé d'être traité si honnêtement par les gens en place. Je
présumai donc que M. de Beauteville, forcé de suivre ses instruc-
tions en ce qui regardait les affaires de Genève, me plaignant
cependant dans mes malheurs, m'avait ménagé, par des soins par-
ticuliers, cet asile de Bienne, pour y pouvoir vivre tranquille sous
ses auspices. Je fus sensible à cette attention, mais sans en vouloir
profiter ; et, déterminé tout à fait au voyage de Berlin, j'aspirais
avec ardeur au moment de rejoindre milord maréchal, persuadé
que ce n'était plus qu'auprès de lui que je trouverais un vrai repos
et un bonheur durable.

A mon départ de l'île, Kirchberger m'accompagna jusqu'à
Bienne. J'y trouvai Wildremet et quelques autres Biennois qui
m'attendaient à la descente du bateau. Nous dînâmes tous
ensemble à l'auberge ; et en y arrivant, mon premier soin fut de
faire chercher une chaise, voulant partir dès le lendemain matin.
Pendant le dîner, ces messieurs reprirent leurs instances pour me
retenir parmi eux, et cela avec tant de chaleur et des protestations
si touchantes, que, malgré toutes mes résolutions, mon cœur, qui
n'a jamais su résister aux caresses, se laissa émouvoir aux leurs.
Sitôt qu'ils me virent ébranlé, ils redoublèrent si bien leurs efforts,
qu'enfin je me laissai vaincre, et consentis de rester à Bienne, au
moins jusqu'au printemps prochain.

Aussitôt Wildremet se pressa de me pourvoir d'un logement, et
me vanta comme une trouvaille une vilaine petite chambre sur un
derrière, au troisième étage, donnant sur une cour, où j'avais pour
régal l'étalage des peaux puantes d'un chamoiseur. Mon hôte était
un petit homme de basse mine et passablement fripon, que j'appris
le lendemain être débauché, joueur, et en fort mauvais prédi-

cament dans le quartier; il n'avait ni femme, ni enfants, ni domestiques; et, tristement reclus dans ma chambre solitaire, j'étais, dans le plus riant pays du monde, logé de manière à périr de mélancolie en peu de jours. Ce qui m'affecta le plus, malgré tout ce qu'on m'avait dit de l'empressement des habitants à me recevoir, fut de n'apercevoir, en passant dans les rues, rien d'honnête envers moi dans leurs manières, ni d'obligeant dans leurs regards. J'étais pourtant tout déterminé à rester là, quand j'appris, vis et sentis, même dès le jour suivant, qu'il y avait dans la ville une fermentation terrible à mon égard. Plusieurs empressés vinrent obligeamment m'avertir qu'on devait dès le lendemain me signifier, le plus durement qu'on pourrait, un ordre de sortir sur-le-champ de l'État, c'est-à-dire de la ville. Je n'avais personne à qui me confier; tous ceux qui m'avaient retenu s'étaient éparpillés. Wildremet avait disparu, je n'entendis plus parler de Barthès, et il ne parut pas que sa recommandation m'eût mis en grande faveur auprès des patrons et des pères qu'il s'était donnés devant moi. Un M. de Vau-Travers, Bernois, qui avait une jolie maison proche la ville, m'y offrit cependant un asile, espérant, me dit-il, que j'y pourrais éviter d'être lapidé. L'avantage ne me parut pas assez flatteur pour me tenter de prolonger mon séjour chez ce peuple hospitalier.

Cependant, ayant perdu trois jours à ce retard, j'avais déjà passé de beaucoup les vingt-quatre heures que les Bernois m'avaient données pour sortir de tous leurs États, et je ne laissais pas, connaissant leur dureté, d'être en quelque peine sur la manière dont ils me les laisseraient traverser, quand M. le bailli de Nidau vint tout à propos me tirer d'embarras. Comme il avait hautement improuvé le violent procédé de Leurs Excellences, il crut, dans sa générosité, me devoir un témoignage public qu'il n'y prenait aucune part, et ne craignit pas de sortir de son bailliage pour venir me faire une visite à Bienne. Il vint la veille de mon départ, et, loin de venir incognito, il affecta même du cérémonial, vint *in fiocchi* dans son carrosse avec son secrétaire, et m'apporta un passe-port en son nom pour traverser l'État de Berne à mon aise, et sans crainte d'être inquiété. La visite me toucha plus que le passe-port.

Je n'y aurais guère été moins sensible quand elle aurait eu pour objet un autre que moi. Je ne connais rien de si puissant sur mon cœur qu'un acte de courage fait à propos, en faveur du faible injustement opprimé.

Enfin, après m'être avec peine procuré une chaise, je partis le lendemain matin de cette terre homicide, avant l'arrivée de la députation dont on devait m'honorer, avant même d'avoir pu revoir Thérèse, à qui j'avais marqué de me venir joindre quand j'avais cru m'arrêter à Bienne, et que j'eus à peine le temps de contremander par un mot de lettre, en lui marquant mon nouveau désastre; on verra dans ma troisième partie, si jamais j'ai la force de l'écrire, comment, croyant partir pour Berlin, je partis en effet pour l'Angleterre, et comment les deux dames qui voulaient disposer de moi, après m'avoir, à force d'intrigues, chassé de la Suisse, où je n'étais pas assez en leur pouvoir, parvinrent enfin à me livrer à leur ami.

J'ajoutai ce qui suit dans la lecture que je fis de cet écrit à monsieur et madame la comtesse d'Egmont, à M. le prince Pignatelli, à madame la marquise de Mesmes, et à M. le marquis de Juigné.

J'ai dit la vérité : si quelqu'un sait des choses contraires à ce que je viens d'exposer, fussent-elles mille fois prouvées, il sait des mensonges et des impostures; et s'il refuse de les approfondir et de les éclaircir avec moi tandis que je suis en vie, il n'aime ni la justice ni la vérité. Pour moi, je le déclare hautement et sans crainte : quiconque, même sans avoir lu mes écrits, examinera par ses propres yeux mon naturel, mon caractère, mes mœurs, mes penchants, mes plaisirs, mes habitudes, et pourra me croire un malhonnête homme, est lui-même un homme à étouffer.

J'achevai ainsi ma lecture, et tout le monde se tut. Madame d'Egmont fut la seule qui me parut émue : elle tressaillit visiblement, mais elle se remit bien vite et garda le silence, ainsi que toute la compagnie. Tel fut le fruit que je tirai de cette lecture et de ma déclaration.

TABLE DES EAUX-FORTES

TOME TROISIÈME

Imprimerie de J. DUMOULIN, à Paris.
Gravure imprimée par la NÉOGRAVURE.

www.ingramcontent.com/pod-product-compliance
Lightning Source LLC
LaVergne TN
LVHW021145050726
842519LV00002B/509